Coleção
Ensaios Transversais

Meios Eletrônicos e Educação
Uma visão alternativa

COLEÇÃO
Ensaios Transversais

Meios Eletrônicos e Educação
Uma visão alternativa

3ª edição

Valdemar W. Setzer

escrituras
São Paulo, 2005

© 2001 by Valdemar W. Setzer
1ª edição 2001
2ª edição 2002
3ª edição 2005

Todos os direitos desta edição reservados
Escrituras Editora e Distribuidora de Livros Ltda.
Rua Maestro Callia, 123 Vila Mariana 04012-100
São Paulo, SP – Telefax: (11) 5082-4190
e-mail: escrituras@escrituras.com.br
site: www.escrituras.com.br

Editor
Raimundo Gadelha

Coordenação editorial
Nílson José Machado

Produção gráfica
Sidnei Simonelli

Editoração eletrônica
Wildiney Di Masi
Bianca Saliba Di Thomazo

Revisão
Ana Maria Herrera Soares
Joana Canêdo

Impressão
Bartira Gráfica

Dados Internacionais de Catalogação na Publicação (CIP)

Setzer, Valdemar W., 1940-
 Meios eletrônicos e educação: uma visão alternativa / Valdemar W. Setzer. – São Paulo: Escrituras Editora, 2001. – (Coleção Ensaios Transversais)

 Bibliografia.
 ISBN: 85-86303-91-7

 1. Educação 2. Sistemas eletrônicos I. Título. II. Série.

01-0858   CDD-371.33

Índices para catálogo sistemático:
1. Meios eletrônicos e educação   371.33
2. Meios eletrônicos no ensino: Educação   371.33

Impresso no Brasil
Printed in Brazil

A todas as crianças do mundo, em especial aos meus lindos netinhos, Melina e Markus, e aos netinhos que, espero, ainda chegarão, dedico esta obra com uma profunda preocupação pelo mundo que eles vão ter de enfrentar, quando se tornarem adultos, e sua preparação para enfrentá-lo e melhorá-lo.

Sumário

Introdução 9
1. Os meios eletrônicos e a educação: televisão, jogo eletrônico e computador 15
2. TV e violência: um casamento perfeito 41
3. Os riscos dos jogos eletrônicos nas idades infantil e juvenil 61
4. Computadores na Educação: por quê, quando e como 85
5. Uma revisão de argumentos a favor do uso de computadores na educação elementar 135
6. O computador como instrumento de antiarte ... 167
7. A censura e outras questões da Internet 197
8. A miséria da computação 201
9. Homens, mulheres e computadores 211
10. A missão da tecnologia 221
11. Dado, informação, conhecimento e competência 239
Referências bibliográficas 277

Introdução

Este livro contém uma coletânea de vários artigos e ensaios que estão em meu *site* na Internet. Alguns deles já haviam sido publicados em congressos ou em revistas. Na introdução de cada artigo há uma referência à sua origem.

Até o meio do segundo semestre do ano 2000, não me havia ocorrido a possibilidade de publicar alguns de meus artigos da Internet como livro. Foi um incentivo do querido colega Nílson Machado que me levou a fazê-lo. Partindo de uma lista mais ampla, foi ele que sugeriu a relação dos textos aqui apresentados.

Para esta coletânea, fiz uma revisão em todos os artigos, em geral ampliando-os e unificando as referências bibliográficas, bem como introduzindo algumas atualizadas. À medida do possível, tentei citar não apenas o título de uma obra, mas também a página em que a citação pode ser encontrada, visando com isso levar o leitor a aprofundar-se lendo mais a respeito dos assuntos abordados. Quando a citação é de artigos nem sempre citei a página do original, pois artigos não são muito extensos. Infelizmente, algumas citações foram retiradas de livros que não possuo e aos quais tive acesso ao escrever o artigo original, quando não me preocupei com a menção da página. À medida que eu tinha certas obras traduzidas para o vernáculo, fiz as citações baseadas nessas traduções, sem citar o original, mesmo que este último tenha sido o que estudei.

Quando a obra citada não está em português, a tradução da citação é minha. Em um caso (no artigo sobre uma revisão de argumentos a favor do uso de computadores na educação), resolvi retraduzir pessoalmente todas as citações diretamente do original (*Mindstorms*, de Papert), sem empregar a edição brasileira.

Peço a compreensão do leitor para uma certa redundância entre os artigos. Isso se deve ao fato de, originalmente, eles terem sido independentes, pretendendo ser autocontidos. Independentes eles já não são, pois encontram-se lado a lado em uma mesma publicação. Mas tentei conservar a sua autocontenção, para poderem ser lidos em qualquer ordem. Pensei também que cada artigo pudesse ser usado como texto para estudo e discussão em cursos universitários (em alguns casos, creio que nas duas últimas séries do ensino médio isso também é possível) e, para isso, deveria ser autocontido. De qualquer modo, as redundâncias ocorrem em contextos em geral diversos, eventualmente abrangendo algum aspecto diferente cada uma.

Apesar de os artigos serem independentes, a ordem em que aparecem neste volume é uma sugestão para uma seqüência de sua leitura. Certamente, o artigo sobre meios eletrônicos e a educação deveria ser o primeiro lido, pois contém uma síntese dos artigos que tratam de cada meio em separado.

Gostaria de enfatizar o espírito com que esses artigos foram escritos. Todos eles nasceram de um impulso de chamar a atenção da humanidade para uma maneira alternativa de encarar os problemas abordados e dar algum estímulo prático ao leitor. Por isso, muitos desses artigos foram escritos originalmente em inglês, tentando com isso abranger o maior público possível. Somente com o protesto de leitores brasileiros que tinham dificuldade com aquela língua, é que passei a traduzir os artigos para o português, ou até aceitar a tradução de outras pessoas (o que ocorreu em três dos artigos). Usei a primeira pessoa do singular, para tentar personalizar o contato com o leitor, como se fosse um diálogo. No caso do artigo sobre dados, informação, conhecimento e competência, procurei também transmitir algo útil a empresas, daí ter entrado em alguns detalhes técnicos. Devo confessar que, nesse caso, aproveitei para mostrar um pouco de meu lado técnico, pois os outros artigos podem ser classificados como "humanistas".

A grande ênfase em educação deve-se à minha experiência com um método educacional não convencional já antigo, a Pedagogia Waldorf, e minha enorme preocupação com a preservação da infantilidade das crianças e da juventude dos jovens, e com o futuro delas e da humanidade em geral.

Uma palavra sobre a visão alternativa dos assuntos abordados. O leitor logo perceberá que meu enfoque difere do comum. Em primeiro lugar, a principal distinção vem do fato de eu não ser materialista, isto é, admito como hipótese de trabalho que existem processos no universo que não são redutíveis a processos físicos ou químicos. Em segundo lugar, entre os não-materialistas, não me encontro entre os que se podem chamar de "místicos". Entendo o misticismo como um não-materialismo baseado essencialmente nos sentimentos: o místico almeja sentir-se bem com suas idéias, em geral não se preocupando com conceitos claros. Meu enfoque é justamente baseado na procura de uma clara compreensão de tudo. Em terceiro lugar, não sou dogmático, nem para o lado materialista, nem para o não-materialista. Considero qualquer conhecimento como sujeito a revisão. Em lugar de dogmas, adoto hipóteses de trabalho, que devem ser permanentemente testadas.

Alguém pode ter estranhado minha afirmação de eu não ser dogmático para o lado materialista. Afinal, a ciência, ou melhor, os cientistas, sempre afirmam que estão abertos a quaisquer novas idéias e a revisões das antigas, portanto a ciência corrente não deveria ser dogmática. Infelizmente, esse não é, de fato, o caso. Existe um dogma absolutamente fundamental na ciência moderna: o de que somente existem processos físicos ou químicos no universo (e hoje, a química conceitual reduziu-se à física). A quase totalidade dos cientistas adota esse dogma, desprezando ou ignorando qualquer conceito ou experimentação que envolva algo que fuja de seu querido dogma fundamental. Parece-me que os que assim pensam o fazem devido ao medo de perderem sua objetividade e até sua individualidade se saíssem da caverna profunda de seu dogma (o que me faz lembrar a alegoria da caverna de Platão, em sua *República*, livro VII [1952, p.389]). Infelizmente, com isso estão limitando desastrosamente seu campo de pesquisa e observando apenas as sombras dos objetos e fenômenos. Um observador atento verá, nos artigos deste volume, que esse dogma fundamental dos materialistas pode ser rompido sem que se caia no misticismo. Pelo contrário, não há uma queda, mas uma elevação, uma ampliação de conhecimentos e de pesquisas em relação à ciência corrente. Assim, aceito qualquer fato científico, isto é, minha visão de mundo deve abarcar todo fato científico clássico. Mas não aceito muitos dos julgamentos baseados nesses fatos, principalmente se forem restritos pelo dogma materialista fundamental.

Os leitores que não se consideram materialistas vão provavelmente identificar-se com muitas de minhas palavras. Espero poder aprofundar suas informações e dar-lhes argumentos para que justifiquem sua própria posição pessoal diante dos problemas aqui tratados. O enfoque dado a estes poderá ser-lhes também interessante.

Os leitores materialistas vão achar que muitas de minhas idéias são bobagens. Gostaria de sugerir-lhes que se perguntem: "Qual a minha base para achar que isso é uma bobagem? Será que há algum fato científico (atenção, deve ser um fato e não um julgamento!) contradizendo o que o autor está afirmando?" Se esse fato existir, peço que entrem em contato comigo, relatando-me a respeito, para eu mudar minhas afirmações: elas devem ter sido fruto de conhecimento parcial, de ignorância ou de julgamento falho.

A ambos os tipos de leitores, espero que minhas palavras suscitem reflexão, estudos e observações posteriores a fim de se aprofundarem nos assuntos tratados, formando assim sua própria opinião. Isto é, não acho que minhas idéias sejam suficientes para a formação de opiniões definitivas; em outras palavras, não quero convencer ninguém. Quero é levantar muitas dúvidas.

Quando se está diante de idéias diferentes, parece-me saudável formular três questões básicas: 1) Essas idéias estão de acordo com aquilo que observo no mundo e em mim? 2) Existe coerência entre as várias idéias? 3) Essas idéias me são simpáticas? Espero que muitos leitores respondam "sim" às três ao lerem estes textos, pois aí estarei de acordo com a realidade, não me contradizendo, e estarei caminhando de encontro a uma busca consciente ou inconsciente por parte desses leitores. Note-se que não fiz referência ao fato de essas idéias estarem de acordo com idéias dos leitores: parece-me que, ao ler meus textos, é necessário ter uma boa dose de isenção de preconceitos, isto é, de idéias preconcebidas – provavelmente estas é que levarão muitos leitores a acharem que minhas palavras são "bobagem".

Os originais dos artigos que integram este livro, e de vários outros, até mesmo sobre assuntos que diferem destes, estão em meu *site* na Internet **www.ime.usp.br/~vwsetzer**.

Aguardo comentários, sugestões e críticas, bem como convites para palestras e participação em debates – em qualquer ambiente (confesso que sou um palestrista inveterado) – sobre os temas aqui abordados ou outros. Em meu *site* há listas de títulos e alguns resumos de palestras.

São Paulo, janeiro de 2001.
Valdemar W. Setzer

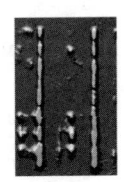

Os meios eletrônicos e a Educação: televisão, jogo eletrônico e computador

1. Introdução

Este artigo foi escrito originalmente em espanhol como texto para um *workshop* realizado no Festival Idriart *La Educación Encerra un Tesoro*, realizado em San Salvador, em março de 1998 (ver essa versão em meu site). Ele foi traduzido para o português por Ana Vieira Pereira e revisto e ampliado por mim.

Neste ensaio descrevo brevemente, de um ponto de vista fenomenológico, os aparelhos de televisão, videogame e computador e a atitude daqueles que os usam. Em seguida, abordo o seu impacto no âmbito educacional. A abordagem conjunta dos três meios permite uma interessante comparação entre eles com relação à sua influência nos seus usuários, percebendo-se que cada um atua primordialmente numa região diferente da atividade interior das pessoas. Artigos posteriores publicados neste volume expandem ou especializam as considerações sobre cada um dos aparelhos. As minhas considerações estão baseadas na Pedagogia Waldorf [Lanz, 1998], introduzida por Rudolf Steiner em 1919 e utilizada em mais de 800 escolas espalhadas pelo mundo.

2. A televisão

2.1 O aparelho

A televisão é comumente um aparelho baseado num tubo de raios catódicos. Nele, um filamento é aquecido, formando à sua volta o que se chama de "nuvem de elétrons". Uma diferença muito grande de potencial elétrico (no caso de uma TV em cores, 25.000 V) entre o filamento e a tela metalizada arranca os elétrons dessa nuvem, que deixam o filamento sob a forma de um feixe e encontram a tela; é no ponto de contato com ela que o seu fósforo emite luz. O feixe é deslocado magneticamente, fazendo o que se chama de "varredura" (*scanning*), um caminho na tela por linha – primeiro todas as linhas ímpares, depois as pares, diminuindo-se assim o efeito de piscar (*flickering*). É interessante notar que a imagem nunca se encontra completa na tela pois, quando o feixe volta para um ponto por onde já passou, este deve estar completamente apagado, senão haveria sobreposição e a imagem deixaria de ser nítida. Assim, a imagem é formada de fato na retina, pela sua retenção luminosa, contrariamente a objetos observados pela visão. Uma variação na intensidade do raio produz pontos mais ou menos luminosos. No caso da TV em cores, há uma máscara com seqüências de três pontos vizinhos: vermelho, verde e azul; a combinação de diferentes intensidades do feixe em cada elemento de um conjunto desses três pontos produz no telespectador uma ilusão de cores. Cada imagem é formada 30 vezes por segundo, dividida em linhas formadas seqüencialmente por meio de pontos. No cinema, as imagens são formadas por quadros completos (24 por segundo) e não por linhas de pontos.

A imagem é muito grosseira: são cerca de 300 mil pontos – só para efeito de comparação, a retina tem cerca de 150 milhões de células sensíveis à luz. Assim, não é possível distinguir-se a expressão de uma pessoa se ela está focada por inteiro. Por isso nas novelas e nos telejornais somente o rosto é focado – como será visto adiante, a expressão da pessoa é fundamental na transmissão. Compare-se também nossa acuidade visual ao olharmos uma árvore a certa distância, vendo-se nitidamente as folhas; se ela é focalizada pela câmera de TV por inteiro, as folhas não podem ser distinguidas na tela.

Como no cinema, a televisão pode ser caracterizada como um sistema de imagens consecutivas, dando a impressão de movimento, com som sincronizado. Diferenças fundamentais são os fatos de que o aparelho é muito pequeno, e a tela de cinema é grande (o que exige movimentação dos olhos), e a imagem do cinema é muitíssimo mais fina e projetada por inteiro.

2.2 O telespectador

O telespectador está fisicamente inativo. Dos seus sentidos, trabalham somente a visão e a audição, mas de maneira extremamente parcial – por exemplo, os olhos praticamente não se mexem [Mander, 1978, p.165]. De fato, a região de maior nitidez da retina, a fóvea, determina um cone de 2 graus de abertura total (dentre os 200 graus abrangidos pela visão, experimente-se com os braços abertos), e o aparelho a uma distância normal cobre 6 graus [Patzlaff, 2000, p.25]. Daí a fixidez do olhar do telespectador, isto é, os músculos do olho ficam quase inativos. A imagem não se torna mais nítida se o telespectador aproximar-se da tela, ao contrário do que ocorre com objetos comuns. Ao invés disso, começa-se a ver os pontos que compõem a imagem. A distância do aparelho é constante, por conseguinte não existe necessidade de acomodação (convergência dos eixos ópticos e grossura do cristalino), a luminosidade também é praticamente constante, portanto a pupila não muda de abertura, etc.

Os pensamentos estão praticamente inativos: não há tempo para raciocínio consciente e para fazer as associações mentais, já que os dois são muito lentos. Isso ficou provado nas poucas pesquisas de efeitos neurofisiológicos da TV [Krugman, 1971; Emery & Emery, 1976; Walker, 1980]: o eletroencefalograma e a falta de movimento dos olhos de uma pessoa vendo televisão indicam um estado de desatenção, de sonolência, de semi-hipnose (normalmente qualquer telespectador entra nesse estado num tempo de meio minuto). Jane Healy justifica esse estado mental como uma reação neurológica aos estímulos visuais exagerados e contínuos [Healy, 1990, p.174]. O piscar da imagem, o ambiente em penumbra e a passividade física do telespectador, especialmente seu olhar fixo, fazem com que o cenário seja semelhante a uma sessão de hipnose.

Ainda há a atividade interior dos sentimentos. É na realidade a única atividade externa e interna do espectador. Por isso os programas tentam sempre causar um impacto nos sentimentos: novelas com conflitos pessoais profundos, esportes perigosos e cheios de ação e a tão falada violência.

Tudo isso significa que o telespectador está num estado de consciência que têm os animais quando não são atraídos por uma atividade exterior como caçar, prestar atenção um possível perigo, procurar alimento, etc.

O estado de sonolência do telespectador é muito conhecido entre os diretores de imagem. Por isso eles sempre produzem imagens que mudam constantemente: se ela ficasse parada, todos adormeceriam. Jerry Mander disse que nos Estados Unidos as imagens mudam numa média de 8 a 10 por minuto, o que ele denominou de "efeitos técnicos", aí contados efeitos *zoom*, mudança de câmera, superposição de imagens, aparecimento de palavras na tela, e mesmo mudança não-natural de voz [Mander, 1978, p.303]. Em transmissão de propaganda, ele detectou 10 a 15 efeitos técnicos. Neil Postman, em seu extraordinário livro sobre TV e discurso público, traz uma razão de 3,5 segundos por tomada de imagem [Postman, 1986, p.86].

Hoje em dia, na TV brasileira, essas mudanças são muito mais rápidas, como pude constatar. Essa mudança constante de imagens e a excitação necessária dos sentimentos (recursos usados para impedir que o telespectador passe do estado de sonolência para o de sono profundo) fazem com que tudo o que a televisão transmite seja transformado em um *show*. Postman chama a atenção para o fato de que, com isso, quase tudo na vida se transformou num *show*: a política, a religião, a educação, etc. [p.87-142]. As pessoas acostumaram-se de tal forma com a apresentação em formato de show da TV que não aceitam nem agüentam outras formas de atividade cultural, mais simples e calmas, tendo a impressão de que são aborrecidas.

Na leitura, é preciso produzir uma intensa atividade interior: num romance, imaginar o ambiente e os personagens; num texto filosófico ou científico, associar constantemente os conceitos descritos. A TV, pelo contrário, não exige nenhuma atividade mental: as imagens chegam prontas, não há nada para associar. Não há possibilidade de pensar sobre o que está sendo transmitido, porque as velocidades das mudanças de imagem, de som e de assunto impedem que o telespectador se concentre e acompanhe a transmissão conscientemente.

2.3 A TV e a Educação

De tudo o que foi visto, pode-se concluir que a TV não tem praticamente nenhum efeito educativo. Educação é um processo muito lento (o que se aprende de forma instantânea não tem valor profundo) e deve acompanhar o processo global da criança ou do jovem, mas na TV tudo é rápido pela necessidade do aparelho. A educação é um processo de caráter contextual (o professor leva em conta o que foi dado no dia ou na semana anterior e, em métodos de educação integrada, como na Pedagogia Waldorf, os professores sabem o que os outros professores da mesma turma estão fazendo e conhecem individualmente muito bem os seus alunos), mas a TV, como meio de comunicação de massa, está quase sempre totalmente fora do contexto do espectador.

O ponto mais negativo, porém, da televisão com relação à educação é que esta exige atenção e atividade do estudante, sobretudo quando se pensa que a educação deveria ter como uma das suas principais metas desenvolver nas crianças e nos jovens a capacidade de imaginar e de criar mentalmente. Mas a televisão faz exatamente o contrário: o constante bombardeio de milhões de imagens faz com que o telespectador perca a habilidade de imaginar e criar. Isso é principalmente preocupante com crianças e jovens, que estão desenvolvendo essas habilidades (num adulto que as tenha, a perda parcial pode ser lamentável, mas muito pior é nunca chegar a desenvolvê-las).

Pode-se concluir que a televisão pode ser empregada como meio de condicionamento, mas não de educação. Por isso, como notou Jerry Mander, existe um casamento perfeito entre TV e propaganda [1978, p.134]: para esta, o estado ideal do consumidor é o de absoluta semiconsciência, porque assim não existe a crítica (a propaganda é a arte de convencer pessoas a consumir aquilo de que não precisam, o que tem preço maior ou qualidade inferior). Em 1999, foram gastos no Brasil 11 bilhões de dólares em propaganda; a metade foi para a TV – por que funciona! Mander cita que nos Estados Unidos o gasto com propaganda na TV na década de 70 era de 60% [1978, p.134]. Marie Winn e Fred e Merrelyn Emery mostram que a televisão não tem um efeito educativo [Winn, 1979, p. 59; Emery & Emery, 1976, p.107]. O que ela tem é um efeito condicionador de ações e de imagens interiores.

Assim, a televisão representa em muitos aspectos a antítese da educação. Deve ser somente empregada na educação como ilustração, com vídeos de curta duração, para que o professor possa repetir imagens e discutir com os seus alunos o que eles viram, de preferência somente no ensino médio ou na universidade.

3. Os jogos eletrônicos

3.1 O aparelho

Vou considerar aqui somente o jogo eletrônico mais típico: aquele que exige velocidade do indivíduo que joga contra a máquina e ganha pontuação quando acerta determinadas ações, o que denomino de jogos tipo "combate".

O aparelho consiste numa tela (grande como um monitor de computador ou TV, ou até mesmo uma tela bem pequena de jogo portátil), um computador e um meio de comunicação entre o jogador e o computador – um teclado, um *joystick* ou uma pistola que detecte luminosamente a posição apontada por ela na tela.

A tela exibe uma figura em movimento; o jogador tem de fazer alguma ação com seus dedos, como pressionar algumas teclas; o computador detecta que teclas foram pressionadas e produz uma modificação na imagem da tela; e assim por diante.

Como será visto adiante, o computador é uma máquina determinista. Isso tem como conseqüência que, se há alguma imagem na tela e o jogador pressiona determinada tecla, a mudança de imagem do joguinho será sempre a mesma. Pode-se introduzir algum efeito aleatório, mas tem de ser sempre predeterminado entre uma coleção de ações pré-programadas.

3.2 O jogador

Diferente do que acontece com a televisão, o conjunto jogo-jogador é um circuito fechado, ou seja, o que acontece na tela – o que a máquina faz – depende parcialmente das ações do jogador. Assim, o jogador não está fisicamente passivo. Mas a sua atividade é muito limitada: usando um teclado, somente os seus dedos se movem com muita rapidez e as suas mãos praticamente nem se movem; com um *joystick*, em geral somente uma das mãos faz pequenos movimentos.

Como na TV, a visão e a audição (quando há sons) estão parcialmente ativas, mas no jogo eletrônico ainda existe uma pequena atividade do sentido do tato e, para utilizar a classificação dos 12 sentidos introduzida por Rudolf Steiner [Setzer, S.A.L., 2000], o sentido sinestésico, de movimento, também está parcialmente ativo. Esses dois, assim como a visão e a audição, atuam de maneira extremamente limitada: as teclas não exigem uma diferenciação táctil e o movimento é sempre o mesmo.

Há ainda uma outra semelhança com a TV: o pensamento consciente não está ativo. Como no jogo típico os pontos que o jogador ganha dependem da velocidade da sua reação, e o pensamento consciente é muito lento, o jogador precisa reagir sem pensar. Na TV, o telespectador estava passivo sem pensar; no jogo eletrônico, o jogador está ativo num espaço extremamente limitado de movimentos, mas também sem pensar. Em outras palavras, os jogos impõem ações automáticas. Com isso, torna-se muito claro por que crianças têm mais facilidade e mais sucessos com essas máquinas: elas não têm ainda o seu pensamento e a sua consciência tão desenvolvidos como os adultos; esse desenvolvimento torna mais difícil a eliminação do pensamento quando é preciso exercitar uma ação.

Finalmente, como na TV, os sentimentos estão ativos mas restritos ao que eu chamo de "sentimentos de desafio". São eles que atraem o jogador. Em ambos os casos eles são artificiais, ou seja, não têm relação com a realidade da natureza e são incentivados desde o exterior. Compare-se com sentimentos despertados pela leitura de um romance: eles são baseados em uma criação interior (a representação mental com a imagem do personagem ou da situação). Ou com a visão de uma pessoa alegre ou sofrendo, em que existe a realidade da alegria ou do sofrimento alheios. No caso do jogo, o sentimento é enfrentar o desafio, ganhar da máquina.

É interessante notar que reações automáticas são características de animais e não de seres humanos adultos. Em geral, o ser humano pensa antes de fazer algo, examinando, por meio de representações mentais, as conseqüências de seus atos. Por exemplo, suponha-se que um homem veja na rua uma mulher muito bonita e tenha vontade de beijá-la. Normalmente ele não faria isso, porque pensaria que ela talvez não gostasse, pudesse gritar e aí ele ficaria numa posição no mínimo desconfortável. E, assim pensando, não age segundo os seus impulsos. A mesma coisa não acontece com os animais: eles agem movidos pelos seus impulsos e pelo condicionamento imposto pelo meio ambiente. Um animal não pensa nas conseqüências dos seus atos. Por isso pode dizer-se que o jogo eletrônico, por um lado, "animaliza" o jogador.

Por outro lado, como o jogo impõe pequenas ações motoras automáticas e essas ações são mecânicas, "maquiniza" o ser humano. É fácil perceber que, se o jogador fosse substituído por uma máquina, com uma câmara para detectar as mudanças na tela e um computador para planejar e efetuar as ações, ela jogaria muito melhor do que qualquer ser humano. Em outras palavras, pode dizer-se que o jogador está sendo reduzido a uma máquina de detectar pequenos e limitados impulsos visuais e fazer pequenos e limitados movimentos com os seus dedos.

3.3 O jogo eletrônico e a Educação

Um dos mais importantes objetivos da educação é desenvolver lentamente a capacidade de tomar atitudes conscientes. Como foi visto, os animais agem sempre seguindo seus instintos e condicionamento, mas seres humanos não. Os jogos eletrônicos vão contra esse objetivo da educação e produzem uma "animalização" do ser humano;

isso é contrário a um dos objetivos supremos da educação, que é tornar o jovem mais humano e menos animal.

Como no caso da TV, não há contexto no jogo. Todos os jogadores são tratados da mesma forma. Dessa maneira, o jogo vai contra o ideal da educação de produzir indivíduos diferenciados. Por outro lado, os jogos condicionam o jogador a executar os movimentos limitados que o fazem ganhar mais pontos. Um dos ideais da educação deveria ser formar indivíduos que possam agir em liberdade, procurando atingir as metas que eles mesmos se propõem, e não agir de maneira condicionada.

O jogador aprende a fazer algo muito especializado. Mas o que aprendeu somente se aplica no jogo, não pode ser utilizado na vida prática diária. No entanto, numa situação de emergência, de estresse, de consciência abafada, o jogador pode reagir como fazia no jogo, mas tratando o real como artificial, o que é um grande perigo, pois são duas coisas completamente diferentes. Nesse sentido ele é muito pior do que a TV. Esta grava no subconsciente do telespectador todas as imagens e situações vistas; o jogo eletrônico, além dessa gravação, ainda treina o jogador a executar certas ações. No artigo sobre jogos eletrônicos neste volume, cito tragédias ocorridas em escolas americanas, em que o condicionamento e o treinamento promovido por eles provocaram ações violentas, trágicas, executadas por jovens jogadores. Estes agiram como animais ou, pior ainda, como máquinas, com fantástica precisão e sem nenhuma compaixão.

Assim, o jogo eletrônico também não tem efeito educativo. Pelo contrário, prejudica a educação e deseduca.

4. O computador

4.1 O aparelho

O computador é uma máquina completamente diferente de todas as outras. Estas servem para transformar, transportar ou armazenar energia ou matéria, como um torno, que transforma matéria; um carro, que transporta pessoas (matéria); uma bateria, que armazena energia elétrica. O computador não faz nada disso: ele transforma, transporta e armazena *dados*, que são representações simbólicas quantificadas ou quantificáveis e não devem ser confundidos com informações. Estas devem ter sempre um significado para quem as recebe e podem não ser transmitidas sob forma de dados, como, por exemplo, a sensação de calor ou de frio (veja o artigo "Dados, informação, conhecimento e competência", neste volume). Aquela quantificação é essencial para os dados poderem ser introduzidos em um computador, onde tudo deve necessariamente estar quantificado. Note-se que programas também são dados.

Dados não têm consistência física, são produtos do nosso pensar. (Foi justamente o fato de os dados não serem físicos que levou à redução do tamanho dos computadores. Não se pode reduzir o tamanho dos tornos ou dos carros, porque devem estar de acordo com a matéria física que vão transformar ou transportar.)

O computador é uma máquina de simular pensamentos restritos. O programa que ele executa consiste em pensamentos, que são as instruções ou comandos. A execução do programa simula os pensamentos que o programador elaborou para processar os dados, que também foram pensados. Não é correto dizer que o computador pensa, visto que as instruções são pensamentos altamente restritos e limitados às ações que a máquina pode executar. O pensamento humano contém infinitamente mais que o que é utilizado para simular a execução de um programa. Além disso, o computador segue cega e inexoravelmente as instruções de um programa, de modo que ele não pode ter a criatividade de nosso pensamento, fora o fato de obviamente não ter sentimentos. Normalmente os sentimentos sempre acompanham e influenciam os pensamentos e vice-versa.

As instruções ou comandos – mesmo os icônicos – de uma linguagem de programação ou de um *software* qualquer são entes matemáticos, pois podem ser descritos totalmente de maneira formal, por meio de construções matemáticas. As outras máquinas, que trabalham com matéria ou energia, não estão sujeitas a uma descrição totalmente matemática, somente uma muito aproximada. Isso porque não se sabe o que é a matéria: não há um modelo matemático exato para ela (é interessante notar que há bons modelos, aproximados, na mecânica quântica, somente para átomos muito simples). Como os dados são símbolos formais, pode dizer-se que a matemática dos computadores é lógico-simbólica. E, dentro da matemática lógico-simbólica, há ainda uma outra restrição: ela deve ser algorítmica.

Assim, os programas devem ser compostos de instruções matematicamente bem definidas numa Matemática discreta, e devem terminar a sua execução para qualquer dado de entrada. Além disso, a seqüência das instruções é absolutamente fundamental (ao contrário de muitas formulações matemáticas, por exemplo, a axiomática).

Dessa forma, o computador pode ser caracterizado como uma máquina abstrata, matemática (do tipo algorítmico). As máquinas que não são computadores são, ao contrário, concretas. Tudo o que acontece no computador não tem nada a ver com a realidade, a menos que ele controle outra máquina. Por isso, ele representa tudo de uma maneira virtual, ou seja, mental.

Existe uma outra característica muito importante, que o computador tem em comum com muitas outras máquinas, como, por exemplo, uma máquina de lavar roupa: o seu funcionamento pode ser autônomo. Um programa pode fazer muito processamento de dados sem nenhuma intervenção do operador. De fato, quando um usuário dá um comando a um computador ou ativa um ícone (por exemplo num editor de textos usando um comando para alinhar verticalmente um parágrafo), a máquina executa uma quantidade enorme de instruções de forma autônoma. Nesse exemplo, uma quantidade de cálculos matemáticos e manipulações de símbolos: as palavras podem ser juntadas no lado esquerdo (movimentando cada caractere para uma linha em branco), deixando o espaço mínimo entre cada duas palavras; o número de palavras em cada linha é contado; o número de espaços em branco que sobraram à direita é dividido pelo número de palavras da linha menos um; finalmente um número de espaços em branco igual a esse quociente é inserido entre cada duas palavras, que vão sendo deslocadas para a direita.

Finalmente, uma característica fundamental dos computadores é que são máquinas deterministas. Isso quer dizer que, se a máquina está num certo estado (e seus estados possíveis são sempre finitos e discretos, quer dizer, não há uma transição contínua entre cada dois estados possíveis), e uma instrução é executada (ou dá-se-lhe um comando como pressionar uma tecla ou uma combinação de teclas, ou até mesmo acionar um ícone numa linguagem icônica, no exemplo de alinhar o texto verticalmente), a máquina vai sempre mudar para o mesmo estado. Se há algo determinado exibido na tela, e a máquina está parada esperando alguma ação do usuário, se este executa uma certa ação com a máquina, a tela vai mudar sempre da mesma maneira.

Todas as máquinas que não são computadores (para ser mais precisos, isso deveria ser generalizado para máquinas "não-digitais") não são deterministas: não se pode prever com exatidão matemática o resultado de uma ação. Por exemplo, um torno. Mesmo que seja automático, produz um eixo com um diâmetro sempre aproximado como, por exemplo, até 0,05 cm a mais ou a menos.

Há muitas características próprias dos computadores, mas o que foi exposto é o essencial para considerações do ponto de vista educacional.

4.2 O usuário

Quando se examina a atitude do usuário de computador, vê-se que ele, como no jogo eletrônico, faz parte de um circuito fechado. Também ele olha para uma tela e faz pequenos movimentos com seus dedos – talvez um pouco maiores que no jogo, mas ainda assim bem limitados, mecânicos. Quando utiliza o *mouse*, necessita de um pouco mais de coordenação motora e sensibilidade, mas estas também são muito restritas e pobres em comparação com, por exemplo, agarrar uma bola, tocar um instrumento musical, etc. Ao contrário do que acontece com o jogo eletrônico, não há, em geral, necessidade de fazer movimentos bruscos e rápidos. Mas percebe-se que o usuário também está, de certa forma, preso à máquina, muitas vezes num estado que vou chamar de "estado do usuário obsessivo". Esta obsessão faz com que o usuário fique durante horas diante do computador, muitas vezes esquecendo-se da sua vida pessoal, das suas obrigações e necessidades. De onde vem essa obsessão tão típica dos usuários de computadores?

Vimos que o computador é uma máquina automática, abstrata e determinista. Isso faz com que o usuário tenha certeza de que o comando pensado e dado à máquina vai ser executado por ela conforme previsto. Muitas vezes, isso não acontece: o comando não é adequado ou existe algum erro no programa. Nesse momento, ocorre uma frustração no usuário, que é diferente de todas as outras frustrações experimentadas pelas pessoas em suas vidas. Por exemplo, um jogo de tênis. Quando o jogador erra um serviço, ele se frustra; mas não sabe se o próximo serviço vai estar certo, fazendo a bola cair naquele maldito pequeno retângulo do outro lado da rede. Mas com o computador tem-se a certeza absoluta de que existe um comando ou uma combinação de comandos que executam a operação desejada. Enquanto não descobre que comando ou combinação são esses, a pessoa é tomada por um estado obsessivo de excitação puramente intelectual

– lembremo-nos de que a máquina é abstrata, funcionando ao nível mental; não há uma restrição de coordenação motora inconsciente, como no tênis ou outro jogo de bola.

Por ser uma máquina abstrata, matemática, o usuário é levado a empregar uma linguagem de comandos que também é matemática, lógica-simbólica. Poder-se-ia argumentar que ele está empregando símbolos e formas de maneira completamente diferente dos da matemática usual; mas não deixa de ser um formalismo matemático. Atenção: não me refiro aqui à digitação de um texto – que também envolve um formalismo, já que cada tecla produz sempre a mesma letra da mesma forma –, mas ao ato de emitir qualquer comando, como o de alinhar um texto verticalmente, ou salvar e imprimir o texto, etc. Pode-se digitar ou datilografar um texto sem praticamente pensar, nem mesmo no que ele significa. Isso é impossível ao programar-se um computador ou dar um comando a software qualquer: seria como fazer cálculos sem prestar atenção – o resultado seria completamente errado. Qualquer comando recebido pelo computador produz uma ação matemática dentro da máquina. Dessa forma, pode-se dizer que o computador impõe o uso de uma linguagem matemática puramente formal.

É importante enfatizar a questão do pensamento. Para se usar um computador, é necessário dar-lhe comandos, em absolutamente qualquer *software*. Como foi visto, esses comandos ativam funções matemáticas (de cálculo ou de manipulação de símbolos) dentro da máquina. Ao dar comandos à máquina – mesmo acionando ícones –, o usuário é obrigado a pensar conscientemente neles. Em outras palavras, a máquina força o usuário a formular pensamentos com formalismo análogo ao matemático, que podem ser introduzidos dentro dela e por ela interpretados, o que chamo de "pensamentos maquinais".

Uma conseqüência sobre o usuário é que este é induzido a agir de maneira indisciplinada. De fato, como o espaço de trabalho é puramente mental, pode-se fazer de tudo, sem conseqüências diretas no mundo real. Isso não ocorre quando se guia um automóvel ou se opera um torno. Além disso, tudo pode ser corrigido, de maneira que não é preciso seguir-se uma disciplina para fazer coisas corretas ou bem feitas, esteticamente agradáveis. Por exemplo, uma pessoa que escreve uma carta à mão tem de exercitar uma tremenda disciplina mental, para que não seja necessário corrigir o que foi escrito (muitas correções deixariam o texto borrado, feio; outras seriam impossíveis, como mudar um parágrafo de lugar). A mesma coisa se passa ao começar-se com um rascunho. No ato de escrever o texto definitivo, será necessário não mudar nada, prestar atenção à estética, etc. Nada disso ocorre ao se usar um editor de textos: pode-se cometer quantos erros se queira, porque tudo poderá ser corrigido, mudado de lugar, etc. Também não há necessidade de prestar atenção à ortografia: um corretor ortográfico pode detectar os erros e ainda sugerir correções. Os corretores gramaticais estão cada vez mais completos e vão exigir cada vez menos atenção à concordância, por exemplo. Muito poucas pessoas apreciam seguir regras fixas e planejar muito bem o que devem fazer. Pode-se concluir que isso leva os usuários e programadores de computadores a assumir uma atitude de indisciplina mental. No caso dos programadores, é sabido que esses raramente projetam e implementam seus programas disciplinadamente, por exemplo, documentando tanto a fase de análise quanto os próprios programas. Além disso, os testes e as correções dos programas quase nunca são feitos sistematicamente.

Compare essas situações com o uso de uma máquina concreta, como um carro: uma ação indisciplinada pode levar a um acidente. O motorista é obrigado a dirigir disciplinadamente. O mau uso de uma máquina concreta (em oposição à máquina virtual, que é o computador) pode causar acidentes físicos. Os acidentes causados pelos computadores são mentais, psicológicos e psíquicos – daí serem tão ignorados.

4.3 O computador e a Educação

Pense-se inicialmente no fato de que o usuário do computador precisa necessariamente exercer um pensamento e uma linguagem formais, lógico-simbólicos. É preciso formular a seguinte pergunta, que normalmente não se faz, quando se fala a respeito de computadores e educação: Qual é a idade adequada para esse tipo de pensamento e linguagem?

Para responder a essa pergunta é absolutamente necessário usar um modelo de desenvolvimento das crianças e dos jovens conforme a idade. Para isso, emprego o modelo introduzido em 1919 por Rudolf Steiner, que considero muito mais abrangente do que outros modelos, e usado com sucesso nas mais de 800 escolas Waldorf do mundo (sem contar os jardins de infância isolados, provavelmente milhares). Segundo o modelo de Steiner, existem três grandes fases no desenvolvimento de cada ser humano, correspondentes a períodos de sete anos, os setênios [ver, por exemplo, Lanz, 1998, p.38 e Steiner, 2000b, p.51].

No primeiro setênio, de até aproximadamente 7 anos, cujo fim é marcado fisicamente pela troca dos dentes, a criança está aberta ao exterior, não tem consciência de que está separada do mundo. Para ela tudo tem vida e vive na sua imaginação como se fosse realidade. A criança desenvolve o seu querer (vontade que leva a ações). Os recursos educacionais primordiais deveriam ser a imaginação, o ritmo e a imitação. Não deveria existir um ensino formal, mas somente indireto, por meio de histórias, jogos, brincadeiras e trabalhos manuais muito simples. O professor deveria ser o que chamo de "professor-mãe". As crianças não deveriam aprender a ler neste período, já que as letras de hoje são abstrações (não eram assim na

Antiguidade, como ainda não o são os ideogramas orientais). As forças interiores que seriam gastas nesse processo precisam ser aplicadas ao estabelecimento da base física e o extraordinário esforço de crescimento e aprendizagem (não-formal!) do andar, do falar e da coordenação motora (ver artigo a respeito em meu *site*).

No segundo setênio, de 7 a 14 anos [ver, por exemplo, o capítulo "A evolução do segundo setênio", em Steiner, 2000b, p.91, Lanz, 1998, p.47], o jovem já tem a sua base física essencial formada e pode dedicar as suas forças ao aprendizado. Porém este não deve ser abstrato, e sim sempre relacionado à realidade do mundo. Como neste período se desenvolve primordialmente o sentimento, tudo deve ser apresentado de forma estética, artística. Até mesmo a Matemática deve ser apresentada com conexões que a liguem à realidade e de forma artística, que apele à fantasia. Nas ciências, o mais importante é aprender a observar e descrever os fenômenos, sem explicá-los de forma abstrata. Tudo deve estar cheio de vida. Um contra-exemplo clássico no Brasil é como, por volta dos oito anos, se introduz na escola o que é uma ilha: "uma porção de terra cercada de água por todos os lados" (o que não está correto, já que não há água nem no lado de cima e, geralmente, nem no lado de baixo...). Essa definição é morta e não dá margens à imaginação. Mas, se a noção de ilha for introduzida com uma história de uma pessoa cujo barco naufragou, e ela nadou até à praia e depois, para qualquer direção para onde ia, chegava a outra praia ou a pedras sobre o mar, as crianças podem imaginar toda a riqueza que uma ilha com vegetação e animais pode encerrar. Uma definição é sempre a mesma. O ideal seria que a história fosse contada com detalhes diferentes para cada classe, adaptada ao interesse e características de cada aluno dentro de cada sala. Assim um conceito é criado de forma viva e não morta. Em particular, felizmente nunca uma professorinha definiu o que é uma árvore (um pedaço de pau fincado verticalmente no chão, blablablá), o que jamais impediu as crianças de criar um conceito correto da mesma – proveniente de sua própria experiência vendo árvores, tocando-as, cheirando-as, trepando nelas e comendo de seus frutos. O professor adequado para essa idade deve ser *generalista*, isto é saber de tudo um pouco. Deve ter, porém, uma grande sensibilidade social para acompanhar seus alunos, pressentir o que se passa com cada um, e ser um verdadeiro artista para detectar as necessidades de desenvolvimento daqueles seres desabrochando e configurar sua aula dinamicamente.

É interessante notar que existia uma antiga tradição que fazia com que a escola começasse por volta dos sete anos. Havia uma consciência de que para aprender a ler e a fazer contas era necessária uma certa maturidade que vinha com a idade. Quando entrei no antigo Ginásio (5ª a 8ª séries atuais), em 1951, era necessário ter uma idade mínima (11 anos completos até 30 de junho do ano em curso), mostrando ainda essa intuição quanto à maturidade com a idade.

No terceiro setênio, de 14 a 21 anos, com seu início na puberdade (lamentavelmente esta está sendo acelerada, e já por natureza é adiantada em países tropicais e equatoriais, principalmente nas meninas), o jovem desenvolve essencialmente o seu pensamento abstrato e formal. É agora o momento de começar a conceituar tudo, de forma que se possa compreender as coisas com o intelecto. Antes, dominava-se o movimento de uma bola instintivamente. Chegou a hora de entender por que a bola descreve uma curva no ar quando é lançada. Os fenômenos físicos, geográficos, biológicos, químicos e históricos devem ser não só descritos ou observados, mas também compreendidos. Na Matemática, é esta a ocasião de começar a provar teoremas (a necessidade de provar um teorema é incompreensível para um jovem antes dos 15 anos: ele vê que a tese é evidente e não pode compreender aquela necessidade). O professor ideal para essa idade é o *especialista*, aquele que tem formação universitária especializada (um matemático ensina Matemática; um geógrafo, Geografia, etc.).

Voltando ao computador, agora estamos prontos para responder à pergunta do "quando?". Lembremo-nos de que o computador é uma máquina abstrata, que impõe pensamentos e linguagens formais, lógico-simbólicas. Segundo o modelo de desenvolvimento de Rudolf Steiner, uma máquina assim não é adequada antes da puberdade, ou antes do ensino médio, a época do desenvolvimento da capacidade de pensar de forma abstrata e formal. Antes desse período, ela iria acelerar o desenvolvimento da criança ou do jovem de maneira inadequada, com sérios prejuízos mais tarde. Steiner disse que o fato de Goethe ainda cometer erros de ortografia aos 17 anos tinha permitido que preservasse uma maleabilidade mental, pois não se tinha prendido cedo demais a regras rígidas [2000b, p.129]. Neil Postman chamou a atenção para o fato de os meios de comunicação estarem acelerando inadequadamente o desenvolvimento de crianças e jovens, fazendo com que eles tenham experiências e idéias de adultos e se comportem como tais [1999, p.112]. O computador faz exatamente isso, mas direcionado primordialmente ao pensamento.

Recorde-se também de eu ter chamado a atenção para o fato de o computador induzir indisciplina. As crianças não têm autocontrole suficiente para dominar-se, direcionando e restringindo o uso do computador. Além disso, a indução de indisciplina é exatamente o oposto de algo que a educação quer obter. Isso nos leva ao próximo ponto.

Uma breve consideração sobre a Internet. Uma criança que usa a Internet para procurar informações não tem nenhuma restrição, a menos que os pais instalem os chamados "filtros" para impedir ou permitir o acesso somente a alguns *sites* – mas se os pais não tentam ou não conseguem geralmente limitar nem o uso da TV, como se pode esperar que o façam ou consigam com o computador? Essas informações não têm nenhum contexto para a criança e representam o que se pode chamar de educação "libertária". Mas isso é justamente o contrário do que deveria ser uma educação: uma orientação constante daquilo que a criança ou o jovem deve aprender, já que ainda não é adulto para decidir o que é melhor para ele! Obviamente, sempre se deve deixar algum espaço para o exercício da liberdade dentro da atividade programada, pois senão mata-se a criatividade. As crianças esperam intuitivamente ser orientadas no seu caminho de desenvolvimento, e a falta de orientação pode provocar sérios distúrbios de comportamento. Tradicionalmente, os pais escolhiam, por exemplo, os livros que seus filhos deveriam ler; os professores, o que deviam ensinar e de que forma, de acordo com o desenvolvimento e conhecimento dos seus alunos. Isso não acontece com a Internet. Uma ferramenta de adulto, completamente descontextualizada, está sendo dada a crianças e jovens, novamente provocando um processo de amadurecimento precoce, permitindo-lhes entrar em contato com informações que não são apropriadas para sua maturidade e ambiente.

Toda aceleração da maturidade de crianças e jovens é altamente prejudicial a eles: em educação não se pode pular etapas. Não se pode ensinar álgebra antes de aritmética, fisiologia antes de anatomia. Outro perigo é desenvolver a capacidade de pensar formalmente sem que os sentimentos e a base física sejam adequados para isso. No livro citado de Jane Healy [p.69], ela diz: "Eu afirmaria que muito do fracasso da escola resulta de expectativas de aprendizado [*academic expectations*] para as quais os cérebros das crianças não estavam preparados, mas que, mesmo assim, foram coagidos [*bulldozed*] a eles."

É muito importante notar, do ponto de vista educacional, que o computador obriga a pensar pensamentos formais muito particulares: os que se podem introduzir na máquina em forma de comandos. Como já foi dito, não é possível utilizar *nenhum software* sem dar-lhe comandos (o itálico da palavra "nenhum" foi justamente produzido em meu original com um comando Ctrl+I; acionar o ícone correspondente daria no mesmo). Assim, nesse ato o pensamento do usuário é reduzido àquele que pode ser interpretado pela máquina. A educação deveria ter como um de seus mais elevados objetivos desenvolver vagarosamente os pensamentos, de maneira que eles se tornem livres e criativos na idade adulta. Isso não acontece se são enquadrados muito cedo em formas rígidas e mortas, como as que exigem todas as máquinas, e muito mais os computadores, que trabalham unicamente ao nível mental estritamente formal.

Em razão dos tipos de pensamento e de linguagem formais impostos pelo computador, à enorme autodisciplina que ele exige, e ainda baseado em experiências com alunos do ensino médio, cheguei à conclusão de que a idade ideal para um jovem começar a usar um computador é 16 anos, preferivelmente, 17 anos (veja o artigo sobre computadores na educação, neste volume, para mais detalhes).

5. Conclusões

Acredito que não exista lugar para a televisão transmitida e para o jogo eletrônico na educação. O fracasso do ensino audiovisual mostrou isso muito bem no caso da TV. No Brasil, gastam-se milhões de dólares em produção de TV educativa. Jamais encontrei uma estatística que comprove quanto se aprendeu com esses programas. Como foi visto, a TV não é um meio educativo (e nem informativo), mas de condicionamento. Mas admito o uso do gravador de vídeo, no ensino médio, para transmitir ilustrações curtas acompanhadas por discussões.

No caso dos computadores, deve-se considerar que são máquinas úteis para determinadas tarefas. Por exemplo, o original deste artigo foi escrito à mão e depois digitado no computador para revisão, formatação e envio via Internet a San Salvador, para publicação no volume do Festival Idriart, em fevereiro de 1998; a tradução em português, feita em Maceió, também foi recebida via Internet, e foi no computador que fiz a revisão e a presente ampliação. A Internet trouxe novidades, como as listas eletrônicas de discussões: uma pessoa envia uma mensagem eletrônica a centenas de indivíduos, estabelecendo um fórum de discussões que pode ser muito vivo devido à rapidez. (No entanto, vi várias dessas listas de discussões fracassar por falta de disciplina dos participantes, que acabavam por exagerar no número de postagens, saíam do assunto, enviavam comentários de uma única linha ou então grandes demais, etc.) Graças à Internet, hoje é possível ter-se acesso a informações que dificilmente estavam disponíveis anteriormente.

Assim, sou de opinião de que é necessário introduzir o computador no ensino médio, mas para ensinar a usá-lo e a compreendê-lo. Entretanto, como isso exige uma certa maturidade, proponho que se comece com o estudo do *hardware* com laboratório de circuitos digitais (começando com relês), que têm uma realidade física, para que se compreenda o funcionamento físico da máquina e depois, nos últimos dois anos, introduzir o *software* e a Internet, sempre acompanhados por uma visão crítica, como, aliás, recomendado no excelente relatório da Alliance for Childhood [Cordes, 2000, p.70]. (Vejam-se os artigos sobre ferramentas educacionais em meu *site*, inclusive com possibilidade de carregar *software* desenvolvido para isso.) Por exemplo, mostrar que na Internet o crescimento do lixo informativo é exponencial, e a cada dia fica mais difícil encontrar algo realmente útil sem que se saiba previamente seu endereço; que no correio eletrônico não se deve cair no extremo de enviar cartas telegráficas, sem saudar as pessoas, tratando-as como se fossem máquinas e não seres humanos, etc.

É interessante comparar os três veículos da seguinte forma: o jogo eletrônico dá uma *ilusão de ação* (exercício da vontade), mas é uma ação de máquina. A TV dá uma *ilusão de sentimento*, mas é um sentimento irreal, sempre estimulado desde fora em ambiente virtual, e não por imaginações próprias como acontece na leitura, ou na vida de uma pessoa real, feliz ou sofrendo, à frente de quem sente. O computador dá *a ilusão de atividade do pensamento*, mas trata-se de um pensamento que pode ser introduzido numa máquina por meio de comandos, e é uma caricatura daquilo que o pensamento humano teria de ser. Assim, os três meios atacam essas três atividades que Steiner chamou de "anímicas", reduzindo-as a um patamar que não é mais humano.

Esse patamar é muito claro: no caso da TV, é a redução do ser humano a uma condição de animal semiconsciente. No caso do computador, é a redução a uma máquina de pensar o que pode ser introduzido como pensamento dentro daquela máquina. No caso do jogo eletrônico, reduz-se o ser humano tanto a um animal que reage sem pensar e sem moral quanto a um autômato que reage de maneira mecânica, sempre da mesma forma.

	TV	Jogo eletrônico	Computador
Pensar	Abafa	Elimina	Incentiva, mas pensamento lógico-simbólico, maquinal
Sentir	Ativa, mas do exterior, irreal	Ativa, mas de desafio e competição	Ativa, mas de desafio
Querer (Ações)	Elimina	Automatiza, mecaniza	Mecaniza movimentos, concentração em pensamento maquinal

O quadro ao lado resume esses e outros pontos comparativos.

A escola está obsoleta. Não por causa da falta de tecnologia, como pretendem muitos, mas por não haver acompanhado a evolução interior, da maneira de agir, sentir e pensar do ser humano no século passado (veja artigo a respeito em meu *site*). Não existe mais espaço para pressões de notas e reprovações, nem tratar os alunos de maneira impessoal, como se fossem máquinas de armazenar dados. A escola do futuro não deveria ser uma escola mais tecnológica, porém mais humana, que ensine na época certa (ensino médio) os jovens a compreender as máquinas e a dominá-las, ensinando a utilizá-las somente para o que é construtivo e o que eleva o ser humano e não o degrada, colocando-as assim em seu devido lugar. Só com educação poderemos dar um basta à dominação das máquinas sobre o ser humano, que se tornou seu escravo ao invés de seu senhor.

2

TV e violência: um casamento perfeito

1. Introdução

Este artigo foi originalmente escrito em janeiro de 2000. Apesar de eu ter começado minha luta contra o uso de meios eletrônicos por crianças criticando a TV, por intermédio de palestras, desde 1972, e artigos, desde 1982 [Setzer, 1982], não tinha colocado em meu *site* nenhum artigo específico sobre a TV. As reações recentes contra programas violentos fizeram-me escrever o artigo que segue, enfocando mais o aspecto da TV e da violência.

As forças que estão por detrás da tecnologia são infinitamente inteligentes, mas falta-lhes algo fundamental: o bom senso. Ainda bem, pois com isso sempre acabam exagerando, de modo que muitas pessoas passam a perceber, por experiência própria, que o uso indevido e indiscriminado de máquinas prejudica o ser humano. Este é o caso da poluição e é o caso da TV. Em particular, está havendo uma reação muito grande contra o excesso de violência (em quantidade e em qualidade) na TV. Neste artigo, mostro que infelizmente não é possível acabar com a violência na TV, pois ela é conseqüência da natureza do próprio aparelho.

2. O aparelho de TV e a percepção

Jerry Mander, em seu extraordinário primeiro livro faz uma simpática assertiva: a TV não transmite violência por preferência dos telespectadores, mas porque é o conteúdo que mais se adapta à natureza do aparelho e ao estado de consciência do telespectador: "Por causa dessas razões técnicas, entre outras que veremos mais tarde, há uma ênfase em esportes e violência na programação da televisão, e há um grande interesse dos telespectadores por eles. A popularidade desses programas não é tanto um sinal de que o gosto popular é vulgar, como se assume em muitos círculos ('as pessoas querem esse tipo de programação'), como é um sinal de que esses programas são os que conseguem, pelo menos, comunicar *alguma coisa* pela televisão" [Mander, 1978, p.270, sua ênfase]. Vamos entender essa afirmação.

A primeira natureza do aparelho de TV que importa aqui é o fato de sua imagem ser irreal e muito grosseira. A irrealidade, ou "virtualidade", faz com que as pessoas subestimem a influência do aparelho. De fato, provavelmente quase todos os pais protegem suas crianças, para que essas não vivenciem situações emocionalmente fortes (como, por exemplo, a morte de um parente, a visão de uma pessoa acidentada deitada na rua toda ensangüentada, etc.). Trancam a porta de casa, erguem altos muros ao redor dela, passam a morar em prédios ou condomínios no intuito de melhor proteger seus filhos. No entanto, ao ligarem a TV, permitem a penetração, no lar, de toda sorte de violência (entre outras imagens e palavras não apropriadas ou prejudiciais às crianças). Um estudo da Kaiser Family Foundation de 1999 mostrou que cerca de 65% de crianças e jovens americanos de 8 a 18 anos tinham um aparelho de TV em seu quarto [Cordes, 2000, p.28], isto é, em geral sem absolutamente nenhum controle do que assistem. Pelo contrário, a mentalidade educacional deturpada de hoje em dia leva os pais a achar que não devem coibir nada, pois qualquer controle talvez crie traumas. Eles não percebem que as crianças precisam sentir-se guiadas e controladas (com amor e carinho [Lanz, 1998, p.54]), e que a falta disso pode gerar graves problemas psicológicos.

A grosseria da imagem, formada por cerca de 300 mil pontos de impacto do feixe eletrônico varrendo o fósforo da tela, pode ser constatada observando-se os programas. Nas novelas, em geral, é focalizado apenas o rosto dos atores, pois, se o corpo inteiro fosse focalizado, não se perceberia a expressão facial; os olhos, nariz e boca tornar-se-iam pequenas manchas. Com isso, não se notariam as emoções que os atores devem transmitir – que, como será visto, são essenciais. Se uma árvore aparece inteira na tela, não se consegue distinguir suas folhas. Compare-se com nossa fantástica acuidade visual, que permite ver com nitidez todos esses efeitos no mundo real, em meio a um campo de visão de 200 graus (abra os braços, olhe para frente e veja até onde consegue ver as mãos). Na verdade, apenas um cone com um ângulo de 2 graus é visto com nitidez, correspondente a uma pequena região da retina chamada de fóvea [Patzlaff, 2000, p.16]. E por falar no mundo real, se alguém quiser ver um objeto com mais nitidez, aproxima-se dele. No caso da TV, essa aproximação não ajuda em nada, pelo contrário, apenas prejudica a visão, pois passa-se a ver, na TV colorida, os pontos da máscara de cor vermelha, verde e azul escuro, a partir dos quais se tem a *impressão* das várias cores meio fantasmagóricas que compõem as imagens. No caso de TV em branco e preto, viam-se as linhas formadas pela varredura do feixe eletrônico que, batendo na tela fosforizada, faz que ela emita luz no local do choque. Com isso, já se pode colocar aqui um dos efeitos perniciosos da TV: ela deseduca o sentido da visão, pois acostuma-se a não procurar maior acuidade como, por exemplo, aproximando-se mais do objeto que se quer examinar. Isso para adultos é ruim, mas para crianças, que justamente estão desenvolvendo seus sentidos, é altamente prejudicial.

Essa varredura do feixe faz com que a imagem se forme atomisticamente, compondo, no padrão técnico adotado no Brasil, 30 quadros completos por segundo, sendo 60 para as linhas ímpares, varridas primeiramente, e 60 para as linhas pares, varridas logo em seguida. Essa alternância visa diminuir o efeito de piscar da imagem. A nossa retina retém imagens por cerca de um décimo de segundo, de modo que, com um período menor, temos a impressão de continuidade, por exemplo, do movimento de uma pessoa. Mas, se se olhar com o lado dos olhos, o piscar da imagem será percebido. Mesmo que o piscar se não seja percebido conscientemente, é detectado pelo cérebro e o afeta. Este é mais um fator da natureza do aparelho, que será muito importante nas considerações a seguir. Mas aqueles quadros não são formados como no cinema, com a projeção instantânea de um quadro completo por vez (nesse caso, 24 quadros por segundo).

Jerry Mander já chamou a atenção para o fato de a imagem como um todo não existir na tela [1978, p.193]. Mas foi Rainer Patzlaff que me conscientizou de um fenômeno óbvio: quando o feixe eletrônico retorna a um ponto traçado na varredura imediatamente precedente, este tem de estar apagado, pois senão haveria superposição de imagens diferentes [2000, p.23]. Assim, no caso da TV, a imagem nunca se encontra por completo na tela; é nossa retina, e talvez o cérebro e a mente, que formam a imagem, contrariamente a tudo o que vemos do mundo.

É interessante ainda notar que, para se poder observar algum objeto, não basta somente vê-lo, recebendo um estímulo visual. É necessário também ter o conceito do que se vê, pois senão simplesmente não se observa nada, o que Theodore Roszack denomina de "generalização" [1994, p.89].

Arthur Zajonc relata a história de pessoas que eram cegas, foram operadas e logo depois da operação passaram a ver luzes. No entanto, não conseguiam reconhecer os objetos, apesar de o fazerem antes por meios táteis, isto é, elas viam, sentiam o impulso visual, mas não observavam nada, o que lhes dava imensa frustração. Essas pessoas simplesmente não haviam aprendido a associar o objeto percebido sensorialmente com o conceito correspondente e com isso descreviam apenas manchas e luzes [1993, p.3, 183]. Zajonc conta ainda sua experiência pessoal de caminhar nos campos com um geólogo, que vai reconhecendo uma quantidade de rochas, sedimentos, falhas, etc. Para ele, tudo isso passava totalmente despercebido – o simples estímulo visual não é suficiente [p.204].

Assim, parte da educação dos sentidos nas crianças é a gradual associação dos estímulos sensoriais com os conceitos, completando-se desse modo o processo de percepção [Steiner, 2000a, p.45]. Ora, para isso é preciso vivência pessoal com a realidade dos objetos; a virtualidade da TV deturpa essa educação, produzindo uma verdadeira deseducação da visão e da audição. Mas não só destes, como salientou Frits Wilmar no que, parece-me, foi o primeiro livro do mundo contra a TV. Ele chama a atenção para o fato de que uma percepção sensorial raramente é parcial, como produzida pelo rádio e pela TV [1966, p.17 e 43]. De fato, quando se vêem os galhos de uma árvore (real) balançando, sente-se o vento, ouve-se o farfalhar das folhas, tem-se talvez uma sensação de frio, devido ao efeito da temperatura aparente do corpo abaixar com esse vento, sai-se de perto pois eventualmente se fica com medo de um galho quebrar e cair, etc. Nada disso ocorre com a percepção produzida pela TV, que produz estímulos sensoriais irreais, parciais e ainda deturpados (imagem plana, com cores artificiais, e som pontual, ambos muito grosseiros).

3. O estado do telespectador

Do ponto de vista do telespectador, pode-se constatar que, das atividades interiores pensar, sentir (de sentimentos) e querer (volição que leva a ações, desde a concentração do pensamento em certos assuntos escolhidos como a movimentação da boca ou dos membros), apenas a segunda está realmente em atividade. De fato, a imobilidade física leva o telespectador a não exercer nenhuma ação. Nem a de concentrar os pensamentos, pois estes estão abafados, já que normalmente a TV induz a um estado de sonolência, semi-hipnótico. Esse efeito, que é óbvio quando se observa uma pessoa assistindo a um programa (ela fica em geral com cara de boba, principalmente as crianças, que têm rosto mais maleável), foi constatado cientificamente por algumas pesquisas de efeitos neurofisiológicos da TV. Herbert Krugman, detectando movimento dos olhos e usando eletroencefalograma, mostrou que a TV induz rapidamente (em cerca de meio minuto) a um estado semi-hipnótico ou de sonolência, de desatenção [1971], o que foi posteriormente confirmado por Thomas Mulholland pesquisando crianças [1974] e em [Walker, 1980] e [Weinstein, 1980]. Descrevendo-se a um psicólogo a situação de um telespectador – sem mencionar que está assistindo à TV – isto é, que está sentado estaticamente, uma luz pisca 30 vezes por segundo à sua frente, o som vem de um ponto fixo e o ambiente está em penumbra, esse psicólogo imediatamente reconhecerá uma sessão de hipnotismo [Mander, 1978, p.196]. Recorde-se o que foi dito acima sobre a região de nitidez da retina, formando um cone de acuidade de apenas 2 graus. Portanto, para vermos qualquer coisa nitidamente, nossos olhos permanecem em um movimento constante de varredura do objeto – mesmo se for uma pequena foto 3x4 num livro. O normal é de 2 a 5 movimentos por segundo, em olhares calmos. Mas na distância normal da TV, a tela abarca cerca de 6 graus. Levando-se em conta o cone de acuidade, entende-se por que o olho praticamente não se mexe (uma das diferenças da TV em relação às telas grandes dos cinemas), dando uma média de 0,25 a 0,35 movimentos por segundo, isto é, uma redução de aproximadamente 90% [Patzlaff, 2000, p.25]. Este é mais um fator que contribui para o estado de sonolência.

Compare-se com a leitura. Quando uma pessoa lê, ela é forçada a prestar atenção no que está lendo, pois, caso contrário, perde o fio da meada. Quando se lê um romance, é necessário imaginar os personagens, o ambiente em que a ação se passa, etc. Quando se lê algo filosófico ou científico, é necessário associar conceitos constantemente. Em ambos os casos, o pensamento está muito ativo. De vez em quando "desliga-se" a atenção, mas aí, ao chegar-se ao fim de um parágrafo, percebe-se que o seu conteúdo não foi captado, e se repete a leitura. Porém, na TV, as imagens já vêm prontas. Todavia, é impossível acompanhá-las conscientemente, pensar no que elas significam, associar idéias ou lembranças a elas, etc., pois, como será justificado adiante, elas necessariamente se sucedem com muita rapidez e não é possível voltar atrás. (Estou considerando o caso mais comum de transmissão de programas, e não, por exemplo, o caso de se assistir a uma gravação em videocassete – mesmo nesse caso, quantas vezes se costuma voltar uma fita para observar melhor o que foi gravado?) Com isso, não se consegue nem prestar atenção durante um tempo razoável, nem criticar calmamente o que está sendo transmitido e compará-lo com nosso conhecimento prévio, como o permite um livro – na velocidade individual de cada leitor.

Quando o primeiro governo socialista assumiu na França, tentou fazer da TV um veículo educativo – para começar, acabando com os "enlatados" americanos. A reação foi violenta: os telespectadores classificaram as transmissões de "chatas", e alguns disseram que a TV não era um veículo de transmissão de cultura – havia outros meios melhores para isso.

Assim, se alguma emissora quiser transmitir um programa que exija concentração mental e raciocínio, os telespectadores em sua grande maioria vão ou adormecer ou mudar de canal.

Nas palestras em que abordo o problema da TV, costumo recomendar aos participantes: "Se os senhores quiserem desenvolver seu pensamento, leiam. Se quiserem prejudicá-lo, abafando-o cada vez mais, vejam TV". O famoso psicólogo Bruno Bettelheim escreveu: "A TV aprisiona a fantasia, não a liberta. Um bom livro incentiva o pensamento e liberta-o simultaneamente" [1963]. Jane Healy menciona que o cérebro pode ser afetado ao ser excitado indevidamente pela avalanche de imagens da TV, chamando a atenção para o óbvio, ou seja, que há uma grande diferença entre a demanda cerebral da leitura e a de ver TV [1990, p.209-12]. Conjeturo que um dia a pesquisa mostrará que os neurônios das crianças são afetados negativa e irremediavelmente pela TV (e também pelos jogos eletrônicos e pelo computador).

É fácil verificar pessoalmente como o telespectador em geral não acompanha conscientemente o que está sendo transmitido. Basta repetir uma experiência relatada por Fred e Merrelyn Emery, na qual se telefonou, em 1971, para pessoas da cidade de São Francisco perguntando a que notícias haviam acabado de assistir no "jornal nacional" americano, transmitido no início da noite. Mais da metade das pessoas não se lembrava de uma única notícia sequer! [1976, p.66] Sugiro repetir essa experiência sem naturalmente contar aos outros que ela será feita. Em particular, o estado de desatenção leva à conclusão de que a TV não tem quase efeito informativo e muito menos educativo. Marie Winn dedicou seu livro a provar esses pontos, desmascarando, por exemplo, o mito de que o programa *Vila Sésamo*

(Sesame Street) tinha efeitos educativos [Winn, 1985; Winn, 1979, cap.4]. A falta de efeito educativo é constatada por M. Alfonso Erausquin e colegas, dizendo: "Cada vez mais parece ficar mais provado que a televisão em si é incapaz por si só de ensinar praticamente nada. Nem sequer no terreno da linguagem, do enriquecimento do vocabulário, como se tinha acreditado durante certo tempo ..." [1980, p.130]. Não é difícil entender o porquê dessas características: a aquisição de informação deve ser um processo individual, lento e consciente. Por outro lado, educação requer, além de lentidão, interação social (da criança com seus familiares e com seus mestres) e não-passividade, inexistentes na TV. Ela tem de ser necessariamente altamente contextual em relação a quem está sendo educado ou se educando. De fato, pais conscientes sempre escolheram os livros que iriam comprar para suas crianças, verificando se são adequados à idade, maturidade, educação, etc. Uma professora dá uma aula levando em conta o que deu na aula anterior, o que foi dado na semana, mês ou ano passados, a particular situação dos alunos reais que tem em frente de si, etc. Nada disso se passa com a TV (e nem com o ensino com computador ou com a Internet!), um veículo de comunicação de massa, não tendo, portanto, nada de individual e contextual. É por isso que programas educacionais pela TV nunca deram os resultados esperados: alguém conhece alguma estatística de quantas pessoas aprenderam alguma coisa com os nossos programas educativos, nos quais já se gastou uma fábula? Obviamente, uma ou outra informação factual, pontual, pode ser aprendida, mas isso não é educação. Se algo de profundo foi aprendido, certamente o terá sido por meio das publicações que acompanham os programas. Se um programa é seguido de uma aula convencional com professor que reveja e aprofunde o assunto transmitido, obviamente o efeito será da aula, e não do que foi observado com o aparelho. Penso que, do ponto de vista educacional, a TV só tem

lugar como reprodutor de vídeo, em brevíssima ilustração (alguns minutos), talvez depois da 6ª série – desde que o professor discuta logo em seguida o que foi visto, repita o vídeo, discuta-o novamente, etc.

Talvez fosse interessante citar aqui um outro casamento perfeito com a TV. Como Jerry Mander chamou a atenção em seu livro, a TV é o veículo ideal para a propaganda [1978, p.131]. É nela que as grandes empresas investem mais, na tentativa bem-sucedida de fazer as pessoas comprar a sua marca, o que não precisam ou o que é mais caro. Em sua coluna no "O Estado de São Paulo" de 11/4/01 J. Betting declarou que dos R$ 12,9 bilhões gastos com propaganda no Brasil, 63,5 % foram para TV. Aliás, Mander chama a atenção para o fato de que só grandes empresas podem dar-se ao luxo de investir na caríssima propaganda pela TV [p.19]. Se a propaganda pela TV não tivesse sucesso, alguém acharia que essas grandes empresas gastariam centenas de milhões de dólares nessa atividade? Por exemplo, Robert Liebert e colegas citam um dado de que a Procter&Gamble gastou em 1980, nos Estados Unidos, 486 milhões de dólares em propaganda na TV, ficando em primeiro lugar. O décimo lugar ficou com a Philip Morris, que gastou 118 milhões [1982, p.18]. Aquele sucesso justamente ocorre em razão de os telespectadores estarem normalmente em estado semi-hipnótico, gravando toda a propaganda em seu subconsciente, sem poder criticá-la. Mais tarde, em um supermercado, cujo *design* já é elaborado para se poder ver e pegar todos os produtos (se fosse necessário pedir a um vendedor, haveria conscientização desse ato), o comprador muitas vezes apanha, sem perceber, aqueles que estão gravados em seu subconsciente. Tem-se aí o real efeito da TV: não é o de informar ou de educar, e sim de condicionar.

Ações – vontade – inativas e pensamentos abafados: sobram os sentimentos. Esses, sim, são ativados, e como! São a única arma que as emissoras têm para atrair a atenção do telespectador. Pior, são a única arma para que ele não passe do estado de sonolência para o sono profundo, o que seria um desastre em termos de audiência. (Algumas pessoas têm uma "proteção natural" contra a TV e adormecem logo que a ligam.) Como escreveu Brandon Centerwall, "Tirando a TV a cabo, a indústria da televisão não está no negócio de vender programas para o público. O seu negócio é vender público [*audiences*] para anunciantes" [1992, p.3062].

Mesmo as estações de TVs não-comerciais acabam caindo no mesmo padrão para atrair telespectadores, pois, se não tiverem audiência, perdem a justificativa de sua existência, e seus funcionários ficariam desempregados. Portanto, se os sentimentos é que são ativados, transmita-se para eles! Agora se pode compreender por que, como foi constatado acima, as novelas focalizam em geral apenas os rostos dos atores: para que os seus sentimentos sejam bem transmitidos, sua expressão facial deve ser nítida. Se fossem transmitidos de corpo inteiro, a grosseria da imagem faria perder essa expressão. Ora, as novelas têm como finalidade prender a atenção do telespectador justamente pelo forte da TV, os sentimentos, nesse caso provindos dos conflitos pessoais retratados. Portanto, é impossível deixar de transmitir as emoções fingidas pelos atores, principalmente por meio de seus rostos.

Uma outra maneira de prender a atenção do telespectador é pelo excesso de sons, de movimentos e de cores. Neil Postman escreveu que a TV tinha transformado tudo em *shows* de entretenimento: a educação, a política, a religião, etc. [1986, p.87 e caps. segs.] Em termos educacionais, veja-se o exemplo da série *Beeckman's World (O mundo de Beeckman)*, em que experiências interessantíssimas e muito simples de Física eram transmitidas num verdadeiro festival de caretas, gritaria, pastelões e com um homem em cena fantasiado de ratão. Isto é, demonstrações excelentes tinham que se dobrar à única linguagem bem transmitida por esse veículo: a dos *shows*. Estes justamente se caracterizam pelo excesso de movimentos, sons exagerados e excitantes, cores berrantes. É mais uma maneira de atingir os sentimentos do telespectador e de fazê-lo não adormecer. Veja-se como a transmissão de um concerto de música erudita é transformada num *show*: a câmera não pára, focalizando ora a batuta do maestro, ora os movimentos do arco de um violinista, ora a audiência, etc. em lugar de transmitir simplesmente o som, que é o que interessa, talvez com uma imagem de toda a orquestra, como se veria na sala de concertos (mas com muito maior acuidade visual). Em relação aos sons, note-se como muitos locutores falam gritado: eles têm consciência de que, idealmente, nada pode ser calmo na TV, e com sua gritaria contribuem para prender a atenção do telespectador, fazendo com que este não passe do estado de sonolência para o sono profundo.

Uma parte dos truques usados pelos diretores de imagem, para evitar o adormecimento do telespectador, é fazer a imagem mudar constantemente. Jerry Mander conta que nos EUA as imagens eram alteradas nos programas normais em média de 8 a 10 vezes por minuto, empregando-se para isso, além de mudanças totais de imagem, cortes, superposição, aparecimento de texto na tela, mudança de fundo (é o que ocorre quando um locutor se vira, sem razão aparente, mudando de câmera), efeitos *zoom*, mudança na música de fundo, etc., o que ele denominou de "eventos técnicos" [1978, p.304]. Em transmissão de propaganda típica de 30 segundos, ele mediu uma média de 10 a 15 eventos técnicos [p.305]. No domingo 9/1/2000, fiz uma contagem somente de mudanças de imagem em 10 minutos de um programa de auditório do SBT, às 11h40, e obtive uma média de 11,3 por minuto (não usei o som, pois o que é transmitido por esse meio é cretino e irritante demais). Logo em seguida, num intervalo para comerciais da Globo, medi 16,3 mudanças só de imagens por minuto, o que confirma a situação descrita por Mander, e provavelmente a pioraria se fossem contados efeitos técnicos de som. O extremo exagero da tentativa de despertar o telespectador encontra-se nos videoclipes, verdadeiros *shows* de histerismo. Aliás, é fácil entender por que a violência e o histerismo de sons e imagens aumentam progressivamente com o passar dos anos: à medida que os telespectadores se acostumam com certo tipo de excitação de seus sentimentos, é preciso aumentá-la para que se mantenham despertos e atentos.

Enfatizo: se um programa transmitir algo delicado, sutil, calmo, ele será tomado como extremamente "chato" pelo telespectador, que sentirá muito sono, levando-o a adormecer ou mudar de canal. É fundamental perceber-se que a impossibilidade dessa transmissão resulta das características do próprio aparelho e do estado a que ele induz o telespectador, e não do particular programa sendo exibido.

4. TV e violência

Pois bem, junte-se a grosseria da imagem aos sons berrantes e ao excesso de movimentos. O resultado é... violência! Violência é o que a TV transmite melhor! (O que já foi notado por Jerry Mander, como foi visto no início deste artigo.) Note-se como os esportes violentos, como o futebol, ou os movimentados, como o basquete, são apreciados, e note-se como um jogo de tênis é monótono, apesar do esforço dos operadores das câmeras e do diretor de imagem. Parece-me que a grande atração da transmissão das corridas de Fórmula 1 é a expectativa de um grande acidente – e quanto mais grave, melhor. O ideal é se o carro espatifar-se, pneus voarem para o alto, sendo uma explosão o máximo que os telespectadores querem apreciar. Note-se o que ocorre depois de um desses acidentes: passa-se a repetir seguidamente suas imagens – afinal, aí é que a TV atinge o ponto mais alto da adequação do transmitido às características do aparelho e ao estado do telespectador. Em oposição, imagine-se a chatice que seria assistir pela TV a um jogo de xadrez ou de golfe!

Há possibilidade das transmissoras de TV mudarem por si próprias sua programação? Infelizmente, não. Continuando a citação de Centerwall, "Questões de 'qualidade' e 'responsabilidade social' são totalmente periféricas em relação à questão de maximizar o tamanho da audiência dentro de um mercado competitivo – e não há fórmula mais testada e verdadeira que a violência para gerar garantidamente grandes audiências que podem ser vendidas para os anunciantes. (...) Se o número de telespectadores diminuísse em 1%, as transmissoras de televisão iriam perder 250 milhões de dólares anualmente em faturamento com propaganda." (Ele usou como fonte desse número uma publicação de estatística americana oficial, de 1991.) Ele afirma que, em razão seu tipo de negócio, as transmissoras jamais controlarão seus programas enquanto estes atraírem audiência. Esse é um assunto bem atual aqui no Brasil, devido à reação à novela *Laços de Família*, e à notícia de que elas decidiram controlar-se a si próprias – evitando que o governo o faça. Duvido de seu autocontrole, pois seu interesse primordial, como empresas tipicamente capitalistas, é obter lucros. Penso que o único meio de elas mudarem (sem serem forçadas por lei, o que em princípio não me agrada) seria os telespectadores boicotarem seus programas. Infelizmente a conscientização das massas, imbecilizadas justamente por assistir à TV em vez de fazer algo que desenvolva a capacidade de pensar, a consciência, a sensibilidade e a ação, é praticamente nula. É preciso enfatizar que, mesmo mudando sua programação para conter menos violência, a TV continuaria sendo altamente prejudicial, principalmente para crianças, por abafar a consciência e o pensamento e aniquilar a vontade. (Uma vez um aluno me escreveu dizendo que, depois de ouvir meus argumentos contra a TV e ficar convencido de que eu estava correto, chegou em casa e tentou não ligá-la, mas não conseguiu!) Nesse sentido, o título do livro citado de Marie Winn, comparando a TV a uma droga que causa dependência, é absolutamente adequado (aliás, ela tem um capítulo sobre esse aspecto.)

Qual o problema de assistir a violência ou a outras imagens e sons inconvenientes? Além da deseducação dos sentidos e dos sentimentos, o problema é que o ser humano grava tudo o que vivencia, a maior parte em seu subconsciente. Por exemplo, se uma pessoa encontrar um conhecido e não reparar conscientemente na cor de seu sapato, não se lembrará dela. Mas, se, no dia seguinte, ela for hipnotizada, lembrará perfeitamente daquela cor. (A propósito, parece-me que esse efeito de gravar tudo é uma indicação de que nossa memória é infinita, e, portanto, o ser humano não é uma máquina.) Assim, todos os milhões de imagens de violência vistas ficam também gravados para sempre, em sua quase totalidade no subconsciente. Em uma situação de estresse, de emergência ou de ação inconsciente, elas podem influir na atitude, nas ações, nos pensamentos e nos sentimentos. É por isso que a propaganda pela TV funciona melhor que por outros meios: ao ver caixas de diferentes sabões em pó no supermercado, todas de mesmo tamanho, talvez de mesmo preço, praticamente de mesmo conteúdo (o que talvez mude é um perfumezinho), qual a compradora escolherá? Sem querer, aquela marca que ficou gravada em seu subconsciente. Da mesma maneira, em uma situação especial, principalmente de inconsciência (devido a tensão, drogas, emergência, etc.), uma pessoa pode agir ou reagir seguindo os atos violentos a que assistiu pela TV ou no cinema. (Há pequenas diferenças entre o cinema e a TV, mas não vou estender-me a esse aspecto.) Talvez isso explique o trágico acontecimento passado em São Paulo, de um jovem que atirou em espectadores em um cinema, justamente durante um filme – que ele tinha visto – com muitos tiros e arma parecida. Talvez assim se possa compreender por que jovens metralham seus companheiros de escola, por motivos aparentemente fúteis.

Há muito se conhecem resultados de pesquisas mostrando que crianças, logo após assistir a programas violentos, reagem mais agressivamente do que outras que não assistiram a eles. O pesquisador Robert Liebert e colegas fazem uma resenha de pesquisas sobre o efeito da violência em TV. A quase totalidade dos resultados acusa o aumento da agressividade que ela causa a curto prazo [1982, p.128]. Mas foi Centerwall que mostrou pela primeira vez, por meio de estatísticas, a alta correlação entre o aumento do número de aparelhos instalados em países ou regiões que não tinham TV e o aumento, cerca de 15 anos depois, do número de homicídios. Essa foi a primeira demonstração do efeito da violência a longo prazo. Quem sabe leve cerca de 15 anos, depois de assistir a programas violentos na TV, para crianças atingirem uma idade em que podem ter a força e o acesso às armas para matar outros. Ou quem sabe leve 15 anos para que as imagens violentas acumulem-se ou trabalhem no subconsciente a ponto de influenciar o comportamento das pessoas. A situação é mais perigosa com jovens (aos 20 anos, eles em média já assistiram a mais de 20.000 horas de TV, 20.000 horas de lixo gravado indelevelmente no subconsciente!), que ainda não desenvolveram sua consciência moral a ponto de controlar seus atos como adultos deveriam ser capazes de fazer. Animais não têm autoconsciência, isto é, não refletem antes de fazer alguma ação. Eles são simplesmente levados pelos seus instintos ou pelo condicionamento. É o ser humano, esse não-animal, que pode pensar nas conseqüências de seus atos antes de cometê-los, usando sua moral, que obviamente os animais não possuem. Mas para isso ele tem de estar em plena consciência e, se estiver em inconsciência, ser dominado por bons instintos, adquiridos com uma educação para o bem e para a ação social – antítese do que é mostrado em programas violentos. Assim, pode-se dizer que a TV animaliza o ser humano.

5. O que fazer?

Em primeiro lugar, estudar, observar o aparelho de TV e refletir sobre ele e o estado que impõe aos telespectadores. Se se chegar a conclusões semelhantes às minhas, o mais simples é *não ter*.

Se o aparelho existe em casa, principalmente se for de fácil acesso, haverá uma luta constante (com a própria pessoa e com os outros) para não ligá-lo ou desligá-lo. Essa luta está fadada ao insucesso se houver crianças em casa, pois estas não podem compreender o mal que ele faz. Por isso não tive TV até minha filha mais nova tornar-se adulta. Com isso, a TV não fazia parte do ambiente e as crianças não sentiam sua falta: estavam acostumadas a ler muito, a tocar instrumentos musicais, improvisar continuamente brincadeiras, etc. Elas eram tão fantasiosas em suas brincadeiras, que as crianças da redondeza adoravam vir à nossa casa brincar – apesar da ausência da TV! Marie Winn conta o caso de um jornal de Denver, no Colorado, que convocou famílias com no mínimo uma criança a desligar a TV por um mês. Manifestaram-se 100, 25 foram inscritas e 15 levaram a experiência até o fim. Estas relataram depois como o começo foi difícil, mas como no fim todos os envolvidos estavam entusiasmados, por terem arranjado várias atividades úteis para fazer. No entanto – veja-se o poder desse aparelho – todas essas 15 acabaram voltando para a TV depois de terminada a experiência! [1979, p.272]

Se houver uma razão muito especial para ter uma TV em casa, ela deve ser colocada em um local de difícil acesso, talvez trancada em um armário. Deve ser de lá retirada apenas quando se decide conscientemente assistir a um determinado programa (se bem que duvido da necessidade de assistir a qualquer coisa pela TV – eu e minha esposa simplesmente não assistimos a ela, apesar de ainda a termos em casa, e não sentimos a mínima falta dela).

Depois de assistir apenas ao programa escolhido, deve-se colocá-la novamente no local trancado. A TV não deve fazer parte do dia-a-dia do lar, pois destrói a vida familiar ou, se a pessoa mora sozinha, não permite que ela tenha uma vida interior de calma e reflexão. Obviamente, não faz nenhum sentido os pais verem TV e não permitirem que seus filhos a vejam. Isso seria análogo a um pai comer chocolate em frente à sua criança e dizer-lhe que ela não pode comê-lo, pois faz mal aos dentes... Fiquei muito contente em ver que minha filha mais velha, que mora na Europa, também não deixa meus netinhos verem TV. Ela tem um aparelho, até na sala de estar, mas ele se encontra embaixo de uma mesa, totalmente coberto com um pano. Ela e meu genro jamais vêem TV quando as crianças estão acordadas. Aliás, assistem a ela muito raramente, quando há algo muito especial a ser visto. O melhor é que eles não precisam controlar-se; simplesmente reconhecem que, em geral, só há lixo sendo transmitido. Minha segunda filha, que também mora na Europa, jamais teve TV em casa.

Alguns pais podem criticar-me dizendo que estou sendo *um pouco* radical. Não, não é verdade, estou sendo *totalmente* radical, mas é essa atitude que se deve tomar em educação diante daquilo que se reconhece como mal para as crianças e jovens. Os pais não são radicais em não deixar seus filhos pequenos guiar carro (sim, sei que há algumas aberrações nessa área), tomar álcool ou drogas (nestas também), em não deixá-los brincar com armas verdadeiras. (Aliás, alguém pode achar alguma boa razão para crianças brincarem com armas de brinquedo, brincar de matar outros?) É obrigação dos pais dirigir seus filhos, orientá-los e não dar-lhes total liberdade, achando que, se não o fizerem, criarão traumas, fruto de um psicologismo moderno. As crianças e os jovens sabem inconscientemente que não têm experiência de vida e que precisam ser guiados. E a primeira coisa a fazer é eliminar de casa o que é prejudicial à educação.

Espero ter deixado claro que a TV é prejudicial nesse sentido, independentemente do programa que for transmitido, e muitíssimo pior ainda nos casos de programas violentos – talvez a grande maioria. Uma parte dessa maioria está nos desenhos animados, essa aberração caricata do mundo, talvez adequada a adultos quando transmitem uma crítica social – origem das tiras dos jornais –, mas jamais para crianças, que deveriam receber uma imagem real do mundo, que deveriam respeitar, e não uma caricatura da qual só se pode rir. A TV e, em particular, seus programas violentos fazem com que as crianças deixem de ser infantis, como chamou a atenção Neil Postman [1999].

Em minhas inúmeras palestras, é comum alguém perguntar: mas e se as crianças vão ver TV nos vizinhos? Minha resposta é: se não houver TV em casa, as crianças obviamente assistem a ela muito menos (nos vizinhos) do que se houvesse.

Uma outra pergunta freqüente é: mas a falta da TV não cria problemas psicológicos e sociais nas crianças? Essa questão merece um pouco mais de elaboração.

De acordo com minha experiência pessoal, não há problema até a puberdade. Nessa fase, as crianças não querem sentir-se diferentes, principalmente quando não podem participar de conversas que versam sobre programas vistos. Com relação às novelas, a solução é simples: o seu enredo é publicado nos jornais, e o jovem que o ler ficará muito mais consciente do que se passa nelas. Porém, suponha-se que as crianças e os jovens tenham algum problema psicológico ou social por não terem TV em casa (ou não poderem vê-la freqüentemente, pois está trancada, à espera de programas muito especiais). A pergunta que se deve fazer é: esse efeito é mais ou menos negativo do que a péssima influência que a TV teria neles? Para mim e minha esposa, não havia dúvida alguma: a TV era muitíssimo mais prejudicial. O importante aqui é que os pais estejam plenamente conscientes dos efeitos negativos da TV. Quando os pais tomam uma posição firme, baseada em conhecimento, os filhos, em geral, admitem a situação sem problemas. É muito importante não tomar uma decisão simplesmente baseada num sentimento de que há algo errado (e ponha-se errado nisso!) com a TV. Depois de cerca de 12 anos de idade, as crianças não aceitarão uma posição dessas.

Infelizmente, é quase impossível, devido à natureza do aparelho, que o casamento perfeito entre a TV e a violência seja desfeito. Nós é que temos de mudar, conscientizando-nos dos prejuízos causados por esse aparelho e dele nos desligarmos. Qualquer pequeno benefício que ele possa trazer é prejudicado e muito pelos enormes prejuízos que ele nos causa, em particular às nossas crianças e jovens. Só que eles não podem reagir sozinhos – cabe a nós tomar a única atitude possível: impedir o seu acesso a esse aparelho verdadeiramente diabólico. Como disse Mefistófeles a Fausto, que estava transtornado pela prisão de Gretchen: "Tornamos aos confins de vosso entendimento, lá, onde a vós, mortais, o juízo se alucina. Por que é que entraste em comunhão conosco, se és incapaz de sustentá-la? Almejas voar e não te sentes livre da vertigem? Pois fomos nós que a ti te impusemos, ou foste tu que te impuseste a nós?" [Goethe, 1987, p.195].

Tenham coragem e iniciativa para experimentar e verão em suas crianças e em si próprios resultados fantasticamente positivos.

3

Os riscos dos jogos eletrônicos na idade infantil e juvenil

1. Introdução

Este artigo foi escrito originalmente em 1992, em inglês. Posteriormente, foi reescrito em conjunto com George Duckett, que era então um aluno de doutorado na Faculdade de Educação da Deakin Universty, Austrália, onde ele foi publicado (disponível em meu *site*). Uma tradução de meu artigo original foi feita por Jacira Cardoso e publicada como apêndice de [Lanz, 1998]. A presente versão combina o meu artigo original com alguns pontos da escrita em co-autoria com Duckett. Fiz ainda várias extensões e modificações. Duckett citou várias referências bibliográficas, às quais ele tinha acesso, e que serão marcadas no texto com um *.

É interessante notar que há relativamente pouca literatura a respeito dos efeitos de joguinhos eletrônicos nos jogadores, a despeito da imensa quantia gasta com eles pelos seus compradores. Noticiou-se um gasto de mais de 10,5 bilhões de dólares em joguinhos de uso doméstico no mundo todo, somente em 1993, sendo 5,3 bilhões só nos Estados Unidos – 400 milhões a mais do que foi gasto em ir ao cinema [Elmer-Dewitt, 1993, p.56 *].

Atualmente, a venda anual, só nos Estados Unidos, é de 16 bilhões de dólares (ver item 6). Talvez justamente os interesses dos fabricantes tenham impedido que se demonstrasse os desastrosos efeitos dos jogos eletrônicos violentos. Não abordo aqui alguns prejuízos fisiológicos óbvios, como lesões nas mãos (tendinite e outras); estou mais interessado em prejuízos psicológicos e psíquicos.

Com a finalidade de expressar minha opinião sobre os jogos eletrônicos, iniciarei fazendo uma observação fenomenológica sobre esses jogos e seus usuários, com ênfase especial no caso das crianças. Então será possível delinear conclusões sobre as conseqüências de seu uso e que atitude tomar com relação a eles.

2. O que são os jogos eletrônicos

Os jogos eletrônicos dividem-se em várias categorias como "estímulo-resposta", "simulação" (como a simulação de uma cidade), e "jogos de tabuleiro eletrônico" (como o xadrez eletrônico). Aqui serão abordados apenas os jogos do tipo "estímulo-resposta", por serem os mais populares. Em geral apresentam as seguintes características: ambiente extremamente competitivo e combativo, altos níveis de violência, de movimentação e de rapidez das imagens exibidas na tela, de atividades de estímulo e resposta e de excitação.

Em geral, os jogos eletrônicos possuem três componentes principais: um teclado, uma tela de exibição, onde constam algumas figuras, e um microcomputador. Existem algumas variações que empregam, em lugar do (ou em adição ao) teclado, *joysticks* ou um detector de luz em forma de revólver, que acusa para qual região da tela se está apontando com ele. Será tratado aqui o dispositivo mais popular, o teclado; todas as considerações serão válidas para os demais.

3. O estado do jogador

O microcomputador produz, em geral, figuras animadas na tela. O jogador observa-as e faz pequenos movimentos com seus dedos, pressionando as teclas do teclado. O microcomputador detecta quais teclas foram pressionadas e produz alterações em algumas das figuras exibidas. Contrariamente ao caso da TV, nos joguinhos forma-se um circuito fechado: tela-jogador-microcomputador.

No jogo de tipo estímulo-resposta, o jogador joga contra o aparelho, tendo de exercitar reações rápidas às mudanças das figuras. Se a reação é lenta, haverá perda de pontos no jogo ou, eventualmente, do próprio jogo.

Nos jogos portáteis, aqueles que são acoplados a um aparelho de TV, e nos que funcionam em um microcomputador, o jogador está, em geral, sentado com a cabeça imóvel. Suas mãos e braços quase não se movem, a menos que sejam jogos de "fliperamas", onde há um pouco mais de movimento e o jogador, em geral, está em pé. Como a tela é fixa e um pouco pequena (tanto no jogo portátil, que o jogador leva consigo, como no caso de uma tela de tevê, que fica mais longe dele), não há movimento da cabeça e nem dos olhos. O jogador está normalmente sentado, de modo que se pode observar uma passividade física geral, com exceção de pequenos movimentos da mão e de alguns dedos. Do ponto de vista de seus sentidos, somente a visão e eventualmente a audição (quando há som, em geral ruído, emitido pela máquina) estão parcialmente ativas. A "parcialidade" é devida à inatividade da maioria das funções oculares: o cristalino não está ativado (distância constante do objeto), como tampouco a pupila (luminosidade praticamente constante) e os músculos que produzem os movimentos do olho (objeto fixo). Em situações normais, esses músculos produzem uma varredura do olho, que continuamente "tateia" os objetos sendo observados, pois o ângulo de visão nítida é muito pequeno, de cerca de 2 graus. Esse movimento ocorre até quando se vê uma figura em um livro, de tamanho 3x4 [Patzlaff, 2000, p.18]. O som é praticamente pontual, oriundo do alto-falante. Tanto a visão quanto a audição não são estimuladas por imagens e sons sutis, porque estes são muito grosseiros, ou seja, um esforço de acuidade não é requerido.

Sentimentos estão sendo ativados, como se pode observar pela expressão de sucesso ou frustração exibida pelo jogador. Essa atividade é produzida por um estímulo externo na tela do jogo, ou seja, não se deve a alguma representação mental, interiormente criada pelo jogador, como teria sido o caso de recordar algo, escrever ou ler um texto, ou mesmo de simplesmente ouvir uma narrativa. Esses sentimentos são criados artificialmente, nada tendo a ver com a "realidade" do mundo. Eu os chamo de "sentimentos de desafio".

A vontade do jogador está ativa, mas de maneira bem parcial, porque os movimentos que ele tem de executar são muito limitados, repetitivos e prédeterminados. Eles são feitos sem esforço e, portanto, não há necessidade de exercitar a força de vontade. Também não há esforço de concentração mental, como veremos logo adiante. O jogador fica tão excitado que não tem de fazer um esforço de vontade para continuar jogando. Ao contrário, necessita de um vigoroso esforço interior para parar de jogar, porque o jogo exerce uma tremenda atração.

O pensar consciente do jogador está obliterado. Pode-se comparar essa situação com a de um jogador de xadrez. Neste caso, o pensar é absolutamente essencial e os movimentos motores totalmente secundários. No jogo eletrônico, estes são essenciais e aquele só perturba o jogo. Pode-se compreender por que o pensamento consciente não pode estar ativo, considerando-se que ele é relativamente lento. Mas, no jogo de tipo "estímulo-resposta", se o jogador refletir no que está vendo na tela e no próximo movimento que deverá fazer com os dedos, perderá muito tempo e, portanto, pontos ou o próprio jogo.

Movimentos motores automáticos e rápidos, pensar consciente e autoconsciência eliminados, sentimentos de desafio estimulados por objetivos exatos: esse estado nos leva a caracterizar o jogador como um autômato, uma máquina que transforma impulsos visualmente restritos em movimentos motores extremamente limitados. De fato, pode-se imaginar o jogador substituído, com grande vantagem do ponto de vista dos pontos a ganhar, por uma máquina. Por outro lado, ele fica reduzido às reações típicas de animais reagindo a impulsos vindos do meio exterior, sem refletir sobre as conseqüências de seus atos, isto é, agindo como seres amorais. Tal qual um animal, o jogador não age em liberdade, porque esta requer reflexão consciente. Por exemplo, não se pode dizer que um bêbado age em liberdade, pois ele não está autoconsciente, pensando em suas ações e suas conseqüências [Steiner, 2000a, p.17].

Um outro aspecto é o que se pode chamar de "desindividualização" do jogador. No pensar nós somos seres universais, pois, por meio dele, podemos entrar em contato com idéias objetivas, como os conceitos matemáticos. Por exemplo, o conceito de circunferência não depende da subjetividade do pensador. Por outro lado, sentimentos e vontade são atividades interiores subjetivas, portanto estritamente individuais: uma pessoa sente um estímulo e reage a ele diferentemente de outras pessoas. No caso de jogos eletrônicos, sentimentos e vontade são forçados a seguir um padrão, que é praticamente o mesmo para todo jogador. Ou seja, o jogo não individualiza – ao contrário, "massifica". Pode-se objetar que para cada situação de jogo existe um número de ações motoras diferentes que podem ser realizadas. Primeiramente, essa variação é extremamente limitada, caracterizando um padrão rígido. Em segundo lugar, o sentimento de desafio é praticamente o mesmo para todos, com óbvias variações no grau de envolvimento. Compare-se essa situação com a de se estar lendo um romance: o texto, ou seja, o estímulo sensorial, é o mesmo para todos os leitores; no entanto, sentimentos e ações baseados neles serão totalmente diversos, porque todo leitor cria suas próprias imagens. Estas são adaptadas à personalidade, gosto e experiência do leitor, que, aliás, segue seu próprio ritmo de leitura. Durante o jogo, tal como ao se assistir à TV, nada há a ser imaginado porque as imagens surgem prontas na tela – mais uma razão para o pensamento consciente estar inativo.

Como é possível compreender a obsessão que certas pessoas sentem por esses jogos, tornando-se incapazes de desligar-se deles durante muitas horas, eventualmente durante meses?

Como já vimos, os pensamentos do jogador são obliterados, de modo que ele pára de pensar em seus problemas. A excitação competitiva prende o jogador à situação criada pela máquina, de forma que seus sentimentos normais também ficam impedidos. Isso pode ser altamente desejável para alguém que leve uma vida enfadonha, ou que gostaria de esquecer seu cotidiano desagradável, seus aborrecimentos e frustrações. Infelizmente esses problemas não foram encarados e resolvidos: houve uma fuga meramente temporária em relação a eles.

Pode-se comparar o vício tão comum de jogar esses jogos com o de drogas ou de jogos de cassino? Talvez a excitação que ocorre em todos esses casos seja a causa do vício, podendo ter, além das psicológicas, componentes fisiológicas, como a produção de adrenalina ou substâncias químicas, que podem dar ao jogador uma sensação de bem-estar relacionada com o estímulo recebido pelo ato de jogar.

Com tudo isso, pode-se concluir que, em termos de comportamento, os jogos eletrônicos têm como conseqüência, por um lado, a "animalização" do ser humano, pois, como nos animais, ele reage sempre sem refletir calmamente nas conseqüências de seus atos. O ambiente lembra bem uma experiência de reflexo condicionado pavloviano. Por outro lado, produzem uma "maquinização" do jogador, pois ele é obrigado a exercer ações mecânicas automáticas. Ambos significam sua destruição, extremamente perigosa por ser muito sutil e fisicamente imperceptível. A situação é ainda mais trágica quando o jogador é uma criança ou um jovem, pois nesses casos o ser ainda está em processo de formar suas capacidades interiores. Portanto, ele é muito mais maleável e transformável do que um adulto. A esse respeito, seria interessante fazer oito observações.

4. Efeitos sobre crianças e jovens

4.1 O **primeiro ponto** está ligado ao bem conhecido fato de que os tecidos nervosos, quando danificados, não se recompõem. No entanto, um trauma neurológico que cause algum distúrbio, por exemplo, no âmbito motor, pode ser superado com exercícios fisioterapêuticos. Desse modo a pessoa traumatizada eventualmente recupera o domínio sobre os movimentos perdidos. Supõe-se que sejam empregados novos "caminhos neurológicos" que não estavam em uso antes. O jogo eletrônico provavelmente cria esses novos caminhos no usuário, de modo que ele possa executar as específicas funções visuais e motoras não-normais, extremamente especializadas, requeridas pelo jogo. Isso é bom ou ruim? Certamente o uso desses novos "canais" não é normal, porque a situação que os criou é totalmente artificial, não ocorrendo na vida cotidiana. Mais tarde, provavelmente, a situação dará ensejo a reações inconscientes em situações similares àquelas apresentadas pelos jogos. Quando as crianças estão precisamente desenvolvendo seus caminhos neurológicos, que estão intimamente conectados ao desenvolvimento de suas habilidades para andar, falar e pensar, o estabelecimento desses novos atalhos é, em seu caso, muito mais fácil. Acredito que essa é uma das razões por que elas têm, nesses jogos, um desempenho muito melhor do que o dos adultos. (Uma outra razão poderia ser o fato de crianças não terem o pensar e a consciência plenamente desenvolvidos e ativos, característicos dos adultos, de forma que não precisam fazer nenhum esforço para "desligar" essas atividades interiores.) Talvez os canais "anormais" até prejudiquem os "normais", tanto que eu não ficaria surpreso se uma criança se tornasse disléxica, desenvolvesse tiques nervosos ou adquirisse problemas de fala ou concentração como conseqüência de intenso uso de jogos. Há algum tempo, jornais americanos publicaram notícias, informando que algumas crianças viciadas em jogos eletrônicos falavam muito rapidamente, sem muito sentido e sem qualquer conteúdo sentimental. Esse fato sugere que essas crianças falavam com uma velocidade análoga ao uso que elas fazem de seus dedos enquanto praticam os jogos. Note-se que existe uma correspondência entre falar e gesticular, o que é fisiologicamente explicado pela proximidade, no cérebro, dos centros neurológicos da motricidade e da linguagem. Parece-me que essas crianças se teriam tornado máquinas mímicas.

4.2 O **segundo ponto** refere-se à especialização representada pelos jogos. Crianças e jovens deveriam ser generalistas, e não especialistas. O ser humano leva de 1/4 a 1/3 de sua vida (cerca de 21 anos) para tornar-se um adulto com todas as suas funções adequadamente desenvolvidas. Animais aceleram altamente esse período como, por exemplo, um potro, que está apto a sustentar-se sobre suas pernas cerca de duas horas após o nascimento. Como conseqüência, eles tornam-se especializados nas funções que são típicas da espécie. O ser humano pode especializar-se em qualquer função porque não é fisicamente especializado, preservando os traços físicos embrionários (neotenia). O exemplo mais típico desse fato talvez seja o de nossas mãos: as patas dianteiras da maioria dos animais são superespecializadas, adequadas à funcionalidade que caracteriza a espécie, contrariamente às nossas mãos. Estas preservam, durante toda a vida, seu estágio embrionário não-especializado, e, como resultado, nós podemos usá-las para escrever, para pintar, para tocar instrumentos, para acariciar, para fazer toda sorte de ações refinadas que os animais não podem fazer. (Como uma observação lateral, note-se que nesse sentido nossas mãos são menos evoluídas do que as patas dianteiras dos animais...) Sou contra a especialização prematura de crianças como, por exemplo, nos casos de jovens atletas ou de aprender a escrever antes dos sete anos (ver artigo sobre este último ponto em meu *site*). O caso de especialização artística é um pouco diferente: como um exemplo, considero que um treinamento musical intenso deveria preferencialmente começar por volta da puberdade, e nunca antes da idade escolar. A especialização precoce forçada por jogos eletrônicos é um aspecto adicional da "animalização" provocada por eles.

4.3 O **terceiro ponto** está ligado ao fato de que o jogo sempre caracteriza um cenário de competição, sendo relacionado a (induz) um desejo de vencer. Não considero saudável uma educação por meio de competições. A objeção tradicional é que nosso mundo moderno é competitivo, sendo bom preparar a criança ou o jovem para essa situação tão cedo quanto possível. A resposta é que existe um tempo certo para tudo na educação. Analogamente, se os carros são parte de nossa vida, por que não ensinar as crianças a dirigir, digamos, aos sete anos de idade? Meus filhos foram educados quanto possível sem competições e, quando chegaram à idade adulta adaptaram-se sem problemas às situações sociais adequadas nesse sentido, fazendo exames vestibulares e para aceitação em pós-graduação, concursos públicos, etc. Penso que uma das razões para o crescimento das misérias sociais no mundo é precisamente a educação para competição, em vez de educação para consciência e sensibilidade sociais, para compaixão, para responsabilidade e ação social e tolerância, para dedicação pessoal em benefício do Universo. É fato que, quando alguém vence e fica feliz, outro alguém perde e fica infeliz – uma situação bem anticristã, de modo que fico sempre surpreso quando pessoas religiosas dessa linha promovem competições... Alguém já ouviu sobre algum jogador viciado deixar o adversário ganhar para fazê-lo feliz?

4.4 O **quarto ponto** baseia-se no fato de os seres humanos gravarem tudo o que lhes ocorre durante a vida (de fato, nossa memória é aparentemente infinita, o que é uma das fortes indicações de que não somos máquinas, ou seja, redutíveis a processos apenas físicos e químicos). Eventualmente não somos capazes de lembrar alguma vivência, mas, apesar disso, ela está gravada "em algum lugar" e pode ser eventualmente relembrada em estados especiais como a hipnose. Ou pode influenciar o comportamento, por exemplo, em decisões impensadas (como, por exemplo, escolher no supermercado, sem pensar, uma marca que ficou gravada no subconsciente devido a um comercial na TV). Portanto, independentemente do tempo que alguém dedique a um jogo eletrônico, essas experiências serão gravadas para sempre no subconsciente. Será a gravação da redução de sua personalidade a comportamentos maquinais e animais. Crianças gravam muito mais profundamente do que adultos: essa é a razão por que muitos psicanalistas procuram acontecimentos ocorridos durante a infância para explicar patologias psíquicas. Crianças são, pois, especialmente vulneráveis.

A TV faz o telespectador guardar profundamente os milhares de imagens que ele recebe mesmo em tempos bem curtos, pois ele está em estado de sonolência, portanto sem que sua consciência filtre as impressões que recebe (ver o artigo sobre TV e violência neste volume). Em uma situação de semiconsciência, como no caso do supermercado, ele pode agir segundo as imagens que gravou dentro de si. É por isso que os maiores gastos com propaganda são feitos na TV – eles funcionam! Mas a TV limita-se a esse arquivamento passivo de imagens e situações vistas no aparelho.

Já o jogo eletrônico tem um componente adicional muito pior: ele força ações nas situações que ele cria, também gravando tudo no subconsciente, pois, como vimos, o pensamento do jogador está obliterado. Recomendo fortemente a leitura do capítulo "The Nintendo-military complex", do último livro de John Naisbitt [2000, p.65], que já esteve no Brasil há alguns anos dando palestras francamente entusiastas pelas máquinas, aliás a tônica de seu *best-seller Megatrends*. Pelo novo livro, ele parece ter caído na realidade a respeito delas. Naquele capítulo, Naisbitt conscientiza-se do horror que as máquinas, no caso os jogos eletrônicos, podem causar sem que a maioria das pessoas o perceba. Ele cita dois casos aterradores. Muitas pessoas leram ou ouviram falar do caso da escola Columbine de ensino médio da cidade de Littleton, nos Estados Unidos, onde, em 20 de abril de 1999 dois garotos entraram com armas e, durante 5 horas, atiraram e jogaram bombas em muitos alunos e professores, matando 12 colegas de classe e um professor, ferindo outros 23 e depois se suicidando. Eles estavam imitando principalmente o joguinho *Doom* (segundo Naisbitt, vendeu 2,7 milhões de cópias), pois um deles escreveu antes do massacre: *Doom* vai tornar-se realidade!" Eles jogavam esse jogo por horas diariamente, incluindo uma versão personalizada que um dos garotos tinha modificado para simular os corredores de seu colégio. Mesmo o tipo de armas que eles empregaram eram parecidas com as desse jogo [p.66]. Foram influenciados também pelo filme *Basketball Diaries*, em que Leonardo DiCaprio entra numa escola só para garotos e mata calmamente seus colegas de classe. Mas poucas pessoas conhecem o caso relatado por Naisbitt, que se passou em 1998, na cidade de Paducah, no Estado americano de Kentucky [p.80]. Um garoto de 14 anos entrou numa classe de uma escola, armado com um fuzil com visor. Ele deu 8 tiros, apenas um tiro por pessoa, mirando ou na cabeça ou no tórax, acertando todos os 8 (cinco na cabeça, 3 na parte superior do tórax), no meio de uma confusão de gritos e correria. O garoto firmou seus pés e não se moveu enquanto atirava, nunca atirando muito para a esquerda ou para a direita. Normalmente, um policial treinado acerta um em cada 5 tiros. Além disso, mesmo pessoas treinadas atiram várias vezes em cada pessoa até ela cair. O mais impressionante é que o garoto de Paducah jamais havia pego numa arma antes! Seu comportamento deveu-se simplesmente ao fato de ele ter jogado muito jogos eletrônicos violentos com tiros, como *Doom* e *Quake*. Além disso, havia assistido ao filme *Basketball Diaries*, o que levou os pais das vítimas a processarem tanto os fabricantes dos jogos quanto a produtora do filme. Como menciona Naisbitt [p.108], uma solução tipicamente americana para um problema americano, pois quem sabe, se o fabricante e o produtor perderem, as indústrias passarão a tomar mais cuidados com seus produtos...

Vemos aí o terrível dos jogos eletrônicos: eles não só condicionam ações, como o faz a TV, mas treinam o jogador a executá-las sem refletir nas conseqüências de seu ato (vejam-se a "animalização" e a "maquinização" do jogador, como exposto no item 3).

É agradável ver pessoas conhecidas chegarem às mesmas conclusões que eu. Infelizmente algumas, como John Naisbitt, estão atrasadas pelo menos 10 anos em relação a mim. Esse atraso significa que durante esse tempo não tomaram as atitudes em relação às máquinas que venho há tempos recomendando e com isso prejudicaram enormemente muitas crianças.

Se o leitor preferir uma pesquisa científica mostrando que os jogos eletrônicos levam a ações violentas, tanto a curto como a longo prazo, levando à delinqüência, pode encontrá-la no artigo de Craig Anderson e Karen Dill [Anderson, 2000]. Sua pesquisa envolveu, em dois estudos, mais de 400 estudantes universitários. Eles mostram, além disso, que os joguinhos prejudicam o rendimento escolar. Os autores, no capítulo de sumário e conclusões, chegam à mesma conclusão que eu: "A natureza do ambiente de aprendizado do jogo eletrônico sugere que esse meio é potencialmente mais perigoso que o da TV e do cinema, que foram muito mais fortemente investigados". Eles ainda relatam que "esses jogos se estão tornando muito mais violentos, mais gráficos e mais predominantes". Creio que a razão é que, à medida que os jovens se vão acostumando com o grau de violência dos jogos atuais, precisam de outros mais violentos ainda para realmente serem excitados (meu "sentimento de desafio").

4.5 O quinto ponto reside no fato de que em geral jogos eletrônicos do tipo estímulo-resposta apresentam cenas de violência, às vezes de uma crueldade extrema. Por exemplo, o jogo *Mortal Kombat*, que foi lançado em setembro de 1993 (aliás, por meio de uma propaganda hollywoodiana de 10 milhões de dólares, que traria vendas de 150 milhões até o Natal daquele ano), mostra um dos heróis do jogo decapitando uma vítima, um outro prefere eletrocução, um terceiro arranca, com suas próprias mãos, o coração ainda batendo de sua vítima e um quarto corta fora a cabeça de sua vítima e a exibe vitoriosamente. Um outro jogo, *Night Trap* (*Armadilha Noturna*, da Sega) exibe vampiros sedentos de sangue que atacam cinco mulheres parcamente vestidas, fazem furos em suas gargantas e as penduram em ganchos de açougue. A tecnologia de vídeo tornou esse tipo de violência muito mais realista [Elmer-Dewitt, 1993 p.58 *].

Em 14 de outubro de 1999, o então vereador Betinho Duarte, de Belo Horizonte, presidente da TV BEM – Instituto de Defesa do Telespectador, Tel. (31) 465-1188/1189 – enviou, juntamente com a Deputada Maria Elvira, Presidenta da Comissão de Educação, Cultura e Desporto da

Câmara Federal, ao Procurador da República em Minas Gerais um extenso relatório, com uma "relação de títulos de videogames violentos que estão disponíveis em nosso mercado", solicitando que se tomem "as medidas cabíveis contra os videogames violentos, principalmente:

1) *Doom* ... [que] é o jogo em três dimensões mais famoso. Ele dá ao jogador a sensação de estar no meio da ação. Os inimigos são monstros, demônios e mortos-vivos numa base espacial. O arsenal é variado, mas o jogador tem a opção de usar só a serra elétrica, que produz mais sangue. [ver o ponto 4.4].

2) *Postal* – um *serial killer* [matador em série] disfarçado de carteiro é o personagem central de *Postal*. A graça é matar o maior número de cidadãos em diferentes ambientes de uma cidade – supermercados, ruas e lojas. Para dar mais ação à trama, foi criado o Santa Patch [remendo Papai Noel], um programa que transforma o serial killer em Papai Noel.

3) *Mortal Kombat* – é um *game* de luta, disputada com braços, pernas e poderes mágicos. O combate só termina com a morte, sempre violenta, de um dos dois personagens. A pancadaria inclui golpes particularmente cruéis, geralmente aplicados quando o adversário já foi subjugado. Haja sangue.

4) *Réquiem* – chega de alienígenas aterrorizando os cidadãos. Desta vez, VOCÊ é o terror da humanidade. ... basta levantar a mão na direção da multidão que alguém começará a gritar como louco... Você pode criar criaturas mundanas dentro de seus inimigos, ferver seus litros de sangue ao ponto de explodi-los ou até mesmo transformar seus corpos em sal! Este último é um dos efeitos mais interessantes já visto em um *game* de tiro em primeira pessoa. [E seguem descrevendo os sons do jogo, "variando de temas sacros e corais, daqueles executados em catedrais, a batidas mais sombrias e frenéticas..." Parece-me que isso tudo é citação da propaganda em PC Generation, citada pelos autores, seja lá o que isso for.]

5) *Blood* – o objetivo do jogo é matar o maior número de pessoas usando, inclusive, dinamite."

Betinho ainda cita que conseguiu comprar dois jogos proibidos, anexando o recibo da compra: *Carmageddon* I e II. Nesses jogos, o jogador dirige um carro desenhado na tela, e o objetivo é atropelar o maior número de pessoas possível, em especial idosos e crianças. Pegar um transeunte na calçada dá mais pontos ao "motorista". Se não me engano ele mesmo conseguiu que eles fossem banidos de nosso mercado pelo Ministério da Justiça. Ele ainda dá uma lista com quase 150 títulos de jogos violentos [Duarte, 1999].

Como é possível entender a preferência dos jogos por cenas violentas? Basta lembrar que pensamentos conscientes não estão ativos, contrariamente a sentimentos. Ora, cenas de violência afetam precisamente nossos sentimentos, mantendo o típico estado de excitação do jogador. Os projetistas mercenários desses jogos sabem muito bem como arrebatar os ingênuos e inocentes… Como vimos no ponto precedente, todas essas cenas permanecem gravadas no íntimo do jogador, de modo que se pode bem imaginar suas conseqüências ao longo do tempo, principalmente no caso de crianças que são mais abertas e receptivas a impulsos oriundos do ambiente. Se não fosse assim, as crianças não teriam sua fantástica capacidade de aprender por imitação.

A propósito, escrevi o parágrafo anterior em 1991, muito antes de *Littleton* e *Paducah*, mas não pense o leitor que sou profeta. Simplesmente não preciso de pesquisas para prever o que acontece quando um trator passa sobre uma plantação de morangos. Basta ter uma conceituação correta do que são essa plantação e um trator. No caso das influências da TV, dos jogos eletrônicos e do computador, basta ter, como eu, uma conceituação do que vêm a ser esses aparelhos e o que se passa durante o desenvolvimento da criança e do jovem.

4.6 O sexto ponto baseia-se na incapacidade que as crianças têm de compreender os maus efeitos que os jogos podem produzir nelas, uma vez que os jogos são irresistivelmente atraentes. Todos sabem que as crianças poderiam ficar jogando por horas a fio, em dias consecutivos. Naisbitt cita que crianças americanas jogam joguinhos eletrônicos durante em média 1,5 hora por dia [2000, p.90]. De nada ajuda mostrar-lhes que isso não é saudável, pois elas são incapazes de seguir e entender conceitos como os apresentados aqui. Ademais, mesmo que isso fosse possível, elas não teriam possibilidade de controlar a si próprias.

4.7 O sétimo ponto refere-se ao fato de que crianças pequenas aprendem brincando, jogando e imaginando [Lanz, 1998, p.44; Cordes, 2000, cap.3]. Mas os brinquedos e jogos deveriam ser apropriados à idade e maturidade delas, bem como incentivar a fantasia, a criatividade e o convívio social. O problema é que os jogos eletrônicos não têm nenhuma dessas características, pelo contrário, prejudicam-nas por meio de atitudes precisamente opostas. Tal como a TV, os jogos eletrônicos não deixam espaço para imaginação, porque suas imagens surgem prontas e são muito rápidas. A criança não pode assumir uma atitude contemplativa. Crianças normais estão sempre num estado de constante atividade, seja em sua interação com o ambiente ou em imaginações interiores. O fato de crianças serem forçadas a assumir um estado de passividade quase total (ou total de fato, no caso da TV) torna-as hiperativas depois de desligar a máquina, incapazes de concentrar-se em qualquer coisa. Isso pode também levar a distúrbios do sono devido às cenas violentas e um dia cheio de inatividade, tanto imaginativa quanto física.

4.8 Finalmente, o **oitavo ponto** trata dos brinquedos ideais para crianças. Além de dar incentivo a amplas atividades físicas (a criança é um verdadeiro ser "fazedor"; se ela é normal está sempre fazendo algo ou inventando alguma coisa para fazer) ou à imaginação (por exemplo, uma boneca de pano, caso em que há tudo para ser imaginado, comparada a uma boneca de plástico com rosto e membros em perfeita imitação de um ser humano), os brinquedos deveriam ser simples, de maneira que a criança pudesse entendê-los. Não me refiro aqui ao entendimento abstrato, intelectual. Quando uma criança joga bola com suas mãos, ela não precisa entender o movimento provocado pelo impulso, pela atração gravitacional e a resistência do ar. Ela entra intuitivamente em contato com esses fatos da natureza, "entendendo-os" não intelectualmente e usando-os para pegar a bola. Ora, o funcionamento do jogo eletrônico será sempre um mistério incompreensível, algo com o qual a criança jamais será capaz de identificar-se. E caso isso ocorresse, estaria havendo uma identificação com uma máquina, que gostaria de denotar como "subnatural", inferior à natureza inorgânica.

Nunca consegui entender a mentalidade de pais que dão a seus filhos brinquedos automáticos, como trem elétrico, robô, etc. Nesses casos, o brinquedo brinca sozinho! Em alguns tipos, como brinquedos com controle remoto, a atividade da criança é reduzida a apertar alguns botões ou mexer numa alavanca, não deixando nada para ser imaginado e não requerendo nenhuma ação física relevante. Temos aí a antítese do que um brinquedo deveria ser.

Portanto, deve-se concluir que os jogos eletrônicos prejudicam seus usuários, não devendo ser utilizados mesmo por curtos períodos de tempo, salientando que os efeitos nocivos são muito piores em crianças e jovens. Aos que objetariam dizendo ter o direito a um pouco de lazer, eu responderia o seguinte: que tipo de lazer é esse que reduz o ser humano ao comportamento de um animal ou mesmo ao de uma máquina? Lazer deveria ser usado para tirar-nos do (eventualmente infeliz) dia-a-dia. Deveria permitir-nos exercer atividades que nos elevassem, ao invés de diminuir-nos. Por exemplo, uma atividade profissional pode forçar alguém a pensar sobre coisas desagradáveis ou mesmo imorais. Esse poderia ser, por exemplo, o caso de um publicitário, que é obrigado a inventar modos de induzir consumidores a comprar bens de que eles não necessitam, ou produtos inferiores, ou mais caros do que similares (qualquer propaganda que contenha a expressão "este é o melhor produto" incide nessa categoria). Outro exemplo poderia ser um programador de computador forçado a pensar durante o dia inteiro usando uma linguagem simbólica formal, num espaço matemático muito restrito, que é o dos algoritmos. Para tais pessoas, há necessidade de um tempo de lazer que pudesse "limpar", mas não eliminar, seu pensar e seus sentimentos, uma verdadeira "higiene" mental e sentimental, tão necessária em nossos tempos agressivos. Isso é precisamente o contrário do que um jogo eletrônico faz. Um outro aspecto relativo a adultos é que, ao usar tais jogos, eles se estão reduzindo a estados infantis: pensamento e consciência abafados, dominância de sentimentos, ausência de autocontrole, repressão da própria individualidade. Em vez de exercitar uma atividade que os conduza ao futuro, eles estão regredindo a um estado que já deveriam ter deixado para trás.

5. Conseqüências do uso dos jogos

Quais são as conseqüências do uso desses jogos?

Posso conjeturar muitas. Uma delas poderia ser uma rigidez mental, conduzindo, por exemplo, a idéias fixas devido ao ambiente extremamente rígido e limitado apresentado pela máquina. Uma outra poderia ser uma dificuldade em relações sociais, porque as pessoas não reagem de maneira previsível como esses aparatos. Perde-se a capacidade de improvisar situações, que são sempre mal definidas (por exemplo, obviamente não há uma receita exata para fazer dois amigos reconciliarem-se). Além disso, como já destaquei, a situação de competição e o desejo de vencer são anti-sociais. Vimos também o caso de indução a praticar ações violentas. Naisbitt traz um item somente sobre a dessensibilização em face da violência [2000, p.90]. Uma outra conseqüência ainda poderia ser a criação de uma mentalidade tendente a obsessões, porque essa atitude está diretamente ligada ao constante uso dos jogos, tentando-se fazer cada vez mais pontos. Mas a pior de todas as influências poderia ser a eventual indução de uma mentalidade materialista de admiração por máquinas e a crença de que elas trarão bem-estar e felicidade. Todas essas influências, obviamente, aumentam grandemente quando os jogadores são crianças, pois elas não têm capacidade para criticar e compreender os processos envolvidos, além de não terem o autocontrole que se espera encontrar em adultos conscientes e responsáveis.

Abordei aqui alguns aspectos negativos. Certamente serei chamado de "radical" se não apontar alguns positivos. Infelizmente não fui capaz de encontrar algum deles, e nenhum me foi mostrado durante palestras e discussões sobre o assunto. Portanto, por favor, não me considerem "um tanto radical". Meus conceitos e observações levaram-me a ser totalmente contra jogos eletrônicos – pelo menos até que eu encontre algo de bom a seu respeito. Um argumento falacioso é o de que eles desenvolvem coordenação motora: a coordenação requerida é tão limitada e especializada, que deve prejudicar uma coordenação mais global. Porém não estou sozinho: radical é a atual situação de imensa propagação desses jogos, talvez presentes em quase todos os lares que tenham os meios econômicos para comprá-los. Algum tempo antes de escrever o original deste artigo, eu folheava um encarte do jornal *O Estado de S. Paulo* de 2/2/92: seu suplemento semanal para crianças mostrava nas páginas 9 e 10 uma seção de objetos para venda ou troca entre leitores com um total de 80 itens, 61 dos quais (ou seja, 75%) anunciando jogos eletrônicos. O restante tratava de bicicletas, coleções de livros, etc. Será que o exagero e o radicalismo estão em meus argumentos ou no estágio a que este mundo socialmente miserável chegou?

6. O que fazer?

É interessante observar que as autoridades governamentais algumas vezes se conscientizaram de que os jogos eletrônicos são prejudiciais a crianças. Nos Estados Unidos, várias cidades restringiram ou proibiram os "fliperamas" [Silvern, 1984 *]. Na cidade de São Paulo, há restrições à distância mínima que essas casas de exploração mercenária de jovens devem manter das escolas. Em vários países, obrigam-se os fabricantes a classificar os seus jogos conforme a faixa de idades, como orientação aos pais e aos vendedores. Mas, como no caso da TV brasileira, a tendência é deixar aos próprios fabricantes a responsabilidade pela classificação. Em relação à TV, isso simplesmente não funciona, pois o maior interesse desses ramos de negócio não é educar, e sim vender. O que vender mais, será produzido. Por exemplo, os já citados *Mortal Kombat* e *Night Trap* receberam classificação de adequação a no mínimo 8 e 15 anos de idade, respectivamente, conforme o editor da revista *Nintendo* ao chamar a atenção de que a indústria não deveria preocupar-se com as restrições, pois as mais significativas ficariam por conta dos próprios fabricantes [*Nintendo*, p.3 *].

Como no caso dos programas de TV, é ridículo pensar que os fabricantes vão conter-se e melhorar o nível dos jogos. Naisbitt cita o resultado de um estudo publicado em 1998, que abrangeu 3 anos de pesquisa: 60% de todos os programas de TV americanos contêm violência [2000, p. 86] (ver o artigo sobre TV e violência neste volume). Cita, ainda, que os fabricantes de jogos eletrônicos faturam 16 bilhões de dólares por ano só nos Estados Unidos, 7 bilhões a mais do que o faturamento de bilheteria dos cinemas, e

30% a mais do que o mercado de brinquedos [p.67]. Alguém em sã consciência acha que esses fabricantes, legítimos representantes da selva capitalista infestada de mercenários em que vivemos, vão perder um mercado desses?

No Brasil, o citado vereador Betinho, de Belo Horizonte, tem feito uma grande campanha para proibir certos jogos. Em princípio, sou contra proibições a pessoas adultas e responsáveis. Penso que, idealmente, qualquer iniciativa deveria advir da consciência individual. Nesse sentido, espero que minhas considerações sejam utilizadas como uma base para observações pessoais e estudo, dando incentivo a que todos alcancem suas próprias conclusões conscientes. Se estas forem iguais às minhas, penso que existe apenas uma saída para os problemas causados por esses jogos: se a pessoa ou lar ainda não possuir jogos eletrônicos, que eles não sejam instalados. Se os jogos já estão presentes, que sejam atirados no lixo (dá-los a outras pessoas iria prejudicá-las). Aos pais, eu gostaria de lembrar que esses jogos foram introduzidos bem recentemente, e que nenhum adulto de nossos dias brincou com eles quando criança. Se esses adultos sobreviveram sem jogos eletrônicos, por que não as crianças de nossa época? Se um adulto quiser prejudicar a si mesmo, que direito temos de proibi-lo? (Lembremo-nos de que ninguém é sentenciado por cometer suicídio.) Então forçar – isso mesmo, como vimos, esses jogos são irresistíveis – prejuízos mentais e psicológicos em seres indefesos como são as crianças e os jovens é, realmente, um ato criminoso. Os pais não devem ter receio de impor limites às suas crianças: elas esperam ser guiadas pelos pais, e a falta de uma mão firme na hora certa pode causar muitos prejuízos. Mas, em lugar de lutar para que os filhos não joguem os joguinhos em casa, o mais fácil é não tê-los e proibir que sejam trazidos para casa. Já com adolescentes, é necessário explicar os efeitos negativos dos jogos, pois qualquer limite imposto deve nessa idade começar a ser explicado e ter uma boa justificativa. Não preciso acrescentar que os pais devem ser coerentes, isto é, não podem proibir aos filhos algo que eles mesmos fazem, a não ser que a inadequação a crianças seja fisicamente óbvia, como tomar bebidas alcoólicas.

Ouvindo alguns destes argumentos, um amigo contou-me que sua filha havia brincado com um jogo eletrônico durante muitas horas por dia ao longo de sete meses, tendo continuado a ser uma adolescente "normal". (Ignoremos aqui a diferença entre "saudável" e "normal"; só como exemplo, é normal ter cáries, mas certamente não é saudável...) De acordo com meus conceitos, um grande prejuízo foi causado à garota. Talvez esse prejuízo não se manifeste imediata e claramente, pois a principal influência desses jogos não é física e, como vimos, fica gravada para sempre.

Um argumento comum contra minha proposta de não se ter esses joguinhos em casa poderia ser este: "Mas como é que meus filhos vão brincar e ter lazer?" Isso mostra a que medida de degeneração nossa "civilização" chegou. Se os pais não deram a seus filhos uma educação que os leve a brincadeiras e lazer saudáveis, como por exemplo leitura, esporte sadio, atividades sociais e artísticas, é sempre tempo para uma mudança de atitude e, para começar, assumir a responsabilidade, o amor e o sacrifício que a condição paterna deveria representar. É típico de nossa época as pessoas gostarem de clamar por seus direitos, mas esquecer seus deveres. Renunciar à educação, deixá-la nas mãos das "babás eletrônicas" de épocas relativamente antigas (TV) ou das mais novas (jogos eletrônicos e computadores), significa atestar que não se merece o título de pai ou mãe. Hoje em dia há uma crescente necessidade de transformar o lar num ninho protetor, contra as forças verdadeiramente demoníacas que estão tentando tão furtivamente destruir o ser humano como tal. Para isso é necessário evitar algumas idéias típicas impostas por essas forças, como por exemplo a de que a educação deveria ser "libertária", sem repressões. Não possuir esses jogos em casa – ou, muito mais complicado, não deixar crianças e jovens usá-los – não é ser repressivo. Significa protegê-los contra um ataque que, em muitos sentidos, é muito pior do que os físicos, que preocupam tantas pessoas hoje em dia justamente por serem visíveis. Não parece óbvio que, tal qual no caso de ataques físicos a seres humanos (por exemplo, a poluição), também os psíquicos e psicológicos devem estar aumentando? Nossas possibilidades de sermos seres livres estão crescendo, e paralelamente há um aumento de ataques a essa liberdade, principalmente dos sub-reptícios. Por causa disso, os tempos modernos requerem mais e mais atitudes críticas, autovigilância, conhecimento e consciência. Seres humanos reduzidos a reações animais ou maquinais perderam sua liberdade e não se comportam como humanos num sentido amplo, holístico.

Espero que essas palavras possam provocar o início de uma conscientização que conduza a observações, estudos, reflexões e ações. Em termos sociais e individuais, o mundo está ficando cada vez pior. Para mudar essa tendência parece-me que temos de agir cada vez mais em liberdade e com amor, verdadeiro amor humano, livre e altruísta, impossível de ser exercido por animais e, absurdamente, por máquinas.

4

Computadores na Educação: por quê, quando e como

1. Introdução

Este artigo foi originalmente publicado nos anais do 5º Simpósio Brasileiro de Informática na Educação [Setzer, 1994], seguido de uma versão inserida como apêndice de [Lanz, 1998]. Apresento aqui uma revisão e ampliação dessa última versão, incluindo vários aspectos que foram inseridos em [Setzer, 2001], sendo alguns do co-autor deste último, Lowell Monke, que também adicionou algumas citações bibliográficas que não possuo.

O problema do uso de computadores na educação é de suma e premente importância hoje em dia – atinge tanto os pais como as escolas, e isso em escala universal. Em particular, eles têm sido introduzidos em escolas com muito entusiasmo desde a década de 1980. Se os filhos não usam computadores, os pais ficam ansiosos, por acharem que os filhos não se estão beneficiando de uma poderosa ferramenta educacional e também por supor que estejam atrasados em relação a seus colegas e amiguinhos que já os utilizam. Eles podem ainda pensar que seus filhos não se estejam preparando adequadamente para sua futura vida social e profissional.

Isso os leva a instalar computadores em casa, a matricular seus filhos em cursos isolados e até a procurar escolas que adotem computadores no processo de ensino, evitando as que não o fazem.

Escrevi este artigo com a intenção de esclarecer essas dúvidas e apresentar propostas concretas de uso de computadores no ensino. Espero que tanto pesquisadores como pais e escolas possam beneficiar-se das reflexões aqui expostas, pelo menos como argumentos não-convencionais para uma discussão sobre o tema. Em outra publicação [Setzer, 1988] já tive oportunidade de me estender sobre vários de meus pontos de vista, expandidos progressivamente em três edições posteriores [Setzer, 1989-93]. Talvez fosse interessante, para registro, notar que eu já havia publicado sobre o assunto em 1984 [Setzer, 1984]. Este artigo faz uma abordagem diferente, acrescentando vários novos aspectos, como uma proposta concreta de ensino de *hardware* e *software* no nível escolar médio feita inicialmente em [Setzer, 1994].

O excelente relatório da Alliance for Childhood, que recebeu destaque na imprensa em todo o mundo quando de sua divulgação, cita a versão em inglês deste artigo [Cordes, 2000]. Ele documenta vários dos argumentos aqui empregados, complementa alguns pontos de vista e é complementado por outros aqui expostos. Foi com muita satisfação que vi minha luta, que já tem quase 20 anos, ser abraçada e endossada por pesquisadores de renome na área de educação.

2. Por quê?

Penso que todos os jovens devem concluir o ensino médio com um conhecimento básico sobre a estrutura e o funcionamento das máquinas mais comuns, bem como uma avaliação crítica de seus benefícios e malefícios. (O acompanhamento do ensino de tecnologia por uma visão crítica dela foi também proposto no relatório da Alliance for Childhood [p.67]). Isso se deve ao fato de nossa sociedade ter-se tornado altamente centrada e dependente das máquinas. Sem esses conhecimentos não é possível controlar o uso delas, criticando-as e colocando-as em seu devido lugar. Pouca gente sabe que todas as máquinas têm efeitos colaterais indesejáveis. Por exemplo, a televisão induz o telespectador a um estado de sonolência, independentemente do programa, como já foi comprovado por estudos neurofisiológicos (ver os artigos "Os meios eletrônicos e a educação" e "TV e violência: um casamento perfeito", neste volume). Assim, esse aparelho não permite normalmente uma atitude crítica e consciente do telespectador, gravando em seu subconsciente tudo o que é transmitido, sem que geralmente seja filtrado pelo consciente. Motores a explosão provocam poluição, cujos efeitos deveriam ser conhecidos por todos (talvez aí se desse, em nosso país, mais importância ao álcool como combustível). Motocicletas, por serem veículos muito ágeis, induzem a atitude de "motoqueiro", exigindo um enorme esforço de autocontrole por parte dos motoristas para serem guiadas consciente e calmamente. Automóveis produzem um isolamento dos passageiros em relação ao ambiente, fazendo com que eles absorvam um número enorme de imagens em pouco tempo, o que não é uma atitude normal do ser humano. Além disso, toda pessoa que viaja de automóvel em uma estrada rápida sabe, consciente ou inconscientemente, que está em permanente perigo de vida, o que deve provocar problemas psicológicos. Nos Estados Unidos, várias escolas ensinam a dirigir automóveis, complementando esses conhecimentos com uma educação no sentido de se guiar mais socialmente, respeitando os outros motoristas e os pedestres (o que as auto-escolas não fazem, pois não estão preocupadas com educação). Mas o pior dos automóveis foi a degradação das cidades e da sociedade causada por eles, e isso deveria também ser apresentado aos estudantes.

O desconhecimento do funcionamento básico das máquinas leva a um grave problema individual. A atitude normal do ser humano, ao defrontar-se com algo que não entende, é investigar esse algo e seu entorno até poder associar, pelo pensamento, sua percepção sensorial com um conceito, relacionando suas idéias com o mundo observado. Por exemplo, ao ver uma árvore balançando, uma pessoa procurará a causa, que pode ser o vento, ficando com isso satisfeita sua curiosidade. No entanto as máquinas estão ficando cada vez mais complicadas, e com isso as pessoas passam a ficar inertes diante da incompreensão de seu funcionamento, sentindo-se impotentes para entendê-las. Por exemplo, quantas pessoas conhecem os princípios do funcionamento de um motor a explosão e da sustentação das asas de um avião? Essa abdicação da curiosidade e da ação de investigar, uma verdadeira paralisia mental, significa a diminuição, o abafamento de uma característica humana essencial, diminuindo assim o caráter humano da pessoa. Talvez essa atitude influencie negativamente outras áreas que exigem curiosidade e investigação, particularmente em relações individuais e sociais. Em especial, ela pode levar a uma atitude de resignação e impotência.

Obviamente, não é necessário que a escola ensine a usar uma TV ou um elevador, como também outras máquinas cujo uso se tornou corriqueiro. O importante é ensinar o princípio de funcionamento dessas e de outras máquinas, para que elas não sejam um mistério. Além disso, deve-se abordar seus efeitos positivos e negativos, levando a um uso crítico delas.

No caso dos computadores, deve-se levar em conta que eles penetraram em todas as atividades humanas, pois substituem uma parte de nossos pensamentos. De fato, não se encontra um automóvel ou uma máquina de lavar roupa dentro de um escritório, de um dormitório ou entre as máquinas-ferramentas de uma fábrica. No entanto, pode-se muito bem encontrar computadores nesses locais. Devido a esse uso universal, cada vez mais crescente, é necessário ensinar tanto o que eles são como a usá-los em aplicações de utilidade geral, mostrar como podem ser bem e mal empregados e quais os benefícios e malefícios que trazem à sociedade e aos indivíduos. Algumas das influências nefastas dos computadores, como por exemplo a necessária quantificação e empobrecimento da informação de qualquer dado processado por eles, só podem ser compreendidas se houver um conhecimento de sua estrutura interna, tanto do ponto de vista lógico quanto de *hardware*. Por isso sou favorável a que sejam abordados no ensino. Infelizmente, o enfoque de ensinar o que é um computador e esclarecer os males que ele causa tem sido ignorado pelas escolas, que o têm empregado para ensinar o uso de *software* de aplicação geral (como os editores de texto e de desenho gráfico), para acessar a Internet e como ferramenta para o ensino de outras matérias. As grandes questões que se colocam, como veremos, consistem em determinar a idade adequada para isso e de que maneira os computadores devem ser empregados.

3. Quando?

Para responder a essa questão, é imprescindível conceituar o que seja um computador e como se processa o desenvolvimento das crianças e jovens. Obviamente, cada pessoa deve imaginar uma idade adequada para se começar a aprender a dirigir um automóvel. Conhecendo-se essa máquina, e também as características das crianças, ninguém iria, por exemplo, dizer que estas devem aprender a dirigir com sete ou, talvez, até mesmo dez anos de idade. Espera-se do motorista uma certa responsabilidade, maturidade e coordenação motora para dirigir em nosso trânsito caótico. No caso dos computadores, a idade não é um fator tão evidente, pois sua operação não produz desastres físicos e não exige coordenação motora. Vou mostrar que, apesar disso, existe uma idade ideal para se começar a usá-los.

3.1 O computador e o usuário

Computadores são máquinas completamente diferentes de todas as outras. Enquanto estas atuam fisicamente, os computadores não o fazem: processam dados, que são pensamentos particulares colocados nessas máquinas. Não se deve confundir dados com informações; estas têm algum significado, uma "semântica" (ver o artigo "Dado, informação, conhecimento e competência", neste volume). Dados são simplesmente símbolos, quantificados ou quantificáveis. Por exemplo, o número 3000 é uma seqüência de quatro símbolos sem qualquer significado por si. No entanto, como resultado de um cálculo, pode ser associado pelo usuário do computador a um salário, adquirindo aí um significado – completamente "desconhecido" pela máquina. Assim, computadores trabalham com uma classe muito restrita de nossos pensamentos, porém sem ter, para a máquina, o significado que têm para nós – por exemplo, sua associação com a realidade, como no caso de um salário. Os programas dos computadores também são pensamentos que são colocados nessas máquinas, processando outros pensamentos, que são os dados. Por outro lado, uma máquina que não é um computador (e ainda algumas especiais, como o relógio) atua diretamente no mundo físico. Um telescópio transforma a luz que nele penetra; uma usina hidrelétrica transforma energia (potencial da água em elétrica); um torno e um liquidificador transformam matéria; um automóvel serve para transportar matéria (pessoas); uma bateria armazena energia elétrica. Assim, pode-se dizer que as outras máquinas transformam, transportam e armazenam matéria ou energia, isto é, elementos físicos; são, portanto, o que se pode denominar de "máquinas concretas".

Computadores, ao contrário, transformam, transportam e armazenam dados, que não possuem consistência física, pois representam nossos pensamentos. (Não é possível pegar, medir, observar com os olhos – ou mesmo aparelhos – os pensamentos em si.) Incidentalmente, é devido a esse divórcio em relação à realidade e à atuação físicas que foi possível fabricar computadores cada vez menores.

Essa manipulação simbólica de dados, que são pensamentos, caracteriza o computador como "máquina abstrata", matemática. De fato, é possível descrever com o formalismo da matemática todo o processamento de dados feito pelo computador. É também possível simular seu funcionamento, seja mentalmente ou com lápis e papel, a menos que haja restrições de tempo e sem considerar casos em que computadores controlam outras máquinas e dispositivos de entrada/saída de dados. Programar um computador corresponde a elaborar pensamentos puramente matemáticos. É um processo mental análogo ao raciocínio usado em álgebra. Por exemplo, para resolver uma equação algébrica, é necessário trabalhar formal, simbólica e logicamente, passo a passo, empregando exclusivamente operações pré-definidas dentro do sistema algébrico. Por estranho que isso possa parecer, o mesmo se passa ao se utilizar qualquer programa como, por exemplo, um editor de textos. Para se alinhar um texto verticalmente, deve-se dar um comando à máquina, seja pressionando teclas num teclado (por exemplo, Ctrl + J, em alguns editores de texto) seja selecionando um ícone (uma figura da tela) com o cursor do *mouse*. Essa atividade é também formal, sempre provocando a mesma reação por parte da máquina. Para se executar uma certa tarefa complexa por meio de comandos como esse, é preciso exercitar um raciocínio de causa e efeito do mesmo tipo que se usa na matemática e seqüencial, como se deve usar ao fazer cálculos. A única diferença é que o computador poder exibir os resultados dos processamentos, permitindo uma conferição do raciocínio, ao passo que, na matemática, o próprio agente deve escrever ou desenhar seus resultados, não tendo, em geral, a segurança de que o raciocínio esteja correto. Aliás, essa possibilidade de verificação imediata é a origem de parte do fascínio dos computadores; a programação e o uso de *software* geral por meio de comandos torna-se um verdadeiro "joguinho eletrônico" com um desafio puramente intelectual. Caso se cometa um erro, há a certeza absoluta de que é possível corrigi-lo, e o usuário entra no que denomino "estado do programador ou usuário obsessivo" – *compulsive programmer*, para Joseph Weizenbaum, que aplicou essa noção somente aos *hackers* [1976, p.111] –, não sossegando enquanto não "dobra" a máquina, fazendo-a executar o que deseja. Obviamente, é necessário distinguir entre a simples digitação de um texto – caso em que quase não há diferença entre um computador e a máquina de escrever – e o emprego de comandos para um software qualquer ou a confecção de programas. É possível executar a ação mecânica de digitar sem quase prestar atenção ao que se está fazendo.

Algumas pessoas pensam que um usuário obsessivo de computadores seja uma pessoa anormal por natureza, com tendências obsessivas. É preciso ficar claro que não se pode aplicar ao computador raciocínios e analogias que valem para outras máquinas. Qualquer programador ou usuário entra em estados obsessivos quando o computador não reage da forma prevista, ou quando querem descobrir como efetuar com ele determinada tarefa. Uma notícia distribuída pela Associated Press em 23/8/99, assinada por Jeff Donn, dá conta que "O maior estudo já feito com usuários da Internet descobriu que 6% – ou mais de 11 milhões – de seus usuários sofrem de alguma forma de dependência (vício, *addiction*). Esses resultados, que foram divulgados domingo, na reunião anual da American Psychological Association, provavelmente vão levar à aceitação do uso compulsivo da Internet como um distúrbio psicológico real. 'Casamentos estão sendo desfeitos, crianças estão tendo problemas, pessoas estão cometendo atos ilegais, pessoas estão gastando dinheiro demais. Na qualidade de quem trata de pacientes, estou observando tudo isso', disse David Greenfield, um psicólogo e pesquisador que dirigiu o estudo [feito juntamente com a ABC News]. ... No entanto, esse número de 6% é inferior a algumas estimativas de 10% ou mais, originadas em pesquisas com estudantes universitários. ... Ele coletou 17.251 respostas de um questionário distribuído e retornado por meio do *site* ABCNEWS.com ... A pergunta sobre o uso da Internet como uma fuga deu mais respostas 'sim' do que qualquer outra: 30%".

Como complemento a essa breve caracterização dos computadores, é interessante notar ainda que tanto as instruções de um programa quanto os comandos usados num editor de texto ou outros sistemas como planilhas eletrônicas, traçadores de gráficos e figuras, gerenciadores de correio eletrônico, etc., constituem o que se denomina uma "linguagem formal", isto é, uma linguagem com uma sintaxe exata, não-ambígua, que pode ser definida matematicamente. Em contraposição, nossa linguagem diária, chamada de "linguagem natural", não tem essa característica. Já se pretendeu descrevê-la formalmente, mas isso não foi possível. Uma diferença fundamental entre as linguagens – todas formais – de computação (por exemplo, linguagens de programação ou de comandos) e as linguagens naturais é que estas são ambíguas, ao contrário das primeiras. Isso significa que cada instrução ou comando interpretado pelo computador produz exatamente a execução de uma única função (no sentido matemático) sobre os dados. Por exemplo, a frase "O vaso caiu sobre a mesa e quebrou" é altamente ambígua: não está formalmente definido o que são "vaso" e "mesa" e o que significa "quebrou", não sendo tampouco possível deduzir o que foi que quebrou. A compreensão dessa frase depende do conhecimento da mesa e do vaso. Toda semântica e pragmática envolvidas na linguagem natural devem ser convertidas em pura sintaxe, em relações meramente simbólico-estruturais para poderem ser introduzidas no computador, deixando, portanto, de ter suas características próprias.

Qualquer tarefa complexa a ser feita com um computador requer a sua redução a ações elementares disparadas pelos comandos que se dão à máquina. Assim, o computador força um raciocínio reducionista – a redução de uma tarefa como um todo à seqüência dos comandos que devem ser ativados, apresentados pelo *software*. O mesmo aplica-se à programação. Qualquer programa é composto de uma seqüência de instruções elementares da linguagem de programação usada. Uma instrução pode, por sua vez, produzir a ativação de um "subprograma", que pode executar várias tarefas, mas, do ponto de vista do raciocínio, é o mesmo que se fosse uma instrução elementar.

O pensamento necessário para programar ou usar um *software* qualquer por meio dos comandos nele definidos é da mesma natureza que o empregado ao se trabalhar com lógica simbólica. De fato, linguagens de programação e de comandos são descritas formalmente usando formulações em lógica simbólica (a denominada "sintaxe formal", às vezes acrescida de uma "semântica formal", que no fundo também é formulada sintaticamente). Lógica simbólica é tradicionalmente ensinada no nível universitário devido à maturidade que ela requer para que se possa realmente dominar os conceitos altamente abstratos nela envolvidos. O computador requer que se reduzam decisões a fazer escolhas – na verdade, escolhas lógicas –, forçando a pessoa a usar uma camisa-de-força cognitiva. O fato de algum *software* de aplicação geral tornar essa camisa-de-força mais confortável não significa que se deva ignorar os seus efeitos restritivos na maneira de pensar de um jovem.

Quando uma criança fala, é óbvio que não está pensando conscientemente em tudo o que diz. E nem o adulto pensa, ao falar, da mesma maneira como um matemático raciocina ao fazer matemática, um programador ao elaborar um programa ou um usuário de um editor de textos ao acionar um comando qualquer. Nesses dois últimos casos, cada "sentença" tem um único significado, que pode ser descrito matematicamente como manipulação dos símbolos processados pelo computador.

Resumindo, pode-se dizer que um computador é uma máquina matemática, que exige raciocínio e linguagem matemáticos (expressos de forma simbólica própria) para ser programado ou usado. Esse tipo de raciocínio é da mesma natureza que o uso de um sistema algébrico.

3.2 O desenvolvimento da criança e do jovem

Já que o computador exige um tipo de pensamento e linguagem formais, matemáticos, como foi caracterizado no item anterior, pode-se formular a seguinte pergunta: quando crianças ou jovens devem começar a exercer esse tipo de pensamento e linguagem?

Se for lembrado o que foi dito acima, isto é, que a atividade de programar um computador ou usar um programa qualquer (necessariamente, por meio de uma linguagem de comandos) é análoga ao uso da álgebra da matemática, pode-se afirmar o seguinte: a idade adequada é a mesma em que se deseja que os jovens comecem a manipular sistemas algébricos complexos, provar teoremas, etc.

Para estudar essa idade, utilizei os conceitos sobre a evolução de crianças e jovens introduzidos por Rudolf Steiner em 1919, quando ele criou o que veio a se chamar Pedagogia Waldorf. Não se trata de mera elucubração mental: existem mais de 800 escolas Waldorf no mundo inteiro. Quatro das 13 de nosso país (não incluindo aí os jardins-de-infância isolados) estão situadas na cidade de São Paulo, havendo outras em Ribeirão Preto, Botucatu, Bauru, Florianópolis, Cuiabá, etc. (ver o diretório de escolas Waldorf na América Latina, que mantenho em www.sab.org.br). Em certos países houve uma expansão enorme dessas escolas, que constituem o único movimento coeso de escolas "alternativas" (ao ensino estatal), como na Alemanha e nos EUA. Neste, passaram de sete, em 1970, para mais de 100 atualmente, não se contando aí jardins-de-infância isolados. Uma boa introdução à Pedagogia Waldorf pode ser encontrada em [Lanz, 1998]. Considero o fato de a Pedagogia Waldorf ser raríssimas vezes abordada nos meios acadêmicos como uma demonstração dos preconceitos que os cercam. Ignora-se todo um edifício conceitual e oitenta anos de prática de um método com sucesso comprovado e que difere radicalmente tanto dos métodos tradicionais quanto dos mais recentes. A razão desse preconceito parece-me clara: a cosmovisão subjacente à Pedagogia Waldorf não é materialista.

Segundo Steiner, a evolução de cada ser humano pode ser subdividida em setênios, períodos de sete anos. Essa subdivisão já era usada na antiga Grécia, sob forma de dez "heptômadas" que, se não me engano, foram descritas por Sólon. Steiner aprofundou e conceituou esses períodos em inúmeros ciclos de palestras (todos os seus ciclos de palestras estão publicados), caracterizando-os e fundamentando suas diferenças sob uma conceituação e observação adequadas ao nosso raciocínio moderno. Estágios de desenvolvimento foram também abordados por outros autores, como Jean Piaget e Eric Erikson. Mas, enquanto Piaget se concentrou em aspectos cognitivos [Piaget, 1977] e Erikson em estágios psicológicos, Steiner cobriu todos os aspectos da vida da criança e do jovem. Vejamos, de maneira extremamente breve, apenas os três primeiros setênios, pois são os que interessam à educação escolar e ao nosso tema (ver, por exemplo, [Steiner, 1978, p.21, 115], um dos últimos ciclos de palestras de Steiner, proferidas de 12 a 20 de agosto de 1924 por ocasião da formação da primeira Escola Waldorf na Inglaterra, bem como [Steiner, 2000b, p.44, 58 e 91; 1980, p.61] e [Lanz, 1998, p.38]).

De acordo com Steiner, e conforme é aplicado com sucesso na Pedagogia Waldorf, no **primeiro setênio** [Steiner, 2000b, p. 51; Lanz, 1998, p. 41] a criança é extremamente aberta ao ambiente e está individualizando seu querer; a educação deve basear-se exclusivamente no contato com a realidade, na imitação, na fantasia imaginada (por exemplo, por meio de contos e brinquedos rústicos) e no ritmo. A criança espera um mundo essencialmente *bom*. Qualquer ensino de abstrações, como o da leitura (as letras modernas e sua composição em sílabas constituem meras abstrações – ao contrário de hieróglifos egípcios e ideogramas orientais), contraria a natureza própria da criança, perturbando seu desenvolvimento e produzindo nela males que se manifestam posteriormente, sob forma psicológica ou mesmo fisiológica. No sentido da escolaridade, deveria haver no máximo um jardim-de-infância (e não uma pré-escola), expressão que revela uma profunda intuição de nossos antepassados: a criança deve ser tratada como uma tenra plantinha; o local deve prestar-se ao "brincar" e ao "aprender fazendo", envolvendo coordenação motora, socialização e observação do entorno sem conceituá-lo abstratamente, tudo isso num ambiente o mais natural possível. Deve-se ter aí uma "professora-mãe".

No **segundo setênio** [Steiner, 2000b, p.91; Lanz, 1998, p.47], a criança entra na idade escolar – havia uma tradição, agora perdida, segundo a qual as crianças ingressavam no ensino "formal" apenas ao redor de seis anos e meio a sete anos, quando começavam a aprender a ler e a fazer contas. De fato, forças que estiveram dedicadas ao extraordinário desenvolvimento da base física ficam, nesse momento, disponíveis para o esforço de aprender; a troca de dentes é um

...ais externos dessa maturação. Durante esse período, ...ança, que agora controla razoavelmente sua vontade, ...ssa a individualizar seus sentimentos e espera encontrar um mundo *belo*. A educação deveria voltar-se para esse fato, sendo toda imbuída de estética artística. O professor, que nesse período deveria ser um *generalista*, e deveria ter uma boa formação e capacidade artísticas. Mesmo a matemática deveria ser ensinada como algo capaz de despertar a imaginação, sendo apresentada artisticamente. Nada deve ser rígido; na Pedagogia Waldorf as crianças e os jovens fazem seu próprio caderno de notas, artisticamente decorado, em lugar de usar livros-textos que bitolam uma determinada seqüência e nomenclatura, não expressando ainda a individualidade do aluno.

Lembremo-nos aqui de um trágico contra-exemplo, o da "Matemática moderna"; apesar de felizmente abandonada, ainda temos resquícios dela: os jovens continuam procurando "conjuntos-verdade", e não as raízes de equações, como se tivessem capacidade para compreender asserções da lógica simbólica (uma equação é considerada uma proposição lógica, procurando-se os valores para as incógnitas que tornam ambos os membros da equação iguais, isto é, tornam a igualdade uma verdade da lógica). Morris Kline mostrou como a "Matemática moderna" significou a aberração da introdução, na educação, das tendências de excessiva abstração na pesquisa matemática feita a partir do século XX (antes, ela era motivada sempre por aplicações) [1976, p.157]. Ele mostra muito bem como pesquisadores e professores universitários de Matemática foram os responsáveis pela introdução da "Matemática moderna", isto é, gente que não tinha a mínima noção do que é uma criança e como ensiná-la [p.157; atenção, aí há uma falha na tradução: a expressão "college professors" foi traduzida como "professores de colégio", mas o correto é "professores titulares (de universidade)"]. Essa introdução foi simplesmente mais um passo no sentido do que fraseio como "na educação de crianças e jovens, quanto mais abstrato e adulto, melhor".

A humanidade levou milhares de anos para atingir o grau de abstração que qualquer pessoa medianamente instruída tem hoje. As pobres crianças e jovens, que estão refazendo uma boa parte desse desenvolvimento, são forçados a pensar de maneira puramente intelectual desde os primeiros anos escolares. Um bom exemplo disso é a clássica definição, sem vida e colorido (e, no caso, errada!), de ilha: "um pedaço de terra cercado de água por todos os lados". Felizmente não se dá às crianças uma definição de árvore como "um pedaço de pau com ramificações fincado no solo a noventa graus, blábláblá", o que não impede nenhuma criança de desenvolver um correto conceito de árvore, por meio de pura vivência de várias delas... Qualquer definição é uma abstração intelectual, e seu lugar adequado é o ensino médio.

Uma observação colateral sobre a perda de um conhecimento intuitivo quanto à maturação representada pela idade, e que revelava uma enorme sabedoria. Quando, pessoalmente, iniciei com seis anos de idade o "curso primário" (atuais 1ª a 4ª séries), em 1946, infelizmente já não havia limite de idade mínima para isso. No entanto, mais tarde tive de esperar um ano, fazendo o que se denominava "curso de admissão ao ginásio", pois o ingresso na 1a série do ginásio (atual 5ª série) requeria a idade mínima de onze anos a serem completados até 30 de junho. Isso se aplicava a todos os estudantes, sem exceções. Naquela época não se havia instituído a classificação de "superdotado" (que na verdade deveria ser tratado como um caso patológico, necessitando de equilíbrio). Assim, todos os meus colegas de turma ingressaram na faculdade com pelo menos dezessete anos e oito meses. Pode-se considerar que, antigamente (mas nem tanto), qualquer aceleração do aprendizado era considerada prejudicial.

No **terceiro setênio** [Steiner, 1980, p.61; Lanz, 1998, p.57] – época do colegial (ensino médio) e do ingresso na universidade –, cujo início é caracterizado fisicamente pela puberdade (infelizmente adiantada nos países tropicais e equatoriais, especialmente no caso das meninas, e agora no mundo todo devido à aceleração do desenvolvimento causada principalmente pelos meios eletrônicos), o jovem passa a individualizar gradativamente seus pensamentos, procurando um mundo *verdadeiro*. É então que se deve começar com um ensino voltado para o pensamento "puro", abstrato, eventualmente desligado por inteiro da realidade. Esta é sempre compreendida pelo ser humano mediante conceitos universais, "verdades". Nesse período, o aluno busca a compreensão dos fenômenos. Se, no segundo setênio, o professor deve restringir-se a apresentar os fenômenos e ensinar os alunos a descrevê-los, no terceiro deve começar a explicá-los por meio de conceitos e, eventualmente, a modelá-los matematicamente. É nessa época que os alunos devem começar a provar teoremas, introduzindo-se paulatinamente manipulações simbólicas divorciadas de eventual aplicação prática. Obviamente, não se deve descuidar de relacionar tudo o que é estudado com a realidade, além de cuidar dos lados artístico e estético envolvidos com qualquer matéria. São esses os aspectos que devem atrair o interesse do aluno. O fim desse setênio é ainda hoje tomado como referência legal para o início da responsabilidade civil, conseqüência da adquirida liberdade de pensamento e conseqüente capacidade de autoconsciência. Nesse período, os professores devem ser *especialistas*.

Voltemos aos computadores. Por serem máquinas matemáticas, forçando tanto um raciocínio puramente abstrato e matemático como o emprego de linguagens formais, pode-se concluir, pelo exposto, que eles não devem ser usados de modo algum antes do colegial. Vejamos como isso se aplica a qualquer forma de uso de computadores no ensino.

3.3 Formas de uso dos computadores na educação

Existem quatro formas gerais de se usar computadores na educação. Uma delas, representada pela linha de Seymour Papert [1985], usa a programação de computadores, pelo aprendizado da linguagem de programação LOGO, para desenvolver um raciocínio matemático nas crianças (segundo o que ouvi dele em palestra pública, há vários anos, após os quatro anos de idade inclusive). LOGO é uma linguagem interessante, pois permite saídas gráficas usando comandos extremamente simples. Ela conduz os alunos a um ambiente mental que Papert denomina de "Mathland", a "Terra da Matemática" [1985, p.18, 64]. O uso desse termo já sugere que Papert concorda que LOGO, como uma linguagem de programação, requer o tipo de pensamento altamente estruturado, exato, formal e reducionista que expus acima. Claramente, ele também deve concordar comigo que pensamentos altamente abstratos, não são apropriados para crianças e jovens, afirmando que "a tendência que prevalece, de dar valor exagerado ao raciocínio abstrato, é um obstáculo essencial para o progresso da educação" [1993, p.137]. Infelizmente, ele não parece reconhecer que esse é precisamente o tipo de pensamento que se é forçado a exercer quando se usa um computador. Poderia haver alguma dificuldade em mostrar isso, como foi feito acima, no caso do uso de um *software* qualquer, mas, quando se trata de forçar os alunos a aprender uma linguagem de programação como o LOGO, não deve haver absolutamente nenhuma dúvida de que se está forçando o tipo de pensamento que ele abomina na educação! Ele baseia seu entusiasmo pelo uso de computadores na educação com a afirmação surpreendente de que computadores reforçam o pensamento concreto. Como vimos, o computador é uma máquina abstrata, e a sua programação se dá por meio de um pensamento estritamente matemático. Em minha conceituação, apresentada acima, se usada antes do ensino médio, LOGO deturpa a mente da criança e do jovem, como qualquer linguagem de programação. Capítulos criticando as idéias de Papert podem ser encontrados em Setzer [1988], Roszak [1986] e Tallbot [1995].

Outra forma de se usar computadores em educação é a "instrução programada" automatizada. Ela foi introduzida por B. F. Skinner no início da década de 1950. Na versão com computador, este apresenta um assunto – por exemplo, de geografia – de maneira mais ampla do que antigos livros com esse tipo de ensino, usando-se eventualmente som e animação. Depois dessa fase, são formuladas perguntas, cujas respostas dadas pelo aluno produzem a exibição de outros tópicos, ou a repetição daqueles já vistos que não foram "aprendidos". O aprendizado resume-se à memorização e à capacidade de responder a perguntas bitoladas, não se levando em conta fatores imponderáveis como a maturação e a aquisição de capacidades intuitivas. Nessa mesma categoria, encaixam-se certos joguinhos como, por exemplo, os que "ensinam" a fazer contas (por exemplo, "somar" duas borboletas a três, exibidas na tela). Obviamente o computador continua, na instrução programada, a impor o mesmo tipo de raciocínio que ele exige em qualquer aplicação, já que os comandos a serem dados pelos alunos constituem também uma linguagem formal e o raciocínio simbólico é tipicamente matemático, isto é, inadequado até o período do ensino médio. Acrescente-se a isso a "instrução programada" ser extremamente bitoladora, não dando margem à criatividade e repetindo enfadonhamente os mesmos passos – daí a linha de Papert ser contrária a ela, substituindo-a por um espaço "aberto" como o apresentado por uma linguagem de programação como LOGO.

Uma terceira maneira de uso de computadores no ensino é utilizá-los em simulações de experiências. Em lugar de o aluno observar a realidade como, por exemplo, nos laboratórios de química e física, as experiências são simuladas na tela do computador – por exemplo, num sistema de tiro livre, com um canhãozinho disparando uma bala que descreve uma trajetória parabólica na tela. Theodore Roszack menciona um programa de simulação das experiências genéticas de Mendel [1994, p.70]. Um outro exemplo foi o programa, popular nos primeiros anos da década de 1990, que simulava um ecossistema natural ("Oh Deer", MEEC) [Setzer, 2001]. Os estudantes podiam mudar um certo número de características do ambiente, e as conseqüências disso eram exibidas de modo que era possível observar o resultado e tirar conclusões. Era um programa fascinante que poderia dar a impressão de ensinar as crianças que uma alteração no ecossistema pode disparar uma série de mudanças imprevisíveis. Roszack denomina a simulação de casos reais como indo no "caminho de falsificar a ciência" [1994, p.70]. C. A. Bowers citou problemas criados ao se tentar reduzir a solução de problemas a mera análise de dados [Bowers, 1988]. Um dos problemas é que simulações em computadores são sempre baseadas em modelos matemáticos, às vezes muito complexos, que ficam escondidos do usuário, dando a impressão de serem aderentes ao mundo real. Na verdade, eles sempre se limitam a alguns casos previstos pelos projetistas do programa, e que obviamente se passam em um ambiente virtual, isto é, que não tem nada a ver com a realidade. A criança ou o jovem passam a ter a impressão de que a ecologia (no caso citado, de veadinhos) pode ser manipulada com exatidão e que constitui um sistema finito e fechado. Com isso, induz-se a uma visão mecanicista do mundo, da mesma maneira que uma simulação de uma cidade induz a uma visão de relacionamentos humanos manipuláveis e controláveis.

O uso dessas simulações impõe o mesmo raciocínio matemático típico de qualquer uso do computador. Por outro lado, penso que experiências devem ser feitas ao vivo, e não simuladas; um dos maiores problemas do ensino é que ele é abstrato demais, divorciado da realidade, o que o torna desinteressante. As simulações em computador aumentam essa abstração, pois, satisfazendo-se com elas, os alunos não terão a chance de entrar em contato com a realidade propriamente dita. Além disso, elas são baseadas em modelos de causa e efeito puramente matemáticos, alienados da natureza. Essa alienação torna-se perigosa, particularmente com crianças que ainda estejam formando sua imagem interior do mundo, no caso de simulações de ambientes vivos, pois induzem a conceituações e simplificações que não correspondem à realidade. É o caso de um conhecido programa que simula o ambiente de uma lagoa. Poder-se-ia objetar: mas nem tudo pode ser feito no laboratório, como simular a queda de um corpo na Lua. Minha resposta é que, nos níveis do primeiro e do segundo graus, o que não pode ser demonstrado no laboratório não deveria ser ensinado, pois foge à realidade do jovem e apela exclusivamente ao seu intelecto. Os exemplos ilustrativos das teorias deveriam ser extraídos do dia-a-dia, pois aí podem despertar um interesse nos alunos. Estes poderiam perguntar: "Mas o que tenho eu com a queda de um corpo na Lua?"

Finalmente, pode-se usar o computador para ensinar o que ele próprio é e como utilizá-lo. Isso significa ensinar os sistemas de uso geral, como editores de texto, planilhas, sistemas gráficos, gerenciadores de bancos de dados e Internet. Como o exemplo para o editor de textos mostrou, aqui também ocorre o mesmo problema das outras modalidades: como o computador impõe linguagens formais para os comandos que se devem empregar nesses sistemas e força um raciocínio matemático-algorítmico, minha recomendação é que esse processo se dê apenas no ensino médio.

O uso da Internet para fins educacionais merece um destaque especial. É a maneira mais recente de se usar o computador na educação, e vem sendo promovido por muitos como o mais poderoso instrumento educacional já inventado. Um excelente professor de colegial até disse que a Internet ressuscitava a queimada biblioteca de Alexandria. O que faz a Internet tão poderosa é que permite à criança ou ao jovem procurar livremente algum material educacional ou informação útil, bem como possibilita a comunicação com as mais diferentes pessoas em diferentes partes do planeta. De acordo com esse ponto de vista, a Internet estabelece um ambiente construtivista, onde a criança ou jovem aprendem fazendo. Pode-se formular três objeções a esse argumento. Em primeiro lugar, há o mesmo problema de qualquer uso do computador: a Internet tem de ser usada por meio de comandos de uma linguagem formal, forçando o usuário a exercer o mesmo tipo de pensamento lógico-simbólico. Ambos são prejudiciais antes do ensino médio (colegial). Em segundo lugar, a Internet reduz a educação ao consumo e compartilhamento de informação. (Quando não há compreensão da informação, esta reduz-se a meros dados. Ver o artigo correspondente neste volume.) Certamente a parte informativa da educação é muito importante, mas não tão importante quanto a parte formativa. Nesta última considero, no ensino fundamental e médio, principalmente no primeiro, a vivência pessoal das coisas e fenômenos como absolutamente essenciais. Um exemplo poderá esclarecer essa questão.

A tabuada contém muito pouca informação (ou, mais precisamente, dados). No entanto, as crianças levam centenas de horas em classe para aprendê-la. Esse enorme tempo para aprender quase nada é essencial, pois elas não estão simplesmente memorizando o conteúdo da tabuada, mas estão desenvolvendo um pensamento abstrato. Nas escolas Waldorf, esse processo toma um longo tempo, e começa com a criança participando com seu corpo, vivenciando como os números fluem em um certo ritmo [Lanz, 1998, p.131]. Por exemplo, ao aprender a tabuada do 2, os aluninhos podem contar os números 1, 2, 3, etc. e bater palmas ou com os pés quando falarem 2, 4, 6, etc. Muitos exemplos da vida real são usados, como as crianças usarem pedrinhas bonitas e distribuírem 2 para cada uma em um pequeno grupo, contando posteriormente o total distribuído, etc. Somente bem depois é que a tabuada é realmente decorada, usando-se os números abstratos, que não têm nenhuma conexão com o mundo. Além de [Lanz, 1998, p.82], recomendo o vívido livro de Finser [1994], que conta as experiências de um professor Waldorf que pegou uma classe na 1ª série e levou-a até a 8ª, dando todas as matérias principais, como é normal nessa pedagogia. O método Waldorf sempre procura ir do real para o abstrato, nunca pulando diretamente para o último.

O aprendizado com um computador sempre envolve a operação com abstrações – não é à toa que ele é chamado de "máquina virtual", isto é, que não tem nada com a realidade. A Internet, que limita o aprendizado praticamente a coletar informações, leva o processo de aprendizado ainda a maiores abstrações. E aqui temos uma das mais terríveis características da computação educacional: computadores, em particular a Internet, não têm contexto. A educação sempre foi, no passado, altamente contextual, tanto no lar como na escola. Isso pode ser visto nas atividades mais simples, como um pai examinando um livro antes de comprá-lo para sua criança. Em geral isso é feito (ou deveria ser feito) com o pai perguntando-se: "Esse livro é adequado à minha criança, isto é, corresponde à sua maturidade e ao que imagino como educação sadia e adequada?" Bons professores sempre ensinam hoje levando em conta o que eles ensinaram ontem, na semana e mês passados, talvez até nos anos passados. Na educação Waldorf, cada professor procura ensinar levando em conta cada aluno em particular dentro da classe e, como o ensino é integrado, considerando também o que os outros professores (artes, artesanato, línguas estrangeiras, etc.) estão fazendo com a classe. A Internet permite à criança ou ao jovem encontrar toda sorte de informações que com grande chance não serão apropriadas para sua idade, nível de desenvolvimento, ambiente, temperamento e biografia. Em outras palavras, ela retira o aprendizado do contexto das vivências da criança. Chamar esse tipo de aprendizado de "individualizado" é ignorar um conhecimento das necessidades profundas das crianças e dos jovens. Além disso, se uma criança ou um jovem tem a capacidade de escolher o que é bom e adequado para ela ou ele, não estará comportando-se como criança ou jovem, e sim como adulto, com graves prejuízos para seu desenvolvimento harmônico. Retornarei a esse ponto da aceleração indevida do desenvolvimento no próximo item.

3.4 Perigos do uso precoce de computadores

Assim, minha opinião é que, em qualquer modalidade de uso, o computador só deve ser empregado na educação quando o jovem está cursando o ensino médio. É só nessa época que ele adquire maturidade para que seu raciocínio não seja perturbado pelo tipo imposto por aquela máquina. Qualquer uso do computador no ensino fundamental, ou ainda pior, mesmo antes, significa uma violação da mente "normal" da criança, o que poderá causar prejuízos psicológicos ou até fisiológicos mais tarde. L. Stebbing escreveu sobre o setênio de sete a catorze anos: "A atividade artística é, nesse período, tão necessária para o ser interior como o são comida e bebida, ar e luz para o corpo físico. Pensamentos devem ser aquecidos por sentimentos que estimulem a imaginação" [1962, p.31].

Comandos e instruções dados a computadores são pensamentos formais, sem sentimentos, que não deixam espaço para a imaginação além de se prever de modo formal e determinístico o que eles causarão no sistema. A respeito do ensino de aritmética, Steiner condenou os vários métodos abstratos de ensinar a contar e fazer contas e disse:

"Então, elabora-se com refinamento toda espécie de teorias pedagógicas sobre o método de explicar à criança o conceito de número, a maneira como se ensina a contar, e geralmente se aplicam as teorias em classe. Embora se possa obter dessa maneira alguns resultados superficiais, não conseguimos, com esse divórcio da vida, chegar ao homem integral. A adoção do ábaco [instrumento manual para cálculos aritméticos elementares, composto de fileiras paralelas de contas que possibilitam a execução de cálculos, em geral, em uma base numérica quinária] na classe evidencia até que ponto se vive hoje na abstração. Não falo do uso da máquina de calcular nos escritórios; no ensino, porém, esta, por dirigir-se exclusivamente ao cérebro, impede que estabeleçamos, entre o número e a criança, um vínculo que corresponda à sua natureza essencial. O importante será fazermos derivar da própria vida as operações de contar" [1978, p.78].

O que ele disse sobre calculadoras (mecânicas, na época) certamente se aplica a computadores modernos; estes são mais ricos em sua capacidade de processamento e exibição, mas não deixam de forçar intelectualização e alienação quanto à realidade da vida.

Uma das principais razões para o uso de computadores muito cedo é a atração, o fascínio que essas máquinas exercem ao responderem à sua manipulação, ao darem a sensação de poder dominar algo complexo. É também o fascínio da novidade (que já está desaparecendo) e do joguinho eletrônico, que apresenta um desafio intelectual. Assim, os computadores parecem ser ferramentas muito úteis no sistema ensino/aprendizado. Minha objeção a esse respeito é que a comparação está sendo feita com o ensino proporcionado por maus professores. Não há razão para que os professores não atraiam muito mais a atenção dos jovens do que quaisquer máquinas. Penso que este não tem sido o caso porque os professores não têm uma concepção do que significa ser criança ou jovem – justamente o que Steiner introduziu com seu modelo de desenvolvimento. Suas aulas são excessivamente abstratas, dirigidas essencialmente ao intelecto dos alunos, fazendo-os sentir-se massacrados, achando as aulas extremamente enfadonhas, pois não conseguem identificar-se com seu conteúdo. Já o sistema de notas e de reprovações faz os alunos sentirem-se tratados como "coisas" – ou máquinas de armazenar dados que devem ser repetidos nas provas.

Como é que numa prova se pode medir o grau de amadurecimento, capacidade e criatividade adquiridos pelo aluno, fatores que constituem alguns dos maiores ideais da educação? O que significa uma nota "5": metade do conhecimento de cada ponto ou conhecimento de metade de todos os pontos? São poucos os alunos que se adaptam a esse sistema sem que sua escolaridade signifique uma seqüência de tensões e traumas – que, antes da universidade, dura pelo menos onze anos de sofrimentos! Se o ensino não é interessante e os alunos sentem-se massacrados, é lógico que uma máquina atraente como o computador pode aparentemente dar melhores resultados. No entanto, com a introdução dessas máquinas não se está resolvendo o problema fundamental, e sim propondo um paliativo que causará problemas ainda maiores. Fazendo uma analogia, é como achar que o sistema social de saúde é péssimo, pelo fato de os médicos terem pouquíssimo tempo para examinar cada paciente, e dizer que o diagnóstico deveria ser feito por computador. Em lugar de se corrigir o erro em sua base, adota-se uma solução que jamais poderá atingir o nível de excelência proporcionada pela correção adequada do problema. Pior ainda, eventualmente mais provoca do que resolve problemas.

Um dos problemas provocados pelo fascínio dos computadores é que eles tendem a levar a estados obsessivos, como foi descrito no item 3.1. Um caso típico de entrada nesse estado ocorre quando o usuário comete um erro em um comando que dá ao computador, fazendo que este execute uma função diferente da esperada (por exemplo, move um parágrafo para a esquerda em lugar de espaçar mais suas linhas). Outro caso é o de o usuário não se lembrar de que comando deve dar para executar uma certa função. Em ambos os casos, o usuário entra em geral no estado do usuário obsessivo, em que ele fica tentando dar vários comandos quase que aleatoriamente, sem ao menos pensar e muito menos ler um manual ou o sistema de ajuda (*help*) do *software*. Essas tentativas e erros sucedem-se até que ele encontre a solução ou pare de exaustão. Horas passam como minutos (o tempo "voa"), enquanto o pobre usuário tenta restabelecer o domínio que ele perdeu sobre a máquina. Nesse estado, em geral o usuário não larga mais o seu computador, não indo ao banheiro, não comendo, não dormindo, não namorando, etc., tendo sido literalmente agarrado pela máquina. Adultos podem eventualmente entender o que se passa, e têm a capacidade de autoconsciência para detectar que entraram naquele estado. Talvez consigam reagir, interrompendo as tentativas, lendo o manual, etc. Mas em minha experiência somente ao redor dos 16, 17 anos é que os jovens adquirem suficiente autocontrole para que não caiam no estado do usuário obsessivo.

Mesmo que essa obsessão não seja um problema, é preciso cuidado com o que se passa ao se usar o computador na educação. O fascínio que eles causam não é devido à experiência de aprender algo, nem com o assunto apresentado, mas com a operação do computador propriamente dita. Isso pode ser percebido pela capacidade que uma criança ou um jovem adquire de executar certas funções na máquina sem que entenda o que elas realmente significam. Um caso comum em LOGO é a criança aprender a desenhar segmentos de retas em ângulos ou curvas, dando para isso um comando em que se especifica um ângulo, por exemplo, "direita 90" para um ângulo reto. Só que, ao se perguntar à criança o que aquele número especificando o ângulo significa, ela não consegue responder. E se uma criança pequena souber o que é "90 graus", nesse aspecto já não é mais criança!

É interessante chamar aqui a atenção para um problema com todas as máquinas complexas. Elas têm a tendência de desviar a atenção de sua utilidade, focando-a nelas próprias. Um exemplo disso é o jovem que começa a usar um automóvel. Em lugar de preocupar-se com o transporte que ele oferece, o jovem, muitas vezes, sente-se excitado pelo domínio que ele pode exercer pela máquina, pelas situações perigosas em que pode entrar, etc.

Apesar de as conseqüências não serem visivelmente desastrosas, o problema do desvio da atenção aplica-se também a crianças usando o computador na escola. Independentemente da matéria a ser aprendida, o que atrai a atenção da criança é a manipulação e o domínio da máquina em si. Em geral, ela não se importa com o material e o assunto abordados. A maior preocupação é com o tempo que ela passa usando o computador. A intenção do professor, de fazer, por exemplo, com que a criança aprenda geografia, não é vista como um objetivo pelo aluno, para quem o destino é irrelevante diante dos prazeres da viagem. Neil Postman chamou a atenção para o fato de a TV ter transformado a educação (e todo o resto, como política, religião, etc.) em um *show* [1986, p.142]. Pois o computador transforma a educação num joguinho eletrônico.

Talvez por isso os estudos dos benefícios dos computadores no processo de ensino/aprendizagem tenham dado resultados tão pouco espetaculares em face dos gastos e esforços dedicados a essa área. Quando o conteúdo é secundário ao meio, pode-se ter certeza de que o conteúdo não permanecerá na mente dos alunos por muito tempo. Por outro lado, é necessário saber que a educação é um processo de metamorfose. Não é exatamente aquilo que é aprendido que é transformado em habilidades, conhecimento e maturidade. Por exemplo, Rauscher e colegas demonstraram que, contrariamente a aulas de uso de computadores, aulas de piano produziram melhoria significativa em testes de raciocínio espaço-temporal; os autores dizem que "uma melhoria da magnitude verificada pela pesquisa pode contribuir para a melhoria do aprendizado de matérias tradicionais, tais como matemática e ciências, que se baseiam fortemente em raciocínio espaço-temporal" [Rauscher 1997]. Se o Presidente Clinton tivesse dado mais atenção aos resultados das pesquisas e não a fabricantes de *software* e *hardware*, teria proposto a instalação, nas escolas, não de um computador para cada 5 alunos, mas de um piano... O conhecimento de que as artes são essenciais para a educação não é privilégio das Escolas Waldorf, que as utilizam intensamente desde 1919. Gardiner e colegas pesquisaram 96 alunos de 1ª série que tinham resultados piores do que os normais em testes de rendimento escolar; após 7 meses de ensino artístico, essas crianças já tinham alcançado o nível "normal" em leitura e estavam mais adiantadas no aprendizado de matemática! [Gardiner, 1996]. O relatório da Alliance for Childhood traz uma seção inteira sobre o papel das artes na educação, citando pesquisas cujos resultados mostram que "crianças têm atitudes mais positivas em relação à escola e vão melhor em matérias como linguagem, matemática e estudos sociais quando suas aulas incluem e incorporam artes. (...) Assim como as artes ajudam as crianças a desenvolver mentes abertas, elas também ajudam a abrir os corações. As artes ensinam habilidades emocionais práticas, incluindo a autodisciplina, que vem com o exercício ao longo do tempo, persistência, a capacidade de adiar a recompensa, atitudes sadias para refletir sobre os próprios sentimentos e os de outros e a automotivação para aprender, que se origina dos desafios emocionalmente envolventes que as artes podem trazer a todas as outras matérias." [Cordes, 2000, p.53].

Apesar da falta de resultados positivos, os professores encaram o computador como *a* ferramenta que finalmente pode levar os alunos a estudar. Nesses casos, o computador é visto como um adoçante artificial, transformando aquilo que é hoje o remédio amargo da aprendizagem escolar em algo palatável para crianças que cresceram nas calorias vazias da TV. Poder-se-ia objetar que o importante é que a criança ou o jovem aprendam algo. A resposta é perguntar: qual será o interesse que eles terão em estudar matemática, história, etc. quando o adoçante for retirado? Usar o computador como adoçante educacional é uma desonestidade pedagógica, introduzindo um aditivo prejudicial na dieta educacional, que muitas vezes se acaba tornando um vício. O uso de computadores na educação não é a maneira adequada de instilar nos alunos o gosto pelo aprendizado durante toda a vida futura. Pelo contrário, pode induzir a um interesse permanente nos computadores, ou mesmo uma dependência em relação a eles (isso não seria um caso de vício?). Mas não é isso que deveríamos desejar se queremos uma sociedade com indivíduos que não sejam meros técnicos.

Pelo menos há uma vantagem trazida pelo fascínio que crianças têm pelos computadores usados na educação. Talvez o maior serviço do computador na educação tenha sido tornar óbvio o que os críticos da educação têm afirmado e as pesquisas sobre o declínio dela têm mostrado há décadas: professores malformados, com falta de entusiasmo e falta de amor pelos seus alunos, usando métodos deficientes, baseados em filosofias ou teorias educacionais que são mais elucubrações mentais do que reflexões impregnadas de realidade e, no Brasil, salários aviltantes, produzem um ensino maçante ou até massacrante. O computador pode ser considerado o alarme para todos ouvirem: é um absurdo que uma máquina possa ser mais interessante e atrair mais a atenção do que um ser humano, se este tiver a sensibilidade e a criatividade que deveria ter como professor. Por exemplo, um aluno pode responder a uma pergunta de forma errada, e mesmo assim o professor reconhecer que a formulação está incorreta, mas o conhecimento é correto. Nenhum computador será capaz disso. O fato de o computador ter feito soar o alarme não significa que ele é a solução para os problemas educacionais. Se ele atrai mais a atenção dos estudantes do que um professor, isso pode significar que este não tem uma idéia adequada do que vem a ser uma criança ou um jovem, ou está atrelado a um currículo, método e ambiente que contradizem as qualidades de seus alunos. Provavelmente suas aulas são demasiadamente abstratas, dirigidas para o intelecto dos alunos, e não para os seres completos deles. Assim, os alunos não conseguem identificar-se com o conteúdo sendo transmitido, sentindo-se oprimidos e achando que as aulas são monótonas. Apelar para o computador em busca de socorro porque ele pode processar abstrações de maneira suave e atrativa, mostrando uma paciência infinita, obedecendo cegamente aos comandos que se lhe dão, e não dar notas baixas é simplesmente uma questão de achar uma forma mais sedutora de ensinar da maneira errada tradicional. O problema fundamental da educação é humano, e a degradação geral do ser humano ao longo do século XX refletiu-se na educação. A tecnologia, as máquinas não vão resolver o problema humano, vão piorá-lo. Os computadores mecanizarão ainda mais o ensino, dando uma ilusão de aprendizado de informações, mas que na realidade pouco tem a ver com uma verdadeira educação. Se se considera a educação simplesmente como um armazenamento e um processamento de informações, obviamente o professor vai perder terreno para o computador. Assim, o computador torna-se não apenas uma ferramenta para a educação, mas o seu modelo, e professores que dão aulas abstratas perdem a chance de renovar a educação desenvolvendo as qualidades humanas em que ela deveria basear-se. Nesse sentido, o computador representa uma solução reacionária para os males educacionais, pois ele nos permite deixar de atacar o modelo industrial da educação em suas raízes, empurrando-nos para investimentos caros e perigosos, cujo único fundamento filosófico é uma crença simplória na tecnologia.

Essa situação é devida a uma cegueira em relação à degradação da educação produzida pelo computador, bem como aos efeitos perniciosos que ele causa na criança e no jovem, e às deturpações mental, emotiva, volitiva, psicológica e social dos futuros adultos que forem educados com ele. Como foi dito, é fundamental que todos se conscientizem dos problemas causados pelos computadores, de modo que é essencial que eles sejam ensinados e criticados durante a educação escolar. Se, ao contrário, instilar-se nos alunos um entusiasmo por essas máquinas – como é inevitável com crianças –, as escolas continuarão a não cumprir o seu dever, deixando de abordar os problemas fundamentais da sociedade, e os investimentos em educação centrada em máquinas vão causar muito mais problemas do que resolver. Vou citar dois desses problemas.

A programação de computadores e o uso de sistemas "não-restritos", como os editores de texto, planilhas ou a Internet, induzem indisciplina mental. Denomino de "não-restritos" os programas que dão ao usuário um número virtualmente ilimitado de escolhas por meio de combinação de comandos, em contraste com sistemas como os de caixas automáticas bancárias, em que o número de comandos é extremamente limitado e estes não podem ser combinados livremente. Como os comandos são pensamentos e não há imposição de restrições físicas a eles, pode-se construir um programa ou usar um editor de textos de maneira completamente indisciplinada. Tomemos o último caso. Escrevendo à mão ou utilizando a antiga máquina de escrever, a pessoa precisa exercer uma disciplina mental muito grande, pois não é possível modificar à vontade o que já foi escrito ou datilografado. Isso não ocorre no caso dos editores de texto: estes permitem que se digite um texto sem prestar-lhe muita atenção, sem planejar a seqüência das palavras, frases e parágrafos, pois será possível efetuar toda sorte de correções, eliminações, transposições, formatações de texto, etc. Nem existe necessidade de prestar atenção à ortografia, pois um corretor ortográfico aponta os erros, indicando as possíveis correções. Já estão também disponíveis corretores gramaticais razoáveis. Ora, normalmente quem não é forçado a disciplinar-se não se disciplina. Assim, o computador induz a uma indisciplina mental, talvez ainda tornando a mente preguiçosa. Por essa e outras razões, também penso que os computadores prejudicam a criatividade, pois esta deve ser sempre bitolada, seguindo uma estrutura rígida embutida no *software* ou na linguagem de programação.

Ouvi numa palestra do sociólogo italiano Domenico de Masi uma caracterização muito interessante de criatividade; ela é a confluência de dois fatores fundamentais: fantasia e "concretividade". Pela fantasia criam-se idéias novas, que eventualmente não têm nada a ver com o mundo e suas limitações físicas, verdadeiros castelos no ar. Mas somente a fantasia leva ao diletantismo. É necessário concretizar essas idéias produzindo algo socialmente útil. Porém, a concretividade pode ser exercida sem ser impulsionada por fantasia, redundando, segundo de Masi, em burocracia. Em minha opinião, somente se pode exercer a fantasia em sistemas que são abertos, não-rígidos, não-previsíveis, como os casos bem típicos de atividades artísticas, artesanato e as relações sociais. Ora, o espaço apresentado pelo computador é, como foi descrito, determinista e matemático, isto é, previsível e bem-definido. Atenção, o texto a ser digitado não é previsível e bem-definido, mas os comandos necessários para controlar o editor de textos o são. Assim, por exemplo, o formato do texto só pode seguir as possíveis formatações previamente definidas pelo editor de textos. Ao programar um programa, por exemplo na linguagem LOGO, só podem ser usados relativamente poucos comandos da linguagem, e tudo deve ser expresso matematicamente. É óbvio que se pode criar uma solução nova para um problema, mas ela deve sempre ser expressa algoritmicamente, isto é, na matemática imposta pelo computador, e ser programada dentro das restrições impostas pela linguagem de programação a ser usada. Dentro de minha caracterização, isso não é fantasia, é no máximo combinação de pensamentos formais previamente existentes. O uso de um sistema que impede a fantasia acaba por prejudicá-la e, com ela, a criatividade.

A indução de indisciplina mental e a perda da criatividade são ruins para adultos, mas especialmente trágicas no caso de crianças e jovens, pois eles estão desenvolvendo essas qualidades durante seu crescimento e em seu processo educacional.

Não estou advogando que se volte a usar máquinas de escrever. Mas não concordo com o uso de editores de texto ou de LOGO justamente quando as crianças e os jovens estão na fase de desenvolver tanto hábitos com disciplina como sua criatividade. É absolutamente fantástico que pais comprem "andadores" para que seus nenês aprendam a andar mais rápido. Os andadores forçam o uso de músculos que ainda não estão suficientemente desenvolvidos, forçam uma coordenação motora que a criança não tem (é só observar como as crianças com andadores mais remam com os pezinhos do que andam...). Ora, nenhuma criança sadia em ambiente sadio deixou de aprender a andar, e deve-se permitir a cada uma esse desenvolvimento em sua velocidade individual. Para que acelerar mecanicamente esse processo? Isso só pode ser devido a uma mentalidade absolutamente deturpada em relação ao desenvolvimento e à educação da criança. O bom senso já deveria condenar essa prática, mas pesquisas recentes mostram que ela prejudica o desenvolvimento posterior da criança. Um artigo publicado por Roger Burton e colegas da State University of New York, em Buffalo, no *Journal of Developmental and Behavioural Pediatrics*, no 2º semestre de 1999 diz: "Crianças que usam andadores levam mais tempo para sentar-se, engatinhar, andar, e obtêm resultados piores em testes de desenvolvimento mental e físico em relação a outras crianças" [citado em Tallbot – *Netfuture*, número 96 de 14/10/99]. Menciono esse exemplo, pois, a partir dele, desenvolvi a seguinte imagem: o computador, quando usado por crianças, funciona como um "andador mental". Ele acelera o desenvolvimento de raciocínio e de linguagem que não deveriam ser próprios de crianças. Conjeturo que essa aceleração produz prejuízos até fisiológicos: algum dia demonstrar-se-á que os neurônios de crianças que usam o computador são prejudicados irremediavelmente, afetando todo o desenvolvimento.

O relatório da Alliance for Childhood traz um capítulo dedicado a examinar prováveis prejuízos do uso de computadores por crianças [Cordes, 2000, p.19]. Assim, os computadores, sempre projetados para adultos, produzem inúmeras lesões em crianças, desde elas terem de carregar seus *laptops* para a escola (parece ser um caso comum nos Estados Unidos) até o fato de que os *desktops* da escola não têm a altura correta para elas – e é quase impossível resolver esse problema, pois alunos de várias idades os usam [p.22]. Um estudo realizado em 1998 com 314 crianças de 10 a 17 anos revelou que 60% delas relataram desconforto no uso de seus *laptops*; esse estudo mostrou que as crianças e os jovens entrevistados usavam seus *laptops* em média 3,2 horas por dia e 16,9 horas por semana [idem]. Em relação às crianças americanas como um todo, é citado um estudo de 1999 mostrando que em geral cada criança usa um computador de 1 a 3 horas por dia [idem]. Um estudo da Kaiser Family Foundation de 1999 concluiu que crianças americanas de 2 a 18 anos gastam em média 4 horas e 45 minutos diariamente em vários aparelhos eletrônicos. Aproximadamente 65% de crianças mais velhas, de 8 a 18 anos, tinham TV em seu quarto e 21% computadores [p.28]. Note-se que, no caso de *laptops*, em quase todos eles se usa o teclado do próprio micro, e não um teclado à parte como no caso dos *desktops*. Assim, ou o teclado está muito alto ou a tela muito baixa (a altura ideal desta é um pouco abaixo – 20 graus – dos olhos [p.24]). O relatório chama a atenção para o fato de as crianças pequenas serem mais sujeitas a lesões, pois os "ossos, tendões, nervos, músculos, articulações e tecidos moles ainda estão em crescimento" [p.21].

O relatório cita também problemas de visão, pois "somente aos 11 ou 12 anos é que a capacidade de equilibrar e coordenar o movimento e focar ambos os olhos em conjunto está plenamente amadurecida" [p.23]. Há um conflito entre a iluminação da sala de aula para ler material impresso ou escrever e para usar um computador.

Um outro problema citado é a obesidade infantil e juvenil. Em 1994, estatísticas do governo federal americano revelaram que 14% das crianças de 6 a 11 anos erão obesas, ao passo que em 1965 somente 5% o eram. Em 1994, 20% a mais estavam em risco de se tornarem obesas [p.25]. Essa tendência é devida a cada vez menos brincadeiras e exercícios físicos, devido ao uso de meios eletrônicos. A falta de movimento está ligada a vários distúrbios de aprendizagem, pois, segundo um artigo citado da revista *Scientific American*, "a inteligência humana resolve primeiro problemas de movimento e somente depois é promovida a tratar de problemas mais abstratos" [idem].

O relatório chama a atenção para o fato de as crianças hoje em dia terem muito menos contato com seus pais e outras pessoas: "Um estudo recente estimou que jovens de 10 a 17 anos terão experimentado aproximadamente 1/3 menos de encontros pessoais durante sua vida como resultado de sua cultura cada vez mais eletrônica, no lar e na escola" [p.28]. É chamada a atenção para as conseqüências danosas que isso deverá trazer no desenvolvimento emocional e social.

Outros prejuízos citados para as crianças são: diminuição de motivação, separação da comunidade, a comercialização da infância, riscos para a criatividade e o desenvolvimento intelectual, perda da admiração, diminuição da comunicação oral e conseqüente prejuízo para a linguagem e a leitura, falta de concentração, pouca paciência para trabalho intenso, plagiarismo, desvio em relação ao significado e risco de prejuízo do desenvolvimento moral [p.30-40].

Levando em conta todos esses problemas, esse capítulo do relatório termina com a seguinte frase: "O efeito na saúde infantil dessa imensa (*massive*) experiência [uso de computadores na educação] simplesmente não tem sido levado em conta" [p.40]. Eu já havia chamado a atenção, em 1984, para o crime de se experimentar com crianças, o que insisti nos meus livros sobre computadores na educação [Setzer, 1984, p.20; 1988, p.108, etc.].

3.5 A idade ideal

Como expus acima, penso que qualquer uso de computadores antes do ensino médio, isto é, mais ou menos aos quinze anos, é prejudicial à criança ou ao jovem. Ao usar um computador, a criança é obrigada a exercer um tipo de pensamento que deveria empregar somente em idade bem mais avançada. Com isso, pode-se dizer que os computadores roubam das crianças sua necessária infantilidade, pois obrigam-nas a ter atitude, pensamento e fazer uso de uma linguagem exata que deveria ser dominada exclusivamente por adultos. Em relação a esse último ponto, talvez seja interessante transcrever o que Steiner falou em 21/4/23: "Goethe deve algumas características de sua natureza à circunstância de cometer erros ortográficos ainda aos dezessete anos, pois com isso seu interior permaneceu justamente maleável a um certo desdobramento das forças da alma, por não estar ainda preso a regras rígidas" [Steiner, 2000b, p.129]. Neil Postman já discorreu sobre o "roubo" da infância das crianças, mas no contexto das telecomunicações [Postman, 1988, p.147 e 1999]. Ele mostrou como o próprio conceito de infância é relativamente recente na humanidade (tem menos de 400 anos e apareceu com a escolaridade das crianças), mas que está desaparecendo rapidamente porque de as crianças são obrigadas a observar, sentir, pensar e agir como adultos. O computador somente veio piorar essa situação, pois abre a qualquer um o mundo da informação. Por exemplo, David Thornburg, um dos maiores evangelistas da informatização da educação, conta entusiasticamente a história de um garoto de 13 anos que mostrou tanta elaboração na sua comunicação numa lista de discussão na Internet, que nenhum dos outros participantes suspeitou que ele fosse um adolescente, e uma escola quis até contratá-lo como consultor [Thornburg, 1994, citado por L.Monke em Setzer 2001]. Enquanto os Thonrburgs por aí enaltecem essas demonstrações de pensamento racional e linguagem de adultos, temo que crianças e jovens estejam sendo castrados pela supressão precoce de sua maneira natural, intuitiva, maleável, imprecisa, aberta e holística de se relacionar com o mundo. Empregando o computador para afastá-los muito cedo de sua maneira natural, não-conceitual de compreender as coisas, o que denomino de "pensamento maquinal" passará a dominar a maneira como as crianças encaram o mundo, em particular os seres vivos e humanos. Para mim uma das conseqüências disso é clara: esses jovens passarão a ter uma admiração indevida pelas máquinas, vão achar que elas são superiores aos seres humanos e que estes são máquinas lentas e imperfeitas. O resultado disso poderá ser muito pior do que o que houve com o nazismo.

Como mostrou magistralmente Sebastian Haffner, Hitler foi um destruidor físico: quando nos fins de 1941, percebeu que não poderia dominar os russos, pois seu exército foi brecado em Moscou, declarou guerra aos Estados Unidos (sem consultar ninguém! [1990, p.118]), fornecendo a Roosevelt o pretexto de que este precisava para convencer os americanos a entrar na guerra. Assim, ele selou a derrota da Alemanha [p.119]. Em seguida, logo no início de 1942, decretou a "solução final" dos judeus da Europa, e começou a ganhar tempo para executar esta última – um contraste com a pressa de seus atos de guerra anteriores [p.120]. Quando a guerra estava finalmente nos seus estágios finais, tentou convencer seus generais a destruir a Alemanha e o seu povo (em parte querendo movê-los para o Leste, entregando-os aos russos, que trucidavam os alemães vencidos da mesma maneira como tinham sido trucidados por aqueles enquanto vencedores) [p.120]. Hitler tratou as pessoas como animais, até transportando-as em trens de gado e enjaulando-os em campos de concentração e extermínio. Só que é possível ter uma ética em relação aos animais, pois eles sofrem, em grande parte, como nós humanos (aparentemente, Hitler não tinha uma personalidade humana – não tinha amigos [p.9], tomava decisões "gelidamente e com a rapidez de um raio", como ele mesmo diz de si [p.119], e claramente não tinha compaixão). Mas não há nenhum sentido em se ter uma ética em relação às máquinas (não estou falando da conseqüência de seu uso): é uma aberração ter dó de desligar uma. Será a essa aberração que chegarão talvez os atuais jovens que aprendem a admirar as máquinas muito cedo, sem poder manter distância delas, sem compreendê-las e criticá-las.

Essa é a pior conseqüência que vejo no uso de computadores por crianças e jovens: a influência na mentalidade deles, na visão de mundo que eles adquirem. Quem sabe essa é a força que está por trás de todo esse movimento de uso de computadores na educação, por trás até da manifesta ganância do mercenarismo de vendedores de *hardware* e *software*, bem como de escolas cuja maior preocupação é vender matrículas: o preparo do caminho de destruição de grande parte da humanidade que, por falta de sensibilidade e de responsabilidade sociais, e de compaixão, entrará na apocalíptica "guerra de todos contra todos" ("... foi dado que tirasse a paz da terra, e que se matassem uns aos outros" [Apocalipse, 6:4]), cujas primeiras manifestações temos visto ultimamente em vários continentes.

E, por falar nisso, para as pessoas que têm religiosidade (independentemente de abraçarem uma confissão religiosa), é importante acrescentar que a visão de mundo induzida em crianças e jovens pelas máquinas, especialmente pelos computadores, é francamente materialista. Afinal, as máquinas representam algo puramente material e mecânico, de certa maneira subnatural. Um extremo do tratamento dado a seres humanos, quando se tem uma imagem degradada deles, foi citada por Neil Postman: Adolf Eichman defendeu-se em seu processo em Israel dizendo que não tinha tomado parte na formulação da política ou sociologia nazistas, tendo sido um mero técnico, executando sua tarefa de mover enormes quantidades de pessoas de um lugar para outro tão eficientemente quanto possível. Por que elas estavam sendo movidas e o que iria acontecer com elas não eram "relevantes à sua tarefa" [1993, p.87]. Uma das lições que deveriam ter sido aprendidas com esse caso é que, se o ser humano passa a ser visto como mera matéria e pessoas reais como dados abstratos, então as barreiras frágeis que nos separam do barbarismo começam a cair devido aos golpes dados pelas necessidades racionais do "progresso", eficiência, controle e "soluções" materiais para os problemas. O computador serve para incrementar essa visão material, mecanicista e utilitária de seres humanos, transformando-os em bens e valores flutuando ao redor de bancos de dados pessoais, de empresas, de governos e de escolas.

Eles tornam-se "recursos" que devem ser gerenciados, rotulados, depreciados e descartados com a mesma filosofia chã que é aplicada às máquinas que os substituem. O uso de computadores por crianças e jovens pode alimentar essa visão de homem-como-máquina e prepará-los para serem cúmplices sem alma da degradação, ou mesmo da destruição dos seres humanos.

Como foi visto, a TV transformou muitas atividades humanas em *show* – o que não é apresentado sob forma de *show* não é bem captado pelo telespectador, que normalmente se encontra em estado de sonolência; para Postman, a tevê transformou também a educação em *show*. Minha tese é que os computadores, além de também possibilitarem a transformação da educação em *show* audiovisual, estão transformando nossa maneira de pensar, forçando o tipo algorítmico, lógico-simbólico. As crianças e os jovens estão mais sujeitos a esse efeito por estarem desenvolvendo decisivamente suas habilidades mentais e emocionais. Temo que esse tipo de pensamento venha a influenciar o modo como o futuro adulto encarará a vida, a natureza, seus semelhantes e a sociedade. Esse tipo de pensamento é claro: é aquele que se pode inserir em máquinas – os computadores –, constituindo o que denominei de "pensamento maquinal". Temo que os jovens, se forçados pelo computador a exercitar "pensamentos maquinais", tendam a usar esse mesmo tipo de pensamento ao tratar com a natureza e com outros seres humanos. Além disso, nunca houve uma metáfora tão eficaz quanto o computador para se comparar o homem a uma máquina e afirmar que as máquinas terão as mesmas (ou maiores) capacidades que os seres humanos [Weizenbaum, 1976, p.8, 233]. Sou da opinião de que o "pensamento maquinal" leva a essa mentalidade, com grandes e trágicos impactos na liberdade e na moral pessoais.

Em 13 de abril de 1924, em uma primeira palestra em um ciclo sobre educação, Steiner observou que a humanidade tinha "atingido uma espécie de caos social" (já naquela época!), e que a única maneira de sair dele seria mudar o ensino, que estava influenciado por teorias científicas [1946, p.1]. Nos tempos atuais certamente a situação piorou: estamos vendo comunidades atomizarem-se, as pessoas tornarem-se cada vez mais isoladas e a comunicação, impessoal. À medida que se vê o rompimento de laços familiares, o agravamento de tensões étnicas, religiosas e nacionais, a destruição individual por meio de drogas e doenças psicológicas e psiquiátricas, bem como uma sucessão sem fim de guerras, a impressão nítida é que aquele caos já se instalou. Steiner disse que "a única maneira de sair desse caos social é trazer espiritualidade às almas das pessoas por meio da educação, de modo que, a partir do próprio espírito humano de cada um, as pessoas possam encontrar o caminho para o progresso e a evolução posterior da civilização". Essas afirmações não foram feitas para se introduzir religião na educação. Foi uma constatação da impossibilidade de o intelecto sozinho resolver a situação que se agrava, e a necessidade de desenvolver as ricas fontes que jazem latentes em todos os seres humanos. O coração deve frutificar o intelecto, não permitindo pensamentos frios e sem compaixão. Por outro lado, o intelecto deve frutificar o coração, não permitindo que este se perca em emoções sem sentido prático e sem bom senso, levando a fundamentalismos de qualquer espécie. Infelizmente a humanidade não prestou atenção às observações de Steiner e de inúmeros outros, que tentaram arrancá-la de sua devoção aos valores materialistas e mecanicistas, pois estes negam as essências profundas da vida humana e da comunidade. Considero que o computador reforça esses valores desumanizantes, sendo esse o mais perigoso de seus impactos, especialmente em crianças e jovens.

Levando em conta o fascínio que essas máquinas exercem, bem como a constatação da Pedagogia Waldorf de que é ao redor dos dezessete anos que os jovens mostram interesse por estruturas algébricas (por exemplo, a comutatividade da adição e da multiplicação) e ainda levando em conta a maturidade necessária para dominar a máquina e encará-la objetivamente, compreendendo seu funcionamento, propus essa idade como a ideal para o aprendizado de *software* [Setzer, 1988, p.88]. Depois de ter formulado essa proposta conceitualmente, pude verificar, na prática, que minha estimativa estava correta. Organizei há muitos anos, em meu Instituto, uma atividade educacional para alunos de terceira série colegial denominada "Dia da Computação", oferecendo num só dia (sábado) uma introdução compacta aos computadores [Setzer & Hirata, 1990]. Certa vez, por engano, veio uma classe de alunos de primeira série colegial, isto é, com cerca de quinze anos de idade. O resultado foi desastroso, pois esses jovens não encararam as atividades em classe e os microcomputadores com a seriedade necessária. Eles queriam apenas brincar com as máquinas, não seguindo as tarefas predeterminadas.

Considero, portanto, a idade de dezessete anos a ideal. Nessa idade os jovens podem apreciar um enfoque objetivo e crítico dos computadores, bem como apreciar as aplicações dessas máquinas à vida prática. Eles podem também avaliar as oportunidades profissionais – e de futuro estudo – que elas proporcionam. Em minha casa, tive a experiência de ter ensinado rapidamente o uso de nosso microcomputador aos dois filhos mais novos quando cada um tinha dezessete anos, para que pudessem digitar o texto de seu trabalho de formatura no colegial da Escola Waldorf Rudolf Steiner de São Paulo. Para eles o computador foi um mero instrumento de trabalho, sem fascínio. Já na universidade, meu filho (um dos dois mencionados) aprendeu a programar, tendo desenvolvido uma capacidade muito boa para desenvolver programas. Não foi necessário ter aprendido muito cedo, e sua maturidade deu-lhe a oportunidade de aproveitar muito mais o conhecimento adquirido. Hoje ele é um alto executivo em uma das maiores empresas de *software* do mundo. Isso nos leva a um ponto muito importante.

Muitos pais crêem que é imprescindível a seus filhos aprenderem computação o mais cedo possível (uma empresa, a Futurekids, que tinha muitas franquias entre nós, conseguiu superar Papert: começava o ensino de computadores aos três anos de idade, o que, para mim, constitui verdadeiro mercenarismo). Isso é uma falácia. Não há qualquer necessidade de se aprender muito cedo a usar ou programar computadores. Seu uso está tornando-se cada vez mais simplificado, podendo-se aprender a empregá-los rapidamente, em qualquer idade. Tive essa experiência, como já citei, com dois de meus filhos (aos dezessete anos), mas também com minha esposa, que é médica: em dez minutos, pode-se dar as receitas básicas de como usar um editor de textos. Não há mais rejeição a essas máquinas, pois elas tornaram-se muito comuns. Não há necessidade de convencer as pessoas de sua utilidade, pois quase já não há quem não as conheça de vista, de uso próprio ou de ouvir falar.

Um outro aspecto que considero importante é que aos dezessete anos o jovem está suficientemente formado para que seu desenvolvimento não seja prejudicado pelo tipo de raciocínio estreito, bitolado, abstrato imposto pelos computadores. Além disso, já está bastante maduro para exercer um autocontrole, podendo com isso reagir aos ataques da máquina, por exemplo, que tende a colocá-lo no estado do usuário obsessivo descrito há pouco. Como disse anteriormente, jovens devem aprender os princípios básicos de funcionamento das máquinas e a utilizá-las criticamente, devendo isso ser feito na escola. Vejamos de que modo.

4. Como?

No item 2, expus a idéia de se introduzirem computadores na educação para mostrar o que são essas máquinas e como podem ser usadas em aplicações gerais, além de se desenvolver um espírito crítico em relação a elas.

Para fazer uma educação tecnológica, isto é, ensinar como funcionam os computadores e outras máquinas, proponho a instalação de "Laboratórios de Tecnologia". Disciplinas dessa área já haviam sido sugeridas por R. Steiner para as escolas Waldorf, abordando-se o funcionamento básico de máquinas de sua época: telégrafo, telefone, motores a vapor, elétrico e a explosão, etc. Como o aprendizado dos princípios do *hardware* envolve um aspecto de realidade física inexistente na área de *software*, propus aquele aprendizado mais cedo, dando-se quase nada de teoria, e sim o aspecto mais fenomenológico. Há várias experiências de ensino de *hardware* no âmbito da Pedagogia Waldorf como, por exemplo, a de Peter Wegner para a 11ª série (2º colegial) e as de outros, todas no mesmo número de uma revista de educação Waldorf alemã [1991].

Minha proposta para a área tecnológica da computação no ensino médio é a seguinte:

Primeira série (10ª série nos sistemas americano ou europeu e em escolas Waldorf):

No Laboratório de Tecnologia, dar circuitos elétricos DC com fontes (baterias), resistores; LEDs, magnetos e relés; circuitos "E" (prefiro chamá-los nesta série de "Todos" ou "Todas", conforme a frase, para evitar a ambigüidade da conjunção na linguagem natural), "Ou" (prefiro "Um ou mais") e "Não" (prefiro "Contrário") com aplicações elementares, tais como o controle de uma janela do automóvel a partir de dois ou mais interruptores, um controlador de semáforos em um cruzamento detectando a presença de automóveis em cada esquina. Não usar a representação simbólica "0" e "1", e sim "Fechado" e "Aberto" ou "Há tensão elétrica" e "Não há tensão" ou ainda "Passa corrente" e "Não passa corrente".

Uma palavra sobre os detalhes da nomenclatura. Não considero o nome "E" (AND), para o circuito lógico correspondente, adequado numa primeira fase, pois essa palavra tem múltiplos usos, como por exemplo "ela foi à feira E ainda não voltou", o que obviamente não indica intersecção. Esse "Todos" significa: há um sinal (corrente, tensão) na saída do circuito somente se "todas" as entradas tiverem sinal. O "Um ou mais" deve ser usado com "haverá sinal na saída se uma ou mais das entradas tiver sinal". O nome "Contrário" deve ser usado como "se houver tensão na entrada, não haverá na saída e vice-versa". Minha intenção aqui é concentrar a atenção do aluno para o que é essencial, sem desviá-la para o aprendizado de novas maneiras de interpretar palavras sobejamente conhecidas. A razão de adiar a representação das aberturas dos circuitos ou da existência de tensão com "0" e "1" deve-se ao fato de que os símbolos que se usam para indicar a presença ou ausência de sinal são arbitrários. Os dígitos binários devem ser introduzidos apenas quando eles se tornam úteis, isto é, na aritmética binária.

Segunda série (11ª série em escolas Waldorf):

Na matemática, dar bases numéricas decimal e binária, depois de progressões e logaritmos; dar os algoritmos de soma e multiplicação binárias. No Laboratório de Tecnologia, redefinir as portas lógicas com "0" e "1", implementar o "meio-somador" (sem o "vai-um") e o "somador completo". Introduzir diodos e transistores do ponto de vista estritamente fenomenológico e implementar os somadores com esses dispositivos; dar *flip-flops* (inicialmente com relés) e mostrar como podem ser usados no "armazenamento" digital. No Laboratório de Microcomputadores, introduzir a noção de estrutura de um computador. Para isso, desenvolvi um "teatrinho", que denominei de "Computador a Papel", onde os alunos simulam as unidades principais de um computador, executando um programa de linguagem de máquina com instruções por extenso [ver descrição detalhada em artigo em inglês em meu *site*]; exercícios simples com uma linguagem de máquina simulada nos micros

[Setzer, 1988, p.84; Setzer & Hirata, 1990 e 1993a com referência ao simulador do computador hipotético HIPO, cujo código executável pode ser obtido em meu *site*].

Terceira série (12ª série em escolas Waldorf):

Laboratório de Microcomputadores: introdução a linguagens de programação (por exemplo, BASIC, Pascal ou LOGO), não com a finalidade de programar, mas de entender programas; introduzir editores de texto, planilhas, traçadores de gráficos e figuras, gerenciadores de bancos de dados com estruturas gráficas (tipo MS Access); Internet com correio eletrônico, listas de discussão, busca e transferência remota de arquivos (ftp); discorrer sobre o impacto social e individual dos computadores (eventualmente, em disciplina de filosofia). Na matemática, introduzir a noção de algoritmos e sua complexidade mediante exemplos de ordenação [Setzer & Carvalheiro, 1993b, onde é descrita uma aula que começa no estilo Waldorf, com atividades práticas]; mostrar que há problemas intratáveis [idem].

Penso que o ensino e a prática do uso de correio eletrônico e da Internet deveriam também dar-se no terceiro ano do ensino médio, pois aí os alunos terão maturidade para apreciar o que significa essa nova modalidade de comunicação pessoal e o que representam listas eletrônicas de interesse, bem como o acesso a bancos de dados remotos e a transferência de arquivos. Conheço uma experiência interessante, desenvolvida por Lowell Monke, quando ainda era professor na cidade americana de Des Moines. Seus alunos de informática, já na fase final de colégio, acompanharam o desenrolar das eleições na África do Sul depois do fim do apartheid, por meio de correio eletrônico, em contato com colegas e professores desse país. Um subproduto do contato de nossos estudantes com esse tipo de comunicação talvez seja o de despertar um real interesse por línguas estrangeiras, especialmente pelo inglês, e a conscientização da importância universal dessa língua hoje em dia.

Obviamente, para a Internet não ser encarada como uma brincadeira, é necessário ter muita maturidade, quando assuntos realmente relevantes poderão ser abordados ou procurados. Maturidade é também essencial para exercer o que se designa como "netiquette", um código informal de comportamento para o uso decente de correio eletrônico; para se poder compreender os aspectos negativos desse veículo de comunicação, como a tendência a se enviar mensagens telegráficas, e para o necessário autodomínio visando a não incorrer na excitação da resposta imediata, sem a calma reflexão de quando se utiliza o correio normal. Muita maturidade e autocontrole são também requeridos para se usar a Internet com disciplina, buscando e lendo apenas o que for útil e interessante.

5. Conclusões

Procurei expor aqui um resumo de minhas idéias a respeito do uso de computadores na educação. Penso que essas máquinas devem ser consideradas meros instrumentos para uma porção de atividades úteis, mas não empregadas no ensino de matérias que não sejam a computação propriamente dita, pelo menos até as últimas séries do ensino médio. O ensino está péssimo, mas o problema universal não é tecnológico, e sim humano. A escola do futuro não é mais tecnológica, e sim mais humana. Não será uma escola onde se abandonará o método tradicional de ensino – com professor-gente e salas de aula –, mas onde os professores se comportem mais como pessoas humanas e tratem seus alunos como tais, o mais individualmente possível; uma escola onde os alunos sejam atraídos para os assuntos ensinados por sua beleza e utilidade, pelo amor do professor pelos seus estudantes e pelo ensino, e não por causa do meio empregado para transmiti-los. O computador trata todos os usuários da mesma maneira seca, fria e impessoal. Não é disso que os alunos necessitam, e sim de um contato pessoal com seus mestres [Cordes, 2000, p.47] e muita compreensão, amor e espírito de sacrifício da parte destes. Precisam admirar seus mestres como indivíduos com experiência de vida, compreensão dos problemas da juventude e conhecimento do mundo. A escola e os professores devem encarar o ensino antes de tudo como uma arte, e não uma ciência, uma técnica ou um comércio.

A mentalidade tecnológica transformou nossa Terra num depósito de lixo industrial, comercial e automotivo. Nossas cidades tornaram-se locais destinados às fábricas, ao comércio e aos veículos de transporte, e não mais aos cidadãos que nelas moram. Uma maneira de reverter isso é a criação de grandes bolsões de moradias com exclusivo tráfego local – até mesmo bairros inteiros, com sub-bolsões agrupando alguns quarteirões. Essas experiências têm mostrado que nesses locais a qualidade de vida dos habitantes melhora drasticamente – com menos tecnologia!

A competição na educação cria adultos egoístas, anti-sociais, sempre querendo levar vantagem, não se importando com o fato de que, quando alguém ganha e fica feliz, isso acontece sempre em detrimento de outro que perde e se torna infeliz. É preciso educar não para a competição, mas para a consciência social, a fim de se mudar toda essa mentalidade para reverter a aceleração da agressividade e da miséria social e individual. Para onde essa aceleração nos levará? Será que a humanidade suportará o crescimento dessa mentalidade anti-social, ou isso levará a explosões mundiais em que Ruandas, Bósnias e Kosovos serão lembrados com saudades?

Essa mudança deve começar nas escolas. Penso que a introdução precoce de computadores no ensino faz parte de uma lamentável aceleração, que impede que crianças e jovens se comportem de maneira infantil e juvenil. Estamos criando senis precoces, com mentalidades de adultos. Tenho certeza de que o raciocínio algorítmico, lógico-simbólico, seco, morto, alienado da realidade, imposto pelos computadores a crianças e jovens, prejudica a criatividade dos futuros adultos no âmbito profissional e social, em que nada há de bem definido, ao contrário do espaço apresentado por essas máquinas. Como foi bem apontado por Howard Gardner, "Em nossa sociedade colocamos as inteligências lingüística e lógico-matemática, figurativamente falando, em um pedestal. Grande parte das provas está baseada nessa alta valorização das capacidades verbais e matemáticas. Se você se sai bem em linguagem e lógica, deverá sair-se bem em testes de QI e SATs, e é provável que entre numa universidade de prestígio. Mas o fato de sair-se bem depois de concluir a faculdade provavelmente dependerá igualmente da extensão em que você possuir e utilizar as outras inteligências,..." [1995, p.15]. Obviamente, se o computador desenvolve algumas das sete inteligências caracterizadas por Gardner, é justamente a lógico-matemática. Não acho que ele desenvolva nem mesmo a lingüística, pelo contrário, deve prejudicá-la, assim como prejudica o desenvolvimento de todas as outras. Patzlaff chama a atenção para o fato de as pessoas cada vez lerem menos (ele observa que, se em alguns países o número de livros comprados tem permanecido o mesmo, isso significa menos leitura, pois a escolaridade tem aumentado muito), mas também *falarem* menos! [2000, cap.5]. Para falar, é preciso um interlocutor com o qual se possa relacionar socialmente. Mas o computador não desenvolve a sociabilidade, a "inteligência interpessoal", de Gardner, ou a "inteligência emocional" de Daniel Goleman [1995], apesar de Papert achar o contrário [1980, p. 214]. O computador é perfeitamente previsível, devido ao seu determinismo, como já descrevi. As pessoas não o são, e isso faz com que o programador ou o usuário intenso comecem a ter dificuldades de relacionamento. Além disso, eles passam a usar uma linguagem extremamente restrita, pobre e sem sentimentos como o é qualquer linguagem de programação ou de comandos (esta última, para usar qualquer *software*). Isso é ruim com adultos, mas trágico com crianças e jovens. Será que com isso esses pobres seres que usaram um computador cedo demais não terão muito mais dificuldade para reverter a tendência anti-social de nosso mundo moderno? Talvez eles venham a ser ainda mais anti-sociais, pois, além de ter seu desenvolvimento prejudicado, terão aprendido a admirar as máquinas numa idade em que não podiam encará-las objetivamente. Não terão aprendido que, atrás de cada ser humano, existe uma individualidade sagrada, que deve ser respeitada e venerada, e não os circuitos de uma máquina que aparentemente pensa.

Sim, parece-me que a mais terrível conseqüência do uso precoce de computadores na educação é fazer com que os futuros adultos adquiram uma veneração pelas máquinas, passando a crer que elas sejam superiores aos seres humanos e estes sejam máquinas... imperfeitas! Como já foi citado, as atrocidades dos nazistas e as que estamos presenciando na América, na África, na Europa e no Oriente Médio serão insignificantes perto do que advirá, pois não há ética no trato com uma máquina – tudo será permitido e tolerado.

Ao contrário, a introdução de computadores quando os jovens já têm maturidade para encará-los objetivamente possibilita que essas máquinas sejam colocadas em seu devido lugar. Como substituem nosso pensamento, os computadores penetraram em todas as atividades humanas. Com isso, devemos educar para seu uso com muito mais cuidado do que no caso de outras máquinas, pois os desastres causados por eles em seu uso normal não são visíveis fisicamente. Esses desastres são, de certa maneira, muito piores, pois atingem a mente das pessoas, e, por isso, devemos ter um cuidado extremo em sua utilização na educação. Quanto mais tarde isso acontecer, mais estaremos no lado seguro.

5

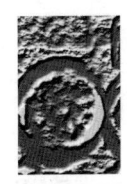

Uma revisão de argumentos a favor do uso de computadores na educação elementar

1. Introdução

Em tempos recentes têm aparecido opiniões críticas sobre o uso de computadores por crianças e adolescentes, especialmente na educação nos níveis fundamental e médio (antigos 1º e 2º graus). Certamente, as mais importantes e abrangentes estão no recente relatório da Alliance for Childhood [Cordes, 2000, p.19]. Neste artigo, são citados argumentos que apareceram na literatura em favor desse uso; em seguida, esses argumentos são sumarizados, classificando-os em padrões, para finalmente lhes serem feitas críticas, usando argumentação não usual.

Um outro enfoque e detalhes adicionais podem ser encontrados nos artigos sobre computadores na educação e sobre computadores e arte, neste volume.

Este artigo é uma versão quase idêntica ao artigo "A review of arguments for the use of computers in elementary education", em meu *site*, e onde se pode encontrar os originais das citações em inglês. Ele foi usado como texto de um minicurso de 6 horas dado no VIII SBIE (Simpósio Brasileiro de Informática na Educação), ITA, São José dos Campos, nov. 1997.

2. Argumentos em favor do uso precoce de computadores

Vou relatar aqui alguns argumentos para a utilização de computadores em educação infantil e juvenil, no lar e na escola, usando citações de dois autores.

Todd Oppenheimer, em um artigo criticando a introdução indiscriminada de computadores em escolas, expôs as seguintes razões populares para "computadorizar as escolas de minha nação [os Estados Unidos]" [1997]:

1. "Computadores melhoram o rendimento tanto dos professores quanto dos alunos."

2. "Estudantes devem aprender a usar um computador o quanto antes, pois senão ficarão para trás."

3. "Programas de uso de tecnologia trazem fundos de empresas privadas, o que é fundamental hoje em dia, pois as escolas estão cada vez mais carentes de recursos."

4. "O aprendizado de habilidades no uso de computadores deve ser uma prioridade hoje em dia para fazermos com que os trabalhadores de amanhã sejam competitivos."

5. "O trabalho com computadores – particularmente o uso da Internet – traz aos estudantes excelentes contatos com professores, outras escolas e estudantes, além de uma ampla rede de profissionais ao redor do mundo. Esses contatos temperam o dia escolar com um sentido de relevância para o mundo real e alargam a comunidade escolar."

Vejamos agora um grande lutador para a introdução de computadores na educação. Ele nos fornece alguns argumentos mais profundos. Vou citá-lo em ordem cronológica. Em seu livro *LOGO: Computadores e Educação* (*Mindstorms*, no original. **Atenção**: minhas citações foram retiradas desse original [Papert, 1980], traduzidas por mim mesmo, e não da edição brasileira). Seymour Papert escreve:

6. "Eu comecei a ver como crianças que tinham aprendido como programar um computador podiam usar modelos computacionais bem concretos para aprender sobre o aprender e, assim fazendo, aumentar seu poder como psicólogos e epistemólogos." [p.23]

7. "Acredito que o computador como instrumento de escrever oferece às crianças uma oportunidade de se tornarem mais adultas – de fato, como profissionais avançados –, nos seus relacionamentos com outros produtos [sic] intelectuais e consigo próprias." [p.31]

8. "Cada vez mais, os computadores de futuro próximo serão propriedade particular de indivíduos, e isso fará com que gradualmente retorne ao indivíduo o poder de determinar os padrões da educação. A educação tornar-se-á mais um ato privado... Haverá novas oportunidades para a imaginação e a originalidade." [p.37]

9. "... o computador pode servir como uma força para quebrar a linha divisória entre as 'duas culturas' [humanidade e ciência]. ... Portanto neste livro eu tento mostrar como a presença do computador pode trazer às crianças um relacionamento com a Matemática mais humanístico, assim como mais humano." [p.38]

10. "Os ambientes LOGO não são escolas de samba, mas eles são úteis para imaginar o que seria ter uma 'escola de samba para a Matemática'. ... O computador traz isso para a região do possível por prover atividades matemáticas ricas, que poderiam, em princípio, ser realmente engajadoras para o novato e para o especialista, jovem ou velho." [p.182]

11. "O computador pode ser visto como uma máquina que pode ser atrelada a estruturas existentes de modo a resolver, em medidas locais e incrementais, os problemas enfrentados pelas escolas como elas existem hoje." [p.186]

12. "A computação pode ser mais do que uma ciência teórica e uma arte prática: pode também ser o material a partir do qual se molda uma visão poderosa e pessoal do mundo." [p.210]

Em seu livro *The Children's Machine*, Papert diz [1993]:

13. "No mundo todo, crianças entraram num apaixonado e duradouro caso de amor [*love affair*] com o computador." [p. ix]

14. "A introdução dos computadores não é o primeiro desafio aos valores educacionais." [p.5]

15. "Computação gráfica e os projetos de criaturas artificiais dão uma idéia das direções de mudança da escola que vão na direção de megamudanças." [p.21]

Em seu livro *The Connected Family*, Papert escreve [1996]:

16. "Em todo o mundo há um apaixonado caso de amor [*love affair*] entre crianças e computadores." [p.1]

17. "Os melhores usos de computadores que eu vi em lares são tão superiores aos feitos na maioria das escolas, que eu passei a ver a computação no lar como uma grande (talvez *a maior*) fonte de pressão para uma reforma educacional." [p.15, sua ênfase]

18. "... uma das grandes contribuições do computador é a oportunidade de crianças vivenciarem a emoção de buscar o conhecimento que eles realmente querem." [p.19]

19. "O que crianças aprenderão fazendo um jogo? Elas aprenderão algumas coisas técnicas, por exemplo, como programar computadores. ... Elas desenvolverão alguns tipos de pensamento psicológico, social e moral. Mais importante de tudo, do meu ponto de vista, é que as crianças desenvolverão o seu sentido de si próprias [*self*] e de controle. Por exemplo, elas começarão a aprender o que significa controlar sua própria atividade intelectual." [p.47]

20. "... pais deveriam reconhecer a necessidade de construir novos tipos de relacionamentos com suas crianças e ver o computador como um veículo para construir a coesão familiar, em lugar de ser um obstáculo para ela." [p.79]

21. "... usando o entusiasmo das crianças pelos computadores como uma base para aumentar a cultura de aprendizado da família." [p.79] ..."Vivências de aprendizado com o computador dão à família uma chance de tornar-se mais consciente de sua cultura de aprendizado e de melhorá-la vagarosamente (culturas nunca mudam rapidamente)." [p.81]

3. Padrões

Examinando esses argumentos, podem-se extrair os seguintes padrões (no fim de cada padrão há uma lista dos argumentos acima que se aplicam a ele):

a) Computadores devem ser aprendidos e usados tão cedo quanto possível, porque eles serão essenciais para o trabalho profissional futuro (2,4).

b) Estudantes que não dominam os computadores não acompanharão seus colegas (2).

c) Computadores são boas ferramentas para o aprendizado (1,8,9,10,19,21).

d) Computadores melhoram o rendimento dos estudantes (1,19).

e) Computadores aceleram o desenvolvimento das crianças, principalmente o intelectual (6,7,19).

f) Computadores podem prover um ambiente livre para o aprendizado (7,8,18).

g) Computadores podem promover a coesão social e familiar (20,21).

h) Computadores provêm um ambiente fascinante de aprendizado que atrai crianças e jovens (13,16,18).

i) Computadores produzem um desafio aos métodos e valores educacionais (11,14,15,17).

j) Computadores induzem a uma certa visão do mundo (12).

k) Computadores tornam possível aprender sem tensões e pressões (10,13,18).

l) Computadores (por meio da Internet) fazem os estudantes interessarem-se em culturas e povos estrangeiros (5).

m) Computadores desenvolvem autocontrole (19).

n) Computadores podem levar a um ensino mais humano (9).

o) Computadores podem aumentar a imaginação e a criatividade (8).

p) Computadores podem ser usados para tornar as crianças mais conscientes do seu próprio processo de pensamento (6,7,19).

q) Computadores provêm um modo e um ritmo individuais de aprendizado (8).

Os seguintes padrões, que não apareceram nas citações, poderiam ser ainda adicionados:

r) Crianças devem aprender a usar computadores para não ter medo deles no futuro.

s) Crianças que não usam um computador em casa podem desenvolver problemas psicológicos e sociais (por exemplo um senso de inferioridade).

t) Por intermédio da Internet, computadores podem tornar possível a estudantes o acesso a todo tipo de informações que não estão disponíveis por outros meios.

4. Crítica dos padrões

As críticas deste item seguem a seqüência do item anterior. No texto, os argumentos serão referidos como (1), (1,3), etc., e os padrões como (a), (a,c), etc.

a) É uma grande falácia que crianças e jovens têm de aprender a usar computadores agora, pois, caso contrário, eles ficarão para trás em sua futura busca por empregos profissionais. Computadores estão ficando muito simples de usar; tutoriais e ajuda (*help*) *on-line* estão tornando-se cada vez mais simples e detalhados. Assim, qualquer pessoa será capaz de aprender a usar computadores bem rapidamente em qualquer idade. Penso que o uso de computadores será parte do treinamento profissional no local de trabalho, oferecido pelas próprias empresas por meio de *software* tutorial. Basta olhar para os milhões de pessoas que usam computadores hoje em dia, sem que tenham tido nenhum treino especial antes, algumas vezes tão somente com algumas poucas orientações de outras pessoas (este é o caso de minha esposa e de meus 4 filhos). É um fato que muitos adultos têm medo de computadores (r), mas acho que isso não acontece com crianças que nasceram depois da introdução dos computadores pessoais: estes se tornaram tão comuns quanto aviões. Quantas pessoas têm hoje medo de voar de avião? Certamente uma fração das que o tinham, quando aviões não eram tão comuns em nossos céus. Além disso, deve-se considerar que há um perigo físico em se voar, e nenhum quando se usa um computador.

b) Este padrão aplica-se principalmente ao uso de computadores por crianças em casa. Devem-se considerar aqui dois casos: eles são usados na escola, e aí não há necessidade de instalá-los em casa, ou eles não são usados na escola. No segundo caso, é necessário considerar se professores estão exigindo algo que somente alunos que têm computador em casa podem fazer como, por exemplo, entregar uma redação necessariamente impressa por um editor de textos, ou procurar alguma informação por meio da Internet. Nestes e em casos semelhantes, o professor deveria ser advertido de que não é justo discriminar estudantes que não podem ter acesso a um computador. Além disso, se um pai considera que sua criança não deveria usar computadores, como estou tentando mostrar aqui, deveria procurar uma escola que não os emprega no processo educacional (pelo menos no ensino fundamental) e não requer seu uso em casa. Estou ciente de que isso será cada vez mais difícil; deveríamos lutar pela existência de escolas alternativas, no caso as que não são a favor do emprego de computadores no ensino antes do nível médio (ex-segundo grau, ou colegial), como exporei adiante.

c) Uma das razões de computadores parecerem excelentes ferramentas para aprendizado é a atração que eles exercem em crianças e adolescentes. Mas, indo a fundo nesse fenômeno, é possível detectar que essa atração é devida a duas razões principais: o que chamo de efeitos "cosmético" e de "joguinho eletrônico". No primeiro caso, os usuários são atraídos pelos efeitos "multimídia", tais como figuras fascinantes, som e animação. No segundo, por uma excitação semelhante à sentida quando se joga um videogame: o cenário é perfeita e matematicamente bem definido, e o usuário sente um poder de domínio completo sobre a máquina. Quando o resultado desejado não é atingido – seja porque não se é capaz de forçar a máquina a fazer o que se quer, ou por não se conseguir descobrir por tentativa-e-erro um comando ou seqüência de comandos apropriado –, o usuário entra num estado de excitação originado de um desafio puramente intelectual. Quero com isso referir-me a um desafio que não tem nada a ver com uma habilidade física (tal como requerido em esportes). A certeza de que se chegará eventualmente a descobrir a maneira correta de executar algo no computador atrai o usuário a um tal grau, que ele esquece todo o resto, entrando no que denomino "o estado do usuário obsessivo". Esse estado é mais geral do que o denominado por Joseph Weizenbaum de "programador compulsivo", e que se aplica somente a esse profissional, principalmente aos *hackers* ("biteiros") [1976, p.111]. Ele compara esse estado ao de um jogador compulsivo.

Assim, quando usado com programas "educativos", o que atrai a criança ou adolescente não é a beleza ou o interesse conceitual ou prático do conteúdo sendo aprendido, mas esses efeitos cosmético e de videogame. Pode-se objetar que um professor humano também tenta apresentar cada assunto de uma maneira fascinante. Eu responderia que ele estaria usando seu próprio entusiasmo honesto pelo assunto, empregando o seu conhecimento da classe para apresentá-lo de maneira agradável, adequada a seus estudantes na idade e desenvolvimento próprios e, certamente, sem esquecer o conteúdo. Em outras palavras, o assunto deveria ser apresentado de uma maneira contextual, adequada aos estudantes daquela particular classe. Um *software* educacional não tem a possibilidade de "saber" ou de deduzir qual o contexto de cada estudante, o que foi aprendido na semana ou mesmo no ano anterior, o que está acontecendo no ambiente próximo e ao redor do mundo, etc.

Uma pergunta interessante é a seguinte: o que acontece com um estudante que se acostuma a aprender com computadores? Será que ele vai tolerar uma classe normal sem todos aqueles efeitos cosmético e de joguinho eletrônico? Conjecturo que todas as atividades tradicionais serão prejudicadas pelo costume de usar um ambiente apresentado por um computador. Se isso é ou não bom, é outra questão.

d) Não há estudos conclusivos sobre o fato de o computador melhorar o rendimento escolar. O relatório de um grupo de estudos formado pelo Presidente Clinton em 1997 para aconselhar a nação sobre ciência e tecnologia recomendou o "emprego de tanta tecnologia quanto fosse possível em escolas" [Cordes, 2000, p.79]. No entanto, esse mesmo relatório diz que "ninguém estabeleceu como usar tecnologia de modo a efetivamente melhorar a educação" [idem]. O incrível é que esse relatório diz ainda que não se deve gastar dinheiro com pesquisas para comprovar essa melhoria, pois "a probabilidade de que o ensino fundamental e médio seja a indústria [sic] baseada em informação na qual o computador não tem um papel natural é pequena demais" [idem].

Suponha-se, porém, que esse padrão esteja correto. Nesse caso, dever-se-ia perguntar: qual tipo de rendimento será melhorado com o uso de computadores na educação? É possível que os estudantes tirem melhores notas em testes de múltipla escolha em Matemática, mas isso é um sinal bom ou mau? O necessário pensamento lógico exercido enquanto se utiliza um computador em qualquer uso (note-se que ele é uma máquina abstrata, matemática, lógico-simbólica) pode melhorar precisamente o pensamento lógico-simbólico. Duvido que ele melhore outros tipos de pensamentos matemáticos, e qualquer outro tipo não-matemático. De fato, o espaço de trabalho apresentado pelos computadores é absolutamente bem definido. Considero que criatividade real não acontece em espaços bem-definidos, mas em mal definidos, tais como os envolvidos em artesanato, atividade artística, humanidades e interação social. Conjecturo que o desenvolvimento do pensamento lógico-simbólico forçado pelos computadores acaba por impedir uma criatividade real, em áreas não-lógicas e não-simbólico-formais.

e) Não tenho dúvida de que computadores aceleram o desenvolvimento das crianças. Isso está bem claro: forçando um ambiente virtual, uma linguagem formal (quando se dá ou se escolhe um comando de um *software* qualquer) e um pensamento lógico-simbólico, os computadores acabam forçando crianças e adolescentes a comportarem-se física e mentalmente como adultos. É absolutamente antinatural para uma criança ficar sentada por longos períodos de tempo, se ela não tem possibilidade de imaginar ou fantasiar interiormente (o que aconteceria se ela ouvisse um conto de fadas, por exemplo). Como no caso da TV, um *software* educacional cheio de imagens não deixa espaço para a imaginação interior. De fato, suponho que a capacidade para formar imagens mentais interiores é prejudicada pelo uso de um tal *software*. Note-se que se esse *software* não é rico em imagens, consistindo essencialmente de textos, ele será tão maçante para uma criança que acabará por não ser usado.

A aceleração de um desenvolvimento mental e psicológico, fazendo a criança comportar-se interior e exteriormente como adulto, é, em minha opinião, a pior influência exercida por computadores. Obviamente, acho que há uma época adequada para cada desenvolvimento infantil e juvenil. Qualquer aceleração indevida produz algum prejuízo; em particular, penso que atividades intelectuais precoces tendem a roubar das crianças a sua infância, necessária para um desenvolvimento equilibrado, o qual deveria abarcar aspectos físicos, psicológicos, artísticos, sociais e intelectuais. Nesse sentido, estendo para qualquer tipo de uso de computadores os receios de Neil Postman quanto ao eminente desaparecimento da infância, que ele concluiu principalmente examinando o impacto de meios de comunicação (especialmente a TV) [1999]. Portanto, o padrão (e), que é louvado por tantos autores, incluindo particularmente Papert, é para mim um contra-argumento para o uso de computadores na educação. A posição de Papert é absolutamente clara, como em sua seguinte frase:

"A imagem de crianças usando o computador como um instrumento de escrita é um exemplo particularmente bom para a minha tese geral de que o que é bom para profissionais é bom para crianças." [1980, p.30]

Isto é, em minha opinião ele não reconhece algumas das diferenças essenciais que existem entre crianças e adultos. Ele também não vê o prejuízo que se pode causar em crianças quando elas são tratadas como adultos. Seu argumento (6) parece surpreendente: comportar-se como psicólogo e, principalmente, epistemólogo coloca claramente uma criança em um estado adulto de capacidade, de consciência e de pensamento.

f) Este padrão baseia-se em uma concepção de que os métodos tradicionais de ensino impõem formas estritas de comportamento e aprendizado, sendo isso prejudicial à criança ou ao jovem. Sou completamente contra um ensino autoritário. Mas não sou contra o exercício de uma *autoridade com amor*, como a recomendada aos professores que usam o método Waldorf de ensino [Lanz, 1998, p.144]. Isso significa que o professor deve reconhecer que as crianças e os adolescentes precisam de orientação firme quando necessário. Observe-se uma criança andando na rua, com seu pai ou mãe segurando sua mãozinha. Como ela se sente segura! Essa imagem deveria acompanhar todo o processo de ensino: a criança necessitando ser guiada com amor. Isso significa reconhecer as necessidades da criança ou do jovem, não impondo o que não é próprio ou interessante para eles. Nesse sentido, sou contra o que se pode chamar de "educação libertária", um método em que a criança faz na escola o que ela bem quiser – uma conseqüência, talvez, da pioneira Summerhill [Neil, 1960, p.102]. Isso é o que Papert louva em seu ambiente LOGO, pois a criança está programando o computador e tem um espaço aberto para fazer qualquer coisa (dentro das limitações de uma linguagem de programação, que é formal e lógico-simbólica por natureza). De fato, para ele, o professor é um mero "facilitador", não um conselheiro ou autoridade que orienta com amor. Ele chega mesmo a louvar o fato de que em seu ambiente algumas vezes as crianças ensinam seus professores (ele conta a história de si próprio enfrentando essa situação pela primeira vez [1996, p.168]). No ambiente de educação fundamental, isso me parece uma aberração. A criança deveria admirar a personalidade geral do professor, sentindo-se segura de que ela será guiada pela experiência dele através dos maravilhosos mistérios da vida. Durante o ensino médio, o estudante deve admirar o conhecimento especializado do professor. Considero como absolutamente necessário, para um futuro social saudável, que os estudantes de qualquer idade aprendam que há limites para o que eles podem fazer e como devem comportar-se; muita liberdade muito cedo tende provavelmente a produzir adultos inseguros e desrespeitosos.

Um aspecto interessante do uso da Internet em educação é precisamente o fato de essa rede apresentar um ambiente "libertário": o usuário tem todo o mundo (virtual!) sob seus dedos, e ninguém o orienta no que deve buscar e examinar, a não ser que, por *software*, se introduzam limites de acesso (filtros) somente a alguns endereços de *sites*. Nesse caso a experiência será tão maçante que o estudante perderá rapidamente seu interesse. Somente um adulto deveria ter o autocontrole necessário para impor limites a si próprio, tais como limitar o tempo de uso, examinando objetivamente somente o que ele determinou como a finalidade da sessão interativa, e assim por diante. Uma criança normal não é capaz de exercer tais controles; se ela o fosse, estaria comportando-se como adulta e teria, nessa atividade, deixado de ser criança (vejam-se os comentários sobre o padrão (e)), o que traria conseqüências extremamente nefastas em sua vida futura.

g) A argumentação de promoção de interação social e familiar é devida ao fato de um usuário poder descobrir algum novo comando ou seqüência de comandos de um *software* ou linguagem de programação, ou mesmo um novo *site* da Internet e mostrá-lo às outras pessoas ao seu redor. Ou, ao contrário, perguntar a outra pessoa como se pode fazer algo com o computador. Considero esse tipo de interação social muito pobre. Note-se que, nesses dois casos, não existe uma interação em razão do interesse de uma pessoa pela outra em si, isto é, sobre sua experiência de vida, seus problemas, etc. Por outro lado, compare-se com a situação de uma criança brincando de bola com seus coleguinhas, ou uma atividade familiar tal como uma conversa durante uma refeição. Dever-se-ia perguntar: qual é a situação de interação mais natural e mais intensa? Qual realmente melhora as relações sociais? Note-se que o ambiente do computador poderá eventualmente ocorrer na vida profissional; no entanto, a interação social normal *sem* o incentivo de uma máquina será a situação padrão para a vida futura. O que queremos ensinar a nossas crianças e jovens: a serem levados a interações sociais por meio de máquinas ou a ter interesse interior e prazer em vida social rica com contatos pessoais diretos? É conhecida a "síndrome do processamento de dados", que ataca programadores e analistas de sistemas. Um de seus sintomas é justamente a dificuldade de ter e manter contatos sociais.

h) Já comentei esse padrão. Lembremos que essa atração é uma enganação, provocada pelos efeitos "cosmético" e "de joguinho eletrônico" dos computadores.

i) Computadores de fato desafiam métodos e valores tradicionais. Estou plenamente de acordo com Papert em que os últimos não são adequados ao mundo moderno. Mas meu diagnóstico difere um pouco do dele, e minhas soluções são radicalmente diferentes.

Um dos problemas com sistemas educacionais é que eles são, em geral, excessivamente abstratos em todos os níveis, principalmente no ensino fundamental e médio. Aqui no Brasil, crianças de cerca de 8 anos de idade aprendem o que é uma "ilha" da seguinte maneira: "Ilha é um pedaço de terra cercado de água por todos os lados." Essa é uma definição formal e, como tal, totalmente sem vida, quase não deixando espaço para imaginação. Compare-se, por exemplo, com uma história contada pela professora sobre alguém que estava num barco, veio uma tempestade e o barco virou. A muito custo nadou até uma praia e, depois de descansar, tentou ir para casa. Mas, para todos os lados que ia, dava em praias ou pedras sobre o mar. Essa história poderia ainda ser enriquecida com toda sorte de detalhes, como por exemplo sobre o que a pessoa encontrou: frutas, animais, cobras e lagartos, etc. Deveria ser acompanhada de um bonito desenho com giz de cor no quadro-negro, deixando espaço para imaginação e não contendo todos os detalhes que se encontram em fotografias. Assim, as crianças podem criar uma ilha viva em suas mentes. Seguindo a Pedagogia Waldorf (PW), depois de uma história como essa, a professora pediria às crianças para desenharem com giz de cera (*crayons*) aquilo de que cada uma mais gostou, passando-se assim a uma ação exterior por parte delas, e não somente absorvendo informação mentalmente com seus intelectos [Lanz, 1998, p.92].

A abstração excessiva em atividades de aprendizado faz com que crianças e jovens detestem a escola. É impossível eles identificarem-se com o que estão aprendendo, pois, em geral, não tem nada a ver com a realidade de sua vida e com o seu ser integral – tudo é praticamente dirigido para o intelecto, como o exemplo da definição de ilha. O simples fato de crianças e jovens terem de sentar-se durante horas ouvindo o que o professor diz, sem fazer nada além de pensar, eventualmente quebrando esse processo ao escrever em seus cadernos as abstrações e definições, é absolutamente antinatural para eles. Observem-se crianças deixando uma escola típica: muitas vezes, nota-se algo como uma explosão, um corre-corre, um digladiar mútuo. Isso é uma expressão do fato de elas terem ficado absorvendo durante todo o tempo de aula, sem que tivessem tido a chance de colocar algo para fora. As aulas não são balanceadas em um ritmo de inspiração e de expiração, como acontece na PW, em que as crianças deixam as escolas tranqüilamente.

O que acontece, nesse sentido, com os computadores? Sendo máquinas abstratas, que apresentam um ambiente virtual, eles introduzem ainda mais abstração no processo educacional! É surpreendente que Papert critica tão bem o sistema tradicional de ensino, mas não percebe que programar um computador – pois é isso que os usuários de seu ambiente LOGO são obrigados a fazer – representa o máximo em abstração. Programar um computador significa usar *somente* uma linguagem matemática, desenvolvendo o que se chama em Matemática um "algoritmo". Porém, esse é um caso extremo; na realidade, qualquer uso de um computador não apresenta a realidade do professor humano em frente da classe, esta vista como um todo ouvindo um determinado assunto, tudo altamente contextual e muito pouco abstrato (principalmente se o professor cuidar para que o assunto apresentado tenha algo a ver com a vida das crianças que ele tem diante de si).

Assim, estou de acordo que os computadores desafiam os métodos tradicionais de ensino, mas não para melhor, ao contrário, para pior! Infelizmente Papert não sabe que o ambiente escolar tradicional organizado em classes de aula pode ser profundamente transformado, enriquecendo-se-o com uma nova maneira de encarar os alunos e mudando-se o processo educacional. Para começar, os professores deveriam reconhecer que a atitude principal deve ser de desenvolver um amor altruísta em relação aos seus alunos (será que algum curso de pedagogia ou licenciatura ensina isso?). Em segundo lugar, deveriam encarar sua profissão como um sacrifício: eles não devem forçar cada aluno a tornar-se o que eles acreditam ser o ideal (abstrato), mas devem reconhecer aquilo de que o estudante necessita como individualidade única em desenvolvimento. Em terceiro lugar, os professores devem ter um profundo conhecimento do que é próprio para cada idade e cada grupo particular de alunos e basear o seu ensino nesses conceitos. Este último fator é talvez o que mais caracteriza a PW. Ela apresenta um método educacional revolucionário baseado em um modelo de desenvolvimento do ser humano introduzido por seu fundador, Rudolf Steiner [2000b, p.51 e Lanz, 1998, p.35]. Há outros modelos, como o de Piaget, mas nenhum é tão abrangente, levando em consideração todos os aspectos da constituição humana em seu processo de desabrochar de acordo com a idade da criança e do jovem. Em quarto lugar, o ensino deve ser dirigido aos estudantes como individualidades completas em desenvolvimento, e não somente como cérebros intelectuais. Em outras palavras, ações (o querer) e sentimentos devem ser tão apreciados e desenvolvidos como um pensar claro e sadio. De fato, a PW salienta que, durante o ensino fundamental, o aprendizado deve ser primordialmente feito por intermédio de sentimentos, principalmente por meio de atividades artísticas e pela apresentação artística de cada matéria (incluindo Matemática!). Em idade normal do colegial, os alunos começam a procurar explicações puramente conceituais do mundo; é nesse estágio que a PW apresenta conteúdos de uma maneira puramente abstrata e rigorosamente formal, como requerido por teorias científicas, mas sempre em relação ao mundo real, e não como puras abstrações intelectuais.

Enfatizo aqui a PW porque é um método plenamente estabelecido, que existe desde 1919, e tem sido praticado por mais de 800 escolas no mundo todo (mais de 100 nos Estados Unidos e no Canadá, 13 no Brasil; aqui, a mais antiga, a Escola Waldorf Rudolf Steiner de São Paulo, foi fundada em 1956, tem 900 alunos e conta com um seminário de formação de professores Waldorf). É surpreendente que proponentes de mudanças radicais em educação, tais como Papert, ignoram uma experiência revolucionária e de sucesso que preserva o ambiente educacional tradicional com professores humanos, classes, etc. Aliás, ignorar um método pedagógico existente há mais de 80 anos, com propostas coerentes em centenas de publicações no mundo todo, não é só uma característica de pessoas como Papert. Quantos cursos de pedagogia e de licenciatura abordam a PW? (Sei de alguns que, pelo menos, citam alguma bibliografia.) A propósito, costumo dizer: para encontrar preconceitos, é só ir a uma universidade.

Em Setzer [1988] e no artigo sobre computadores na educação, neste volume, expandi as minhas idéias e propostas de introdução de computadores na educação no nível médio (antigo 2º grau), inspiradas principalmente pela PW.

Em síntese, estou plenamente de acordo que é necessário mudar radicalmente o processo educacional, mas essa mudança deve ser humana, e não tecnológica. É triste ver tanta esperança posta nos computadores como salvadores do sistema educacional, quando eles representam a continuidade dos seus principais problemas.

j) Concordo que computadores induzem a uma certa visão do mundo. Só que essa visão é francamente cientificista, mecanicista, incluindo a de que o ser humano é uma máquina. Para mim essa visão unilateral é prejudicial para adultos, sendo absolutamente inadequada para crianças. Com relação à crença de que a ciência e as máquinas vão resolver todos os problemas humanos e trazer a felicidade, Fritz Schumacher, o famoso autor de *O Negócio é Ser Pequeno* (*Small is Beautiful*) chamou atenção para o fato de a ciência e a técnica (máquinas e instrumentos) terem tentado resolver os problemas do mundo. No entanto, o que se ouve e o que se lê são, na maioria das vezes, "questões de sobrevivência" – problemas causados pela tecnologia ou pontos de vista tecnológicos (comumente chamados entre nós de "tecnocratas") da sociedade [1979, p.98].

Gostaria de chamar aqui a atenção para o fato de os computadores requererem o exercício de um pensamento particular, que leva aos comandos que se pode fornecer à máquina, e que esta pode *interpretar* formalmente (atenção, computadores não "compreendem", como muito bem mostrou John Searle com seu famoso "quarto chinês" [1991, p.32]). Em outras palavras, quando fornecemos comandos a qualquer *software*, somos forçados a pensar de tal modo, que nossos pensamentos possam ser introduzidos na máquina. Em particular, qualquer programa é programado dessa maneira. Denomino esse tipo de pensamento de "Pensamento Maquinal". Quando se o exerce, reduz-se o espaço mental àquele definido e aceito pela máquina. Obviamente, isso tem uma influência na maneira como a pessoa pensa, pois os seres humanos incorporam todas as vivências (o leitor deste artigo não será o mesmo depois de tê-lo lido; espero que a mudança seja para melhor!). A tendência é de passar a pensar de uma maneira lógica, não ambígua, e esperar que tudo no mundo seja uma abstração, seja quantificado, determinístico e previsível como o são os computadores. Temo particularmente a profunda influência que essa atitude possa ter sobre crianças e jovens, que estão precisamente desenvolvendo a sua própria imagem interior do mundo.

k) Este destaca que os computadores podem ser programados de tal maneira a nunca censurar o aluno, estando sempre prontos para novas experiências. Também sou contra métodos desumanos de ensino que produzem tensões e pressões, como os correntes nos sistemas de notas, reprovações, admoestações, punições e repetições de ano, devido a baixos rendimentos escolares. O fato é que, como a PW vem demonstrando há tantas décadas, é possível mudar esse estado de coisas sem alterar o ambiente tradicional de ensino, tornando-o mais tecnológico e mais desumano ainda. De fato, na PW tradicional não há nem notas nem reprovações. Aqui no Brasil, com um sistema de notas entre 0 e 10 e média 5 para aprovação, o que significa tirar esta última nota em uma prova? O aluno sabia metade de todos os pontos ou metade de cada ponto em profundidade, ou ainda uma combinação ponderada desses dois? Vê-se claramente aí como é ridículo tratar pessoas reais de maneira puramente abstrata – pior, quantificada. A PW demonstrou que um método diferente de ensino pode ocorrer em um ambiente escolar tradicional. Esse método não requer máquina alguma (a não ser as necessárias para demonstrações em aulas de laboratório de física, química, etc. e no ensino de tecnologia propriamente dita). Ele requer um novo enfoque, mais humano, da educação, em lugar de um enfoque mais tecnológico.

l) Um dos argumentos a favor do uso de computadores em educação é a sua aplicação na Internet, tornando possível aos estudantes a troca de correspondência rápida com pessoas e estudantes em países estrangeiros. Considero essa aplicação como positiva, mas ela requer uma boa dose de maturidade por parte do aluno. Portanto, recomendo o uso da Internet somente no último ano do ensino médio. Lowell Monke, quando ensinava informática em um colégio em Des Moines, Iowa, EUA, fez certa vez uma observação interessante: seus alunos, deixando sua aula sobre computação, encontraram alunos saindo de uma sala em frente, de uma aula de Inglês para estrangeiros. Ele notou que nenhum de seus alunos se dirigiu a um dos jovens estrangeiros. Assim, pode-se pensar: será que não se deveria ensinar os estudantes a interessar-se por pessoas reais, desenvolvendo o seu interesse e sensibilidade sociais, em lugar de dar-lhes a oportunidade de entabular conversação com uma pessoa aparentemente virtual de outro país? Será que esse contato não seria um paliativo para uma verdadeira interação social, produzindo uma atitude anti-social de incapacidade de enfrentar pessoas reais? Poder-se-ia objetar: mas essa interação virtual é feita além da interação social normal. O fato é que esse tipo de interação não existia antigamente, quando havia, penso, mais coesão social. Minhas conjeturas para os resultados dessas interações virtuais feitas por jovens não são positivas. Minha recomendação a esse respeito é que esses contatos por intermédio da Internet (a serem feitos unicamente por alunos nos últimos anos do colegial) sejam sempre cuidadosamente programados e acompanhados pelos professores, que deveriam estar atentos para o que acontece durante essas sessões (principalmente de *chats*, troca interativa de mensagens).

m) Penso que, muito mais freqüente que o desenvolvimento de autocontrole, computadores induzem à indisciplina. Vou fazer aqui uma comparação simples. Ao escrever uma carta a mão, ou batendo-a em uma antiga máquina de escrever, uma pessoa deve exercer uma tremenda disciplina mental. De fato, as possibilidades de fazer correções são nesses casos extremamente limitadas; uma bonita disposição nas páginas somente é obtida por meio de observação e controle de como as palavras e linhas são escritas. Compare-se agora com o uso de um editor de texto. O usuário quase não tem de prestar atenção, pois poderá alterar qualquer coisa, mover parágrafos ou frases e obter uma impressão estética somente com a escolha de comandos e ícones corretos. Ele nem necessita preocupar-se com ortografia e a gramática, pois corretores automáticos detectam a maior parte dos erros, sugerindo correções. O resultado dessa falta de necessidade de ater-se ao texto é, em minha opinião, um convite ao exercício de indisciplina. De fato, relativamente poucas pessoas querem ser disciplinadas e, se possível, não se comportam dessa maneira.

Essa situação é ainda mais típica quando se desenvolve um programa. Muito poucos programadores usam uma metodologia rigorosa que impõe alguma disciplina no projeto e na programação: o computador não requer essa disciplina. Por exemplo, ele não executa os comentários, colocados dentro do programa, que esclarecem o que cada trecho dele deve fazer. O resultado é que quase todos os programas são verdadeiros mistérios: o "problema do *bug* do ano 2000", em cuja correção se gastou centenas de bilhões de dólares, adveio justamente dessa falta de disciplina. Se os programadores tivessem documentado decentemente os seus programas e escolhido nomes apropriados para as variáveis contendo datas, as alterações para corrigir o problema seriam bem localizadas e relativamente simples. O problema era descobrir quais variáveis e campos de arquivos continham datas. Além disso, a economia de 2 *bytes* (ou mesmo nenhum, dependendo do formato usado para as datas) em cada variável que continha um ano (representado por 85 em lugar de 1985) era uma típica otimização de espaço mal colocada. Tudo isso é devido a uma característica essencial dos computadores: é possível desenvolver produtos de *software* de maneira muito ruim, mas que funcionam relativamente bem. Hoje em dia, essa situação piorou muito em razão do uso de telas gráficas cheias de efeitos de cosmético, obtendo-se literalmente um produto "bonitinho, mas ordinário". Os problemas surgem quando esses produtos têm de ser corrigidos ou alterados, por causa da descoberta posterior de erros, para dados que não haviam sido previstos, por mudanças nas regras do negócio (como as leis), etc. É importante observar que a maneira usual de testar se um programa está correto é executá-lo com dados de entrada de testes. Usando-se algum dado para o qual o resultado de um programa não é o previsto, prova-se formalmente que ele está errado. No entanto, por meio de testes não se pode provar que um programa está correto, pois algum dado de teste que detectaria um erro pode não ter sido empregado. Mas não é só a programação que quase sempre é indisciplinada: a própria correção de erros também o é, de modo que, mesmo que um programa tivesse sido bem documentado durante seu desenvolvimento, depois de algum tempo de alterações, para correção de erros e por causa das mudanças nas regras do negócio, o programa se torna incompreensível. Uma das conseqüências terríveis dessas indisciplinas é que ninguém sabe como um programa de médio ou grande porte funciona. Isso pode assumir um aspecto trágico quando a execução de um programa pode ter conseqüências sociais, como o caso extremo de aplicações militares.

Suponha-se, porém, que os computadores realmente desenvolvem autocontrole. Nesse caso, o que acontece com as crianças é que elas são aqui também forçadas a agir como adultos. Ninguém espera que uma criança exercite o tipo de auto-controle necessário para usar um computador de uma maneira adequada. Isso obviamente inclui a escolha de locais (*sites*) adequados da Internet a serem examinados.

n) Em minha opinião, computadores representam o oposto a um ensino mais humano. Este deveria ser feito por gente, e não por máquinas, mesmo que por curtos períodos. As primeiras regras para um ensino mais humano e humanista é ter amor e respeito pelos estudantes. Nenhuma máquina pode exercer tais atividades anímicas. Fiquei muito impressionado por Papert não mencionar em seus livros que os professores devem amar seus alunos – essa posição é óbvia, pois ele não poderia aplicar esse princípio aos computadores. É também impressionante encontrar aparentemente apenas uma menção da palavra "amor", mais precisamente apenas em seus dois últimos livros, justamente em seu início: os citados nos argumentos 13 e 16 (o segundo constituindo a primeira frase, uma abertura triunfal para o seu último livro). Considero as frases "caso de amor com o computador" e depois "entre crianças e computadores" manifestações de uma terrível visão do mundo. Note-se que, no primeiro livro citado, a frase era que as crianças tinham entrado num apaixonado caso de amor com os computadores, e, no segundo, ele modificou-a para um caso de amor *entre* crianças e computadores, implicando um sentimento nos dois sentidos! Se os seres humanos passarem a dedicar amor às máquinas, poder-se-á esperar atitudes sociais terríveis, talvez ainda piores do que as presenciadas no século XX, que denomino "o século da barbárie". Além disso, falar de um "caso de amor" com uma máquina não é somente obsceno; revela um ponto de vista fundamental, que transparece em seus três livros: os seres humanos são meras máquinas. Em minha opinião, eles não são máquinas, nem animais, mas isso iria levar-nos muito longe do assunto principal.

o) Como já expus ao criticar o padrão (d), minha opinião é oposta a ele: computadores não incentivam a imaginação e a criatividade; pelo contrário, eles as prejudicam. Vou citar aqui um tipo de *software* que muitos consideram ligados à criatividade: os programas gráficos de desenhar. Para compreender como a criatividade exercitada por seu intermédio é muito limitada, vou comparar o seu uso com o exercício real de pintura. Nesta, nada é fixado. Por exemplo, tintas de diversas cores são misturadas de uma maneira intuitiva e não-formal e, somente depois de colocá-las em papel ou tela e depois de secas, pode-se ver o seu resultado final. Por outro lado, um programa gráfico de desenhar fornece cores exatas, na verdade cores formais, pois elas são fruto da combinação de intensidades de vermelho, verde e azul, medidas cada uma em uma escala formal de inteiros de 0 a 255. Se se colorir uma certa região usando uma determinada cor (escolhendo-a de uma paleta formal predefinida ou definindo os 3 números), o resultado é uma cor uniforme que cobre toda a região escolhida. Essa uniformidade é impossível de ser obtida com tinta real: a pressão do pincel, a textura da superfície, a umidade da tela ou do ar, tudo isso influencia o resultado, fazendo com que o processo tenha uma dose muito grande de intuição, isto é, não tenha praticamente nada de formal e bem definido. Somente por meio de experiência pessoal, pode-se compreender profundamente o que quero dizer com isso. Para mais considerações sobre computadores e arte, veja o artigo correspondente neste volume.

Uma criança pode revelar um alto senso de improvisação e descoberta quando usa um computador. Mas será que se deveria chamar essas qualidades de "criatividade"? De fato, o que a criança está fazendo é combinar funções definidas logicamente. Criatividade em ciência (com exceção talvez, em parte, da Matemática Algébrica ou Lógica), arte e vida social significa para mim inventar idéias absolutamente novas que não são meras combinações de padrões conhecidos previamente. Recorde-se o que foi dito anteriormente: criatividade real é exercitada em espaços de trabalho mal definidos (por isso excluí os aspectos algébricos e lógicos da Matemática, apesar de reconhecer que há uma certa criatividade nessa área, se bem que relativamente limitada). É interessante notar que, em ciência experimental, a matéria do mundo já é por si mal definida.

p) Se os computadores podem tornar crianças mais conscientes de seu próprio processo de pensar, isso significa que essas crianças são forçadas a se comportar conscientemente como adultos. Crianças não deveriam ter o mesmo grau de consciência que adultos. No Brasil, a maturidade adulta legal é ainda de 21 anos (há projeto de lei mudando esse limite para 18 anos). Uma antiga sabedoria intuitiva é revelada no estabelecimento dessa idade de 21 anos: leva muito tempo para uma pessoa jovem tornar-se plenamente consciente de seus atos, podendo então atribuir-se-lhe liberdade e responsabilidade. Autoconsciência somente é exercida pelo pensar, de modo que os computadores estariam fazendo aqui uma contribuição para a eliminação da infância e juventude – veja o comentário para (e). É interessante notar que a diminuição da idade de 21 para 18 anos para a responsabilidade civil mostra, dentro dessas concepções, que a educação, os meios de comunicação e a cultura estão acelerando o desenvolvimento adequado dos jovens. Tipicamente, em vez de eliminar-se o mal pela raiz, introduz-se um paliativo que poderá trazer conseqüências muito piores do que as do estado atual.

q) Maneiras e velocidades individuais de aprendizado são ótimas para adultos. Mas é uma aberração dizer que crianças e jovens sabem o que é melhor para eles e podem decidir o que e como deveriam estudar. Novamente, essa liberdade é desejável para adultos, mas, quando induzida em crianças, torna-as inseguras e leva-as a decisões erradas. Obviamente, deve-se deixar as crianças decidirem qual brinquedo irão usar em seguida, dentre os colocados à sua disposição; mas daí a dar-lhes a liberdade de escolher quando, o que e como estudar há um longo percurso que passa pela atuação típica de adulto. Nós, adultos, devemos assumir a responsabilidade de guiar as crianças e os jovens em decisões e atividades importantes de suas vidas, e é exatamente isso que eles esperam de nós. Se não cumprimos esse papel, eles ficam frustrados e revoltados. Tradicionalmente, no Brasil e na Europa alunos do ensino médio não têm a possibilidade de escolher matérias optativas dentre as básicas. Todos os alunos têm de estudar Matemática, Física, História, Geografia, línguas estrangeiras, etc. Isso é uma conseqüência do fato de que os adultos é que deveriam saber melhor o que as crianças e os jovens necessitam para sua formação, em cada idade. Por outro lado, é óbvio que o mesmo assunto não deveria ser apresentado da mesma maneira a alunos de idades diferentes, devido aos diferentes graus de maturidade. Mas o computador e a Internet não respeitam idades; de fato, não respeitam nenhum contexto. O contexto tradicional conhecido por pais e mestres quando eles escolhem um livro, ou a maneira de introduzir um assunto, ou qualquer atividade para suas crianças ou alunos não existe em um computador. O computador "trata" seu usuário sempre da mesma maneira: como entidades abstratas, de fato como computadores, independentemente do *software* sendo executado [Setzer, 1976].

r) Este padrão já foi coberto pela discussão de (a).

s) Este padrão pode ter algum fundo de verdade. Nesse caso, os pais deveriam colocar-se a seguinte questão: qual é o prejuízo maior e mais sério, o social ou o psicológico por suas crianças não terem um computador, ou os efeitos maléficos que essa máquina terá em seus filhos? Minha experiência pessoal é que, se os pais estão seguros de sua posição, e compreendem por que eles a estão tomando, seus filhos inconscientemente seguem a decisão sem maiores questionamentos. Não faz sentido explicar conceitualmente para crianças pequenas, digamos até 8, 9 anos, as razões para se tomar certas atitudes. Mas a criança deveria receber alguma justificativa; nesse período, o exemplo pessoal e uma história ou imagem são as melhores ferramentas educacionais. Poder-se-ia também perguntar: "O que você prefere, jogar bola ou usar um computador?" e depois mostrar que jogar bola ou fazer um passeio por um lugar agradável é muito mais interessante.

Para crianças pequenas, talvez até a idade de 6 anos, tenho dado uma sugestão que li de um pai, por meio da lista eletrônica de discussão sobre Pedagogia Waldorf (informação com seu moderador, Dick Oliver, dicko@netletter.com), e que tem dado excelentes resultados com quem a aplicou. Nessa idade, as crianças têm um enorme impulso de imitação. Portanto um pai (que é forçado por sua profissão a usar o computador em casa enquanto seus filhos estão acordados) poderia construir com a criança um "computador de papelão", cortando e colando caixas na forma das várias unidades, conectando-as com fios de lã, desenhando ou pintando a tela, o teclado e os botões e até mesmo construir uma "impressora" com ranhuras para poder inserir e retirar uma folha de papel. Enquanto o papai ou a mamãe estão infelizmente tendo de usar seu computador (em vez de fazer algo muito mais agradável como ler, pintar, costurar ou brincar com os filhos), a criança poderia estar usando o seu de brinquedo, eventualmente "imprimindo" uma carta para um parente, com algum desenho, etc. (o parente deveria depois elogiar como a criança sabe usar bem o seu "computador"...). Com isso a criança estará usando a sua imaginação, que é o que ela deveria mais apreciar – se não tiver sua imaginação já destruída pela TV ou pelo uso do computador...

Uma outra atitude para evitar o uso do computador por crianças e jovens é não instalar *software* atrativo para eles, como os de tipo educacional (feitos para atrair as crianças) e joguinhos eletrônicos (ver artigo a respeito neste volume). Duvido que uma criança vá interessar-se por editores de texto ou planilhas eletrônicas... Já um programa de acesso à Internet (*browser*) é um problema; uma solução é que seja ativado somente mediante senha desconhecida das crianças.

Com uma criança maior, recomendo fortemente que se diga com firmeza que o computador não é adequado para ela, justificando, por exemplo, com o argumento de que ela é forçada a permanecer sentada por longo tempo, sem fazer nada com suas pernas e praticamente nada com suas mãos, e não ter a possibilidade de inventar novas brincadeiras. Proibições razoáveis devem ser parte da educação: a criança já está acostumada a não ter permissão para beber bebidas alcoólicas, guiar carro, etc. Uma criança ou jovem que não aprendeu a respeitar limites será provavelmente um adulto inseguro com pelo menos alguns problemas sociais – em minha opinião, problemas muito maiores do que eles teriam se tivessem sido diferentes, sem acesso a computadores (e, acrescento, apelando aos pais para ter dó de seus filhos, também sem TV e joguinhos eletrônicos). Nesse sentido, uma solução trivial, no caso do computador, é introduzir uma senha de abertura do sistema operacional, que não deveria ser conhecida pelas crianças.

t) Realmente a rede Internet traz informações difíceis de obter por outros meios. Mas as questões fundamentais aqui são: essa informação é importante e absolutamente essencial? Será que ela traz algo para o processo de aprendizagem que não pode ser obtido por outros meios, sem os problemas causados pelo uso de um computador e da Internet, como já foi discutido acima?

Deve-se ensinar a buscar informações úteis por meio da Internet, mas penso que a época certa para isso é no fim do ensino médio. A Internet está sendo invadida por uma enorme quantidade de informação, grande parte da qual é lixo. De fato, parece que o crescimento deste é exponencial e o crescimento das coisas úteis é linear. Está cada vez mais difícil encontrar algo útil, cuja localização seja desconhecida, pois é preciso examinar uma quantidade fantástica de lixo. Como já apontei, o jovem deve ter uma boa dose de maturidade para escolher o que ele quer, e não cair na tentação de lixo atrativo, ou mesmo material impróprio para sua idade. Não me refiro aqui somente a casos óbvios, como material pornográfico ou violento. O mesmo se aplica, por exemplo, a informações científicas ou acadêmicas inadequadas à maturidade da criança ou do jovem. Para os pais que crêem ser o acesso à Internet absolutamente essencial para seus filhos, recomendo-lhes fortemente que permaneçam ao lado dos filhos enquanto eles estão usando a rede. Dessa maneira os pais podem exercer o necessário controle que a criança ou o jovem imaturo é incapaz de faze-lo (e se fosse capaz, já não se comportaria como criança ou adolescente, mas como adulto, com todo o prejuízo que já citei).

Reconheço que a Internet trouxe algumas novidades ao mundo, uma das quais são os grupos de discussão. Mas não penso que um grupo eletrônico de discussão seja adequado a crianças ou jovens antes dos últimos anos do ensino médio.

5. Sumário

Para colocar-se o computador numa perspectiva adequada na educação ou na vida individual ou social, é necessário compreender muito bem o que ele é. Para mim, sua principal característica, em termos de influência individual e social, é ser uma máquina abstrata, e não concreta (como, por exemplo, um torno ou uma bicicleta): ele age num espaço virtual, o espaço extremamente restrito de pensamentos que se podem inserir dentro dele. Portanto, qualquer uso do mesmo força algum pensamento abstrato, lógico-simbólico, totalmente divorciado de outras realidades além da própria máquina.

Para se considerar o uso de computadores na educação é também absolutamente necessário ter-se um modelo do desenvolvimento das crianças e dos jovens. Baseei minhas considerações sobre o estabelecido por Rudolf Steiner, usado com sucesso na Pedagogia Waldorf desde 1919. De acordo com esse modelo, somente na época do ensino médio o jovem está preparado para exercer pensamentos puramente abstratos, formais, lógico-simbólicos. Antes disso, esses pensamentos prejudicam o seu desenvolvimento sadio e equilibrado.

Aliando esses dois fatos, recomendo o uso de computadores somente no ensino médio. Tomando em consideração que os computadores requerem enorme autodisciplina, localizei o início ideal do uso de *software* aproximadamente nos dois últimos anos do ensino médio, isto é, com idade mínima de 16, 17 anos. *Hardware* pode ser ensinado antes devido à sua característica física, isto é, o fato de não ser puramente virtual como o é o *software* (ver o capítulo 4, sobre computadores na educação). Isso encaixa-se perfeitamente em um aprendizado inicial do que vem a ser um computador no nível interno, aprendendo-se posteriormente como usá-lo criticando sua influência sobre o usuário. Em particular, é impossível ensinar a uma criança como o computador funciona internamente – isso requer um bocado de conhecimentos de Matemática e de Física. Em meu *site* há material educativo para ensino do que é um computador e o que é computação, inclusive com *software* que simula um computador muito simples, para ensinar a lógica interna dos programas.

Insisto que essa idade ideal aplica-se a qualquer uso de computadores antes do ensino médio. Em particular, o sistema LOGO de Papert é centrado em aprender-se como programar um computador, o que é uma atividade puramente mental abstrata e lógico-simbólica. Não importa que os resultados sejam exibidos graficamente na tela; isso não transforma um programa em LOGO, consistindo de comandos estritamente formais como em qualquer linguagem de programação, e que produz um processamento lógico-simbólico, em uma entidade menos abstrata.

Finalmente, minha preocupação principal está na aceleração precoce do desenvolvimento de uma criança ou de um jovem. O ser humano é um todo, e qualquer atividade que apela unilateralmente, isto é, apenas a uma de suas partes, tal como o pensamento intelectual abstrato, afeta as outras. Deve-se esperar até que o jovem tenha desenvolvido suas habilidades e capacidades mentais para forçar as abstrações e o autocontrole requeridos por qualquer uso de computadores. Como Jane Healey colocou, a aceleração do desenvolvimento dos neurônios pode prejudicar o funcionamento neuronal futuro [1990, p.69]. Não aprecio esse tipo de argumentação, pois o processo de pensamento é ainda uma questão altamente não resolvida (e conjeturo que com os atuais paradigmas de pesquisa científica jamais a será, pois em minha concepção a atividade neuronal é conseqüência do pensamento, e não sua causa), mas suas conclusões coincidem com a minha maneira de encarar esses problemas.

Espero que este trabalho sirva para chamar a atenção para a necessária proteção de que necessitam as crianças do mundo de hoje, que têm sido atacadas cada vez mais intensamente desde a década de 1950 (começando com a TV, depois os joguinhos eletrônicos e finalmente os computadores; para uma síntese de suas atuações nas pessoas, veja o artigo sobre meios eletrônicos e educação, neste volume). Estou convencido de que, apenas se preservando a sua infância e juventude deliciosa, simples, ingênua e semiconsciente, pode educar-se futuros adultos equilibrados, criativos, socialmente integrados e com atuação positiva.

Em particular, temo que os computadores usados cedo demais contribuem para criar adultos insensíveis e amorais, comportando-se e reagindo como máquinas, incapazes de sentir interesse e compaixão por outras pessoas e sem responsabilidade de agir socialmente. Isso significa a destruição de algumas de nossas mais essenciais características humanas, que nos distinguem dos animais e das máquinas.

6

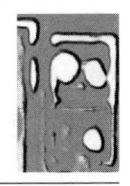

O computador como instrumento de antiarte

1. Introdução

Este ensaio foi escrito originalmente como texto de uma palestra proferida no Museu de Arte Contemporânea da USP em 3/4/96, publicado em [Setzer, 1997]. Nele, discuto o papel do computador como instrumento de criação artística. Para poder enfocar o computador corretamente nessa ou em outras aplicações, é necessário caracterizar brevemente o que ele é e como empobrece as informações por ele processadas. Em seguida, é feita uma caracterização da arte, confrontando-a com a ciência, examinando as maneiras de usar um computador como instrumento artístico, a fim de determinar em que áreas da arte é válido usar essa máquina. Segue-se uma breve incursão no problema do uso de computador no ensino de atividades artísticas e a conclusão com considerações sobre a educação de atitudes sociais e o papel da arte e do computador nesse processo.

Como será visto, o computador é uma máquina abstrata. Parece, portanto, natural que a arte tenha começado a se utilizar dele, pois ela tem se afastado cada vez mais da esfera dos sentimentos, que ativava por meio do senso estético, e do figurativismo. Ela dirigiu-se para a esfera das abstrações dos pensamentos formais, tentando aproximar-se da atividade científica, que tanto sucesso aparente revelou no século XX. A tendência da arte à eliminação do subjetivo pode ser encontrada em manifestações e análises artísticas. Não é à toa que o compositor Willy Correa de Oliveira escreveu um livro com o título *Beethoven – Proprietário de um Cérebro* (São Paulo: Perspectiva, 1979) e não "... possuidor de um coração" – ou pelo menos de ambos... Aliás, ele cometeu um engano, pois o conhecimento atual que se tem do funcionamento do cérebro não permite dizer que qualquer atividade mental, e muito menos a criatividade, tenha nele a sua origem. Veremos como o computador é um instrumento ideal para o desenvolvimento dessa tendência de encarar a arte como ciência. Será necessário iniciar com uma breve descrição do que vem a ser um computador.

2. O computador

Todas as máquinas que não são computadores têm como finalidade principal transformar, transportar ou armazenar matéria ou energia. Por exemplo, um torno serve para transformar um pedaço de madeira ou metal em um objeto de secções circulares, um veículo serve para transportar objetos ou pessoas, uma bateria para armazenar energia elétrica. Mesmo uma máquina protética como o telescópio serve para transformar a energia luminosa, ampliando a imagem.

Por outro lado, o computador também exerce aquelas três ações, mas não mais com matéria ou energia, e sim com dados. Note-se que usei a palavra "dados", e não "informações". De fato, a antipatia ou simpatia que sentimos por uma pessoa pode ser encarada pessoalmente como uma informação que temos sobre ela e sobre nós próprios; no entanto, é impossível descrever-se com exatidão esse tipo de informação, que envolve sentimentos. É possível armazenar em um computador uma descrição verbal desses sentimentos, o que já representa um empobrecimento deles, mas, se se desejar processá-los, transformado-os pela máquina, eles terão de ser tratados como símbolos formais, por exemplo, introduzindo-se uma graduação numérica entre -3 (muito antipática) e +3 (muito simpática) – o que representa um empobrecimento ainda maior. É interessante notar que o computador é uma máquina puramente sintática, onde todos os dados – e os programas – estão descritos de maneira puramente estrutural, sem nenhuma semântica (ver o artigo "Dados, informação, conhecimento e competência", neste volume).

É importante fazer aqui uma distinção necessária entre o armazenamento de textos, imagens e som, que são pura e simplesmente reproduzidos, talvez com alguma edição da sua forma (por exemplo, alinhamento de parágrafos, saliência de contrastes em fotos, eliminação de ruídos), e o processamento de dados. Considerarei este último como um tratamento que se dá aos dados, transformando seu conteúdo, isto é, a semântica que associamos a eles. Por exemplo, traduzir textos de uma língua para outra, extrair características de estilo de autores em pesquisas de lingüística computacional, gerar desenhos a partir de programas como no conhecido caso dos fractais, etc. Note-se que essa transformação de conteúdo é, na realidade, puramente sintática, estrutural.

Uma de minhas teses é que o processamento de dados empobrece a informação. De fato, dados não têm nada a ver com a realidade, sendo, na verdade, representações simbólicas de pensamentos abstratos formais, lógico-simbólicos e, como tais eles não precisam ter consistência física. (Note-se que o conhecimento atual que se tem do pensar não permite que se afirme ser ele físico; o máximo que se sabe é que certas áreas do cérebro são ativadas em certos tipos de pensamentos, sentimentos e ações, mas não se pode afirmar que os neurônios, ou seja lá o que for fisicamente, geram essas atividades interiores ou a consciência, e muito menos a autoconsciência. É possível conjeturar que a atividade neuronal seja conseqüência dessas atividades "anímicas", isto é, não-físicas, e não sua causa; é uma pena que o materialismo que impera na ciência de hoje impede que se formule essa hipótese que, tenho certeza, abriria um enorme campo de pesquisa.) A propósito, é justamente a imponderabilidade dos dados e sua alienação em relação ao físico que permitiu que os computadores fossem construídos cada vez menores, o que não pode acontecer com todas as outras máquinas. De fato, estas podem ser caracterizadas como máquinas concretas, ao passo que os computadores são máquinas matemáticas e, portanto, abstratas, virtuais. Assim, todo processamento de dados deve utilizar-se exclusivamente de pensamentos formais expressos sob a forma de um programa de computador. Esse processamento lógico-simbólico, por ser extremamente restrito e unilateral, acaba por restringir enormemente o espaço de tratamento das informações, que devem ser expressas sob forma de dados; daí o empobrecimento das informações que são representadas por esses dados. Note-se que essa restrição é até de natureza matemática: não é possível colocar no computador as noções de infinito e de contínuo, apenas aproximações discretas delas.

A caracterização do computador como máquina abstrata fica mais clara ao notar-se que todas as linguagens de programação são estritamente formais, isto é, passíveis de serem totalmente descritas matematicamente. O próprio funcionamento lógico do computador pode ser descrito por formulações lógico-matemáticas. As outras máquinas não têm essa característica, pois atuam diretamente na matéria (aí incluída a energia), e esta escapa a uma descrição matemática. (A descoberta da possível subdivisão do *quark*, que tinha sido postulado como o elemento básico constituinte da matéria, levou muitos físicos a conjeturar que nunca se saberá o que é a matéria – para mim isso sempre foi evidente, pois, do ponto de vista material, a matéria não faz sentido, do mesmo modo que não o fazem a origem e os limites do universo. Parece-me claro que é preciso mudar o atual método científico e a atual visão de mundo corrente na ciência para se obter conhecimento sobre esses fenômenos e sobre a vida, o pensamento, a consciência, o sono, o sonho, a morte, a individualidade humana, etc.)

Mas não são só as linguagens de programação que são formais. Qualquer linguagem de comandos, mesmo icônica, que permite ao usuário empregar um *software* qualquer, também é matematicamente formal. Por exemplo, qualquer comando de um editor de textos, como o de alinhar verticalmente um texto ou o de detectar erros ortográficos, produz uma ação do computador que é uma função matemática sobre o texto sendo trabalhado – considerado como uma cadeia de símbolos formais – ou sobre o estado matematicamente definido do computador. Portanto, para se programar ou usar um computador, é necessário formular os pensamentos dentro de um espaço estritamente abstrato, matemático, apesar de aparentemente não ser o tradicional, pois os símbolos e as funções são em grande parte diferentes. Programar ou usar um computador são ações estritamente matemáticas, como fazer cálculos ou provar teoremas. Assim, a programação ou uso de um computador exigem o mesmo grau de consciência e abstração que a atividade matemática. Isso não se passa com todas as outras máquinas, que exigem uma certa coordenação motora automática, semiconsciente (por exemplo, só se aprende a andar de bicicleta quando não é mais necessário pensar nas ações que se devem fazer e no equilíbrio).

Para enfocar o problema específico do computador na arte, devo agora caracterizar o que entendo por obra de arte. Já que o computador representa de certa forma o pináculo do pensamento científico e matemático, incorporado em uma máquina, parece oportuno cartacterizar a arte contrapondo-a à ciência, como já o fizeram Bacon, Descartes, Newton e muitos outros.

3. Arte e ciência

Em primeiro lugar, devo colocar que vou ater-me exclusivamente às criações humanas. Essa ressalva se impõe, pois muitos pensadores consideraram a natureza como um artista. Platão faz essa distinção em *O Sofista*: "Vou supor que coisas que são ditas feitas pela natureza são obras de arte divina, e coisas que são feitas pelo ser humano, a partir das primeiras, são obras de arte humana" [1952, p.578].

Realmente, gosto de afirmar "a natureza é um artista, e não um cientista" para explicar por que pessoas preferem morar em uma rua arborizada. Cada árvore pode ser encarada como uma obra de arte produzida pela natureza, provocando em nós um senso estético ausente de uma obra científica. No entanto, as obras de arte da natureza carecem de individualidade. Todas as plantas de uma mesma espécie, em uma mesma região geográfica, terão forma semelhante (se bem que nunca idêntica). Todas as belíssimas teias feitas por uma mesma espécie de aranha seguem os mesmos padrões, determinados pelo rígido "programa" seguido pelo animal, apesar de diferirem em alguns detalhes.

Talvez o corpo humano seja a única obra de arte da natureza com individualidade não decorrente unicamente de determinadas combinações genéticas e influências do meio ambiente, como se vê, por exemplo, pela expressão fisionômica; isso pode levar à conjetura de que o ser humano não é um ser puramente natural, como podem ser classificados os minerais, os vegetais e os animais. De fato, quando os humanos primordiais fizeram suas pinturas rupestres, já mostraram que não eram totalmente naturais –

talvez nunca o tenham sido! Quem sabe daí advém a dificuldade de se determinar a origem natural do ser humano. Contrariamente à arte da natureza, cada obra de arte humana deve ter uma característica individual. Certamente minha casa é diferente de todas as outras do mundo, pois eu e minha esposa encomendamos ao nosso arquiteto, o saudoso Bernardo Blanco, um projeto que não seguisse o padrão de caixa retangular de tijolos e concreto, como se vê comumente, e sua criação artística foi realmente individual.

Além de necessariamente expressar um aspecto individual do seu criador, a obra de arte deve ter uma característica fundamental, que a distingue da obra científica. Seguindo Goethe [Steiner, 1984], pode-se formular a seguinte caracterização:

"A ciência é a idéia tornada conceito; a arte é a idéia tornada objeto."

Isto é, ambas têm a mesma origem, mas uma é expressa por meio de abstrações e é captada pelo nosso pensamento, e a outra é concretizada em algo que pode ser captado pelos nossos sentidos. Isso é claro nas artes mais "físicas", espaciais como, pela ordem estabelecida por Rudolf Steiner, arquitetura, escultura e vestuário (nos povos em que este ainda é uma expressão de um estado de ânimo) [1964, p.31]. No entanto, também pode ser reconhecido em artes mais espirituais [p.36] como música (os sons são elementos físicos) e poesia (também depende de se escutar, mesmo que interiormente, os sons das palavras).

Obviamente, estou fazendo aqui uma distinção fundamental entre ciência e técnica (*technology*). Uma máquina ou um instrumento é algo concreto, mas a ciência que se encontra por detrás deles é um edifício puramente conceitual.

Assim, a arte e a ciência complementam-se. Segundo Steiner, "O dito de Goethe que arte é uma espécie de conhecimento é verdadeiro, pois todas as outras formas de conhecimento, tomadas em conjunto, não constituem um conhecimento completo do mundo. Arte – criatividade – deve ser adicionada ao que é conhecido abstratamente se quisermos atingir um conhecimento universal" [p.98].

É uma grande tragédia da humanidade estar-se dando importância quase que apenas à ciência e ao pensamento científico. Basta ver-se que tipo de educação as crianças e os jovens estão recebendo no mundo todo, para percerber-se que a educação artística é ínfima – se existente – em comparação com a educação científica. Mas parece que essa não é uma situação nova: Steiner, já no começo do século XX, lamenta que a pedagogia seja formulada por cientistas, e que o professor deve ter uma atitude científica na aula [1997, p.15]. Educa-se unicamente para um pensar abstrato formal e não também para um pensar "intuitivo", como o que se passa na atividade artística. Com isso estamos condenando a humanidade a ter uma visão unilateral indevida do mundo, uma visão desumana, pois esse é o tipo de ciência feito hoje em dia.

Pode-se observar como a ciência tem se orientado em grande parte para a produção técnica, com a finalidade de aumentar o poder ou o capital, e não para o conhecimento. Todos os desastres provocados pela técnica talvez possam ser remontados à desumanidade da atividade científica de hoje, que encara os seres vivos como meros minerais mais complexos, usando com aqueles um método que deveria ter validade apenas no âmbito do inanimado – e mesmo aí tem resultados dúbios do ponto de vista de conhecimento. Possivelmente, os atuais desastres econômicos no mundo todo podem ser remontados ao tratamento das questões sociais com pensamentos científicos, sem o emprego simultâneo de um "pensamento artístico" que, penso, é essencial para se lidar com quaisquer dessas questões, como veremos no item 7.

A frase acima no espírito de Goethe ainda revela um ponto fundamental: o objeto de uma "verdadeira" arte deveria expressar uma idéia, isto é, uma realidade espiritual, e não ser meramente uma combinação casual de elementos aleatórios. Talvez seja essa a realidade espiritual à qual Wassily Kandinsky quis referir-se no terceiro elemento do que ele chamou de "Necessidade Interior" que caracteriza a criação artística, produzindo uma arte "verdadeiramente pura [que serve ao] divino". Segundo ele, "cada artista, como servidor da arte, deve exprimir, em geral, o que é próprio da arte (elemento de arte puro e eterno que se encontra em todos os seres humanos, em todos os povos e em todos os tempos ... e não obedece, enquanto elemento essencial da arte, a nenhuma lei do espaço nem do tempo)" [1990, p.78]. Mais adiante, "a preponderância do terceiro elemento numa obra é que constitui o indicador da grandeza dessa obra e do artista" [p.79].

É óbvio que a pintura de uma paisagem, um *portrait* ou uma natureza morta expressam uma realidade, mesmo que seja sob a forma de nossas sensações, como no impressionismo. Por outro lado, parece-me que o expressionismo na pintura tinha a intenção de exprimir algo interior existente, mas invisível como, por exemplo, um estado emocional. Talvez a música de Johann Sebastian Bach seja tão especial por ser a que mais se aproxima da sensação daquela realidade arquetípica não-física que os gregos chamavam "a música das esferas". Daí para diante, a música torna-se cada vez mais uma expressão de uma criação individual, "terrena". Não estou esquecendo a capacidade de criação abstrata e experimental-científica de Bach – veja-se sua "têmpera" das escalas. Mas não posso considerar que sua música tenha sido toda calculada – como alguns gostariam que tivesse sido –, pois ele não teria tido tempo para isso. Ele próprio afirmou ser sua música "inspirada".

Uma das caracterizações fundamentais das obras artísticas em contraposição às obras técnicas é que estas seguem regras formalmente definidas. Obviamente existem regras na arte – afinal, a confecção de qualquer objeto deve seguir regras impostas pela natureza física do material. No entanto, essas regras não devem ser formais ou "definidas". Kant escreveu na *Crítica ao Julgamento*, parte I (*Crítica da Razão Estética*): "Qualquer arte pressupõe regras que são estabelecidas como as fundações que inicialmente permitem um produto, se é para ser chamado um produto de arte, ser representado como possível" [1952, *A Crítica da Razão*, cap. "Da Razão Estética", p.525]. E, mais adiante, "Belas-Artes somente são possíveis como produtos de um gênio, ... um talento que produz aquilo ao qual não se pode dar regras definidas" [idem].

Essa não-definição total das regras a serem seguidas na confecção de um objeto de arte é que permite que a intuição (essa capacidade interior que escapa a uma caracterização científica... pensamentos vindos do nada?) se manifeste sem regras que podem ser conceituadas, formalizadas. A intuição deve estar presente tanto na criação científica como na artística; no entanto, numa ela manifesta-se por meio de regras formais e na outra deve haver algum elemento informal, não passível de descrição exata, proveniente da interação física entre o artista e o material. Recordemos que este, no caso da música e da poesia, é o som. No caso de um romance, é a imagem interior, a representação mental (*Vorstellung*) que o escritor faz o leitor criar, imagem esta baseada nas experiências sensoriais, emocionais, morais, etc. do leitor. Note-se ainda o uso por Kant da palavra "gênio", que ele atribuiu à "natureza no indivíduo", o que podemos interpretar como a manifestação da individualidade do artista. No *Ion,* de Platão, encontramos também a menção do gênio, só que fora do artista, pois ele descreve a arte como produto da inspiração divina captada pelo ser humano – ou que até o possui. Mas, nesse caso, o "gênio" espiritual não se encontrava dentro do indivíduo e nem era "natural" como no materialismo de Kant, mas inspirava-o de "fora" [1952, p.144-5]. Lembremos que Homero sempre invocava a divindade para inspirá-lo a escrever a obra: "Cante, ó deusa, a ira de Aquiles, filho de Peleus, que trouxe incontáveis desgraças sobre os Aqueus" e "Conte-me, ó Musa, sobre aquele genial herói que viajou longe e amplamente depois que saqueou a famosa cidade de Tróia" [1952, *Odyssey*, p.3 e *Illiad*, p.183]. Isto é, o antigo grego não tinha a percepção interior que qualquer pessoa tem hoje em dia de produzir seus próprios pensamentos. Steiner escreveu de Homero: "A poesia épica aponta para a divindade superior, aquela considerada feminina porque transmite forças frutificantes". Logo em seguida, falando sobre a evolução do teatro desde Ésquilo até Eurípides: "Somente gradualmente, na Grécia, à medida que a conexão humana com o mundo espiritual caía no esquecimento, a ação divina representada no palco tornou-se puramente humana" [1964, p.39-40].

A propósito de regras, uma outra característica que se encontra nas artes é que as regras que elas seguem são razoavelmente rígidas e, em boa parte, preexistentes no material do objeto e nos eventuais instrumentos empregados, ao passo que na ciência elas são determinadas, em grande parte, pelo seu criador. De fato, uma teoria matemática é um campo totalmente aberto, desde os axiomas até a extensão dos teoremas; uma teoria da Física pode ter um grande espaço de manobra, pois é um modelo abstrato, podendo-se imaginar elementos sem limite clássico, isto é, que não correspondem à nossa experiência sensorial, como o *spin* do elétron ou as ondas de probabilidade da Mecânica Quântica. Mesmo experiências físicas podem ter um grande espaço de manobra – parece-me que os aceleradores de partículas mudam as condições da matéria, fabricando-se manifestações (por exemplo, partículas) que talvez não existam em estados normais. Compare-se com o espaço de manobra de um pianista, cujo instrumento de percussão é extremamente limitado na produção de cada som. No entanto, que obras de arte e que sensibilidade podem ser transmitidas por um mestre no *touché*! É justamente a manifestação de liberdade em um espaço limitado que revela o grande artista. A esse respeito, vale a pena meditar sobre a poesia de Goethe que (mal) traduzi e transcrevo no apêndice.

O elemento informal e intuitivo na arte leva-me a dizer que na criação artística deve haver um elemento inconsciente, que nunca poderá ser conceituado totalmente. Já a criação científica deve poder ser expressa por meio de pensamentos claros, universais e não-temporais – isto é, independentes da particular interpretação do observador, talvez até certo ponto (dependendo da área) formais, matemáticos. Imagine-se uma descrição do maravilhoso Altar de Isenheim no Musée d'Unterlinden, em Colmar [Civita, 1968b, pr.III-XI; Vaisse, 1974, pr.XIV-L] por meio dos seus *pixels* e suas intensidades de 0 a 255 de vermelho/verde/violeta (RGB), como nos microcomputadores, ou seus comprimentos de onda – ele perderia totalmente o senso estético e não produziria mais a reação interior provocada no observador pelas cores, formas e motivos, isto é, não teria o efeito terapêutico para o qual foi criado por Grünewald. Insisto que também na observação deve haver um elemento individual, o que não deve ocorrer no caso da ciência.

O elemento emocional foi realçado por Freud, quando afirmou em sua "Introdução Geral à Psicanálise", Aula 23 [1952, p.601], que a arte é emoção ou expressão subconsciente, e não imitação ou comunicação (dentro de seu típico raciocínio unilateral da teoria da sublimação da emoção e do desejo por meio da arte). Comparando-se com a arte como comunicação de uma realidade espiritual, de Kandinsky, vê-se bem o contraste entre materialismo e espiritualismo; neste pode haver algo superior a ser comunicado.

É interessante insistir que a idéia expressa em um objeto de arte é objetiva, mas a necessária sensação e emoção que ela desperta é subjetiva. Por exemplo, ouça-se uma terça maior seguida de uma menor, ou uma sétima seguida de uma oitava. Estou seguro de que cada pessoa terá sensações diferentes em cada caso, que ficam claras pelo contraste entre um intervalo e o seguinte. Mas provavelmente quase todas as pessoas dirão que a terça menor é "mais triste", e a sétima produz uma tensão aliviada pela oitava. Cada um sente essas emoções diferentemente, mas há claramente algo universal por detrás delas, como as sensações que temos do amarelo limão (alegre, radiante, abrindo-se) e do azul da Prússia (triste, introspectivo, fechando-se). A esse respeito diz Kandinsky: "O elemento de arte puro e eterno ... é o elemento objetivo que se torna compreensível com a ajuda do subjetivo" [1990, p.79].

Considero também uma distinção essencial entre obra artística e científica o fato de a primeira dever sempre ter contextos temporais e espaciais ligados à sua criação. Como contraste, uma teoria científica não depende do tempo, desde que seja consistente e corresponda às observações, se for o caso. Um exemplo simples é o do conceito de uma circunferência – o lugar geométrico dos pontos eqüidistantes de um ponto. Essa definição formal não dependeu das condições de seu descobridor. Ela é impessoal e eterna. O fato de podermos captar conceitos matemáticos eternos com nosso pensamento levou Aristóteles a conjeturar, por um raciocínio puramente lógico, precursor de nossa maneira de pensar hodierna, que temos dentro de nós também algo de eterno. Esse raciocínio não poderia ter ocorrido em Platão, pois este tinha sido um iniciado nos Mistérios e, portanto, para ele o seu mundo das idéias era uma realidade vivenciada (veja a fantástica *A Escola de Atenas*, de Rafael, um dos pintores mais inspirados pelo espírito, para uma representação da diferença de atitude entre os dois [Civita, 1968c, pr.X (detalhe dos dois); Campos, 1973, p 22; Janson 1969 p.371]).

A dependência espaço-temporal da criação artística aliada ao elemento de expressão individual semiconsciente do artista faz com que haja sempre um elemento de imprevisibilidade na criação. O artista deve observar sua obra durante o processo de criação, para influir nele e chegar a algo que não podia inicialmente prever. Isso pode ser um processo puramente interior, como no caso de um compositor que não precisa ouvir os sons de sua obra; no entanto, a sensação auditiva ao ouvi-la tocada nunca é a mesma que a imaginada interiormente. Poder-se-ia argumentar que a pesquisa científica também tem elementos de imprevisibilidade. Isso pode ocorrer até na Matemática: um teorema pode ser descoberto, e o seu autor ou outros ainda não saberem como se poderá prová-lo (um exemplo recente foi a prova do último teorema de Fermat, formulado no século XVII). Uma grande diferença é que o resultado é, como já disse, de um lado um conceito, de outro um objeto. Além disso, uma vez estabelecido um conceito científico, toda vez que se refizer a experiência ou a teoria correta, o resultado será o mesmo (dentro das eventuais aproximações experimentais); no caso da criação artística, o objeto de arte deverá sempre mudar, pois a sua simples presença deve influenciar o criador, que terá outras inspirações na hora de repetir a criação (lembremos a frase de Freud de que simples imitação não é arte). Dou a esse fator o nome de "dinamismo da criação artística".

Resumindo, a arte, em minha opinião, deve ser expressa por meio de objetos físicos (eventualmente sonoros) ou da imaginação desses objetos (como no caso de um romance); deve exprimir uma idéia, que é uma realidade não-física; não deve poder ser totalmente criada ou descrita por meio de elementos puramente formais, contendo sempre um elemento subconsciente; deve ter um caráter individual ligado ao seu criador e ao observador; deve permitir uma certa liberdade dentro de regras informais impostas pelo material e pela ação do artista; deve envolver emoções do artista e do observador; deve ter contextos temporais e espaciais ligados à sua criação, que deve ser dinâmica, e o processo de criação deve ter um elemento de imprevisibilidade.

Antes de discorrer sobre minha opinião em relação ao uso de computadores na arte, será ainda necessário examinar a maneira como eles podem ser usados na atividade artística.

4. O uso de computadores na arte

O computador pode ser usado de três maneiras em atividades ligadas à arte: como máquina de armazenar dados, como instrumento passivo na criação artística e como instrumento ativo na geração de imagens, sons, etc.

Na primeira categoria, o computador não é usado de maneira essencialmente diferente de outros meios de armazenamento como, por exemplo, livros ou fitas. A única diferença é que o livro é um meio físico e o computador, virtual. Assim, no caso de livros, o leitor tem um contato tátil e visual completamente diferente do que no caso de um texto armazenado no computador e examinado por intermédio de uma tela. Existem inúmeros relatos de pessoas que se sentiram atraídas por um determinado volume em uma livraria ou biblioteca, que se tornou importante em suas vidas, ou, ao folhear um livro abriram inconscientemente uma página, cujo conteúdo lhes atraiu uma atenção especial. Duvido que o computador possa causar essa ligação intuitiva no mesmo grau que o contato proporcionado pelo objeto físico. Este artigo, escrito inicialmente a mão, como sempre procuro fazer, pois sinto maior inspiração, surgimento de idéias, foi depois digitado. Em seguida as várias versões foram impressas, pois o texto impresso permite uma visão de conjunto da qual sinto falta ao usar um editor de texto. Fora essas desvantagens, pode-se citar uma porção de vantagens no armazenamento virtual: busca automática, eficiência no armazenamento, na cópia e transmissão, facilidade na alteração, etc.

A segunda maneira de se usar computadores em arte é o emprego da máquina como instrumento passivo. Um exemplo típico é o do uso de programas de desenho gráfico, como o popular Corel Draw. Aqui é preciso fazer duas considerações fundamentais. A primeira é que o uso de materiais físicos, no caso um pincel, as tintas e a tela, proporciona uma atividade inconsciente. Não se pode saber de antemão o que resultará exatamente da criação artística, como já descrevi no item anterior. Não é possível calcular a mistura de tintas, e só ao colocá-la na tela ou papel é que se poderá ver o seu efeito. Além disso, é muito difícil repetir uma mistura, a não ser que se usem tintas de fabricação industrial rigorosa e as combinações sejam medidas com precisão científica (e não artística!). A pressão que se coloca no pincel, e que influencia o resultado, não pode ser determinada com precisão. O papel ou tela também introduzem variáveis imponderáveis (grau de absorção, etc.), o que influencia o resultado. Uma tinta úmida sobre a tela ou papel parece, em geral, mais forte e escura do que quando seca. Essas imponderabilidades não ocorrem no programa de desenhar. As cores, ou melhor, ilusão óptica delas, são, em geral, determinadas por projeção praticamente pontual discreta de três básicas (vermelho, azul e verde, que, aliás, não funcionam como básicas na mistura de tintas – o que Goethe chamou de "cores químicas") –, podendo-se determinar exatamente a combinação delas, expressa por meio de intensidades graduadas de 0 a 255 – que empobrecimento! É óbvio que a sensação que uma cor produz no artista não é formal, mas o importante é o tipo de atividade que ele deve exercer: no caso das cores do computador, a sua escolha acaba sendo totalmente formal e consciente.

Gosto de pintar aquarelas, do tipo *wet-on-wet*. Nessa atividade, uma das sensações mais extraordinárias é produzir uma transição uniforme entre duas cores. É preciso colocar ambas no papel, a alguma distância, e passar o pincel entre elas dezenas de vezes, molhando-o de vez em quando nas tintas, para que se consiga uma transição razoavelmente uniforme. Compare-se a vivência que isso proporciona, com o hipotético uso de um programa de desenhar: neste, basta selecionar as cores desejadas, a partir de um mostruário (paleta virtual) ou definir as 3 intensidades das cores básicas, acionar um ícone de transição de cores, selecionar as regiões das cores originais e, imediatamente, obtém-se o efeito desejado. Não houve todo o processo do artista, buscando em um longo trabalho uma aproximação do resultado esperado. Esse processo produz toda uma atividade interior, que é subtraída no uso do programa. Além disso, obviamente, faltam num desenho feito com uma máquina todas as nuances que se encontram em algo feito à mão, isto é, houve um empobrecimento da representação (recorde-se do que foi dito no item 1).

A segunda consideração fundamental diz respeito ao fato de o computador ser uma máquina matemática, como foi exposto no item 1. Todo comando dado pelo usuário do programa de desenhar é formal, e sua execução pela máquina pode ser descrita por meio de funções matemáticas. Isto é, o usuário é obrigado a pensar formalmente ao usar esses comandos – que podem eventualmente constituir uma linguagem icônica, mas que não deixa de ser formal. Compare-se, novamente, com o uso de um pincel, em que a atividade é motora, inconsciente – a conscientização total dos movimentos de nossos membros leva à paralisia; por exemplo, um pianista não pode pensar em cada dedo que ele deve usar, nos movimentos de cada mão e do pulso, pois, nesse caso, não tocaria nada.

Assim, o uso de um computador como instrumento passivo exige conscientização e formalização da criação artística, perdendo-se o contato físico, não conceitual, com o objeto sendo criado.

A terceira forma de usar um computador em arte é fazer um programa para gerar imagens ou sons (quem sabe, no futuro, até fazer uma escultura ou construir uma casa a partir de parâmetros fornecidos à máquina). Um exemplo conhecido disso são os fantásticos desenhos produzidos por funções fractais. Nesse caso, não há apenas a substituição de um instrumento informal por outro formal; o próprio processo de criação torna-se totalmente formal. A criação deve ser expressa de maneira estritamente matemática, como é o caso de um programa. Com isso, elimina-se totalmente o elemento inconsciente. É também eliminado o elemento individual, isto é, qualquer pessoa pode entender completamente como a obra foi produzida – basta examinar detalhadamente o programa. É eliminado ainda o elemento temporal e espacial ligado à criação. Em outras palavras, a atividade artística tornou-se atividade científica. A propósito, é muito importante compreender-se o que significa produzir um programa para fazer uma obra de "arte" segundo um certo estilo. Um computador pode produzir desenhos e música que se assemelham aos de Mondrian e de Bach, mas estes tiveram de desenvolver seus estilos para poder ser depois analisados, expressos grosseiramente em elementos puramente formais e programados em um computador para gerar algo que aparentemente é semelhante. Sem Bach, não haveria programas que imitam sua música. Além disso, segundo o que foi observado antes, a criação do computador não exprime nenhuma idéia além da contida no estilo, desde que este seja expresso matematicamente, o que em nosso entender representa um empobrecimento.

Deve-se ainda considerar que, como foi dito, a criação artística dever ser razoavelmente imprevisível, dependendo da interação entre o autor e sua obra durante a criação. O resultado do computador é sempre previsível. O uso de geradores de números pseudo-aleatórios não elimina a previsibilidade, pois o que o programa fará com o número gerado é sempre previsível, tendo sido projetado pelo programador.

5. Julgamento

Como máquina de armazenamento de obras de arte, o computador tem suas vantagens, principalmente para as pessoas que preferem música "enlatada" a concertos ao vivo, reproduções em livros a originais, cinema a teatro. Obviamente, ele pode ser útil no acesso a uma representação ou descrição de obras às quais o interessado não tem acesso direto.

Na segunda modalidade, mostrei que há um empobrecimento da atividade de criação artística. Além disso, pela ordem das caracterizações da criação artística resumidas no fim do item 3, o resultado é virtual e não concreto (ou, se tornado concreto – uma impressão em papel, por exemplo –, não foi produzida diretamente pelo autor, e sim pela máquina; nesse sentido temos um problema em comum com a fotografia e o cinema), como em vários tipos de atividades artísticas; foi criado parcialmente e pode ser descrito totalmente por elementos puramente formais (pois está armazenado sob a forma de dados); usam-se (parcialmente) regras totalmente formais, abstratas, em sua construção (os comandos do *software*), restringindo a liberdade do autor a um espaço matematicamente bem definido, e não há imprevisibilidade em uma parte do resultado, já que ele é fruto de ações pré-programadas da máquina, executadas por meio dos comandos que se dão a ela).

Finalmente, mostrei que na modalidade de uso do computador como instrumento ativo, gerando imagens ou som (e mesmo "poesia", que deveria ser a arte mais espiritual e, portanto, ainda mais reservada a seres humanos) a partir de um programa construído para isso, na verdade se tem uma atividade científica, abstrata, e não artística. Além disso, essa modalidade foge quase que totalmente às citadas caracterizações da criação artística, como pode ser facilmente verificado.

Assim, posso afirmar que, em minha concepção, apenas a primeira modalidade – o uso do computador como meio de armazenamento – é válida do ponto de vista artístico. Nas outras duas formas, o uso do computador tem um efeito precisamente contrário ao desejado pela atividade artística. Assim, em lugar de dar maior liberdade à criação, o computador, na realidade, empobrece essa atividade, encaixando-a parcial ou totalmente numa atividade abstrata. Como foi dito na introdução, não é de se estranhar que se tenha usado o computador como instrumento de arte. Em vez de fazer a arte voltar a ser humana, exprimindo as mais elevadas realidades espirituais, estamos tornando-a ainda mais abstrata e formal, deixando de preencher os requisitos que expus como essenciais para caracterizar uma obra como arte e reduzindo-a ao nível subnatural das máquinas.

Um ponto adicional é o fato de o computador alienar o artista do instrumento de arte. De fato, os instrumentos artísticos tradicionais, como pincel e instrumentos musicais, são simples, e seu funcionamento pode ser totalmente vivenciado e compreendido. Já o computador sempre será um instrumento complexo, de funcionamento não-compreensível, impedindo a integração íntima do artista com o meio que ele está empregando, o que nos parece ser um fator essencial na criação artística.

Portanto, considero o computador, como instrumento de criação artística passivo ou ativo, um instrumento não de arte, mas de antiarte.

Como tive oportunidade de escrever em um artigo publicado já em 1976 num congresso da Academia de Ciências do Estado de São Paulo [Setzer, 1976], o computador é o instrumento ideal para a propagação do cientificismo, isto é, o uso da ciência como religião, a crença de que a ciência resolverá todos os problemas da humanidade, que só os especialistas é que entendem algo do mundo, etc. Penso que é bem essa tendência que tenta empurrar o computador como instrumento artístico. O computador dá a tudo um ar de modernidade e de pesquisa científica (esquecendo-se do ditado *garbage in, garbage out*), validando qualquer pesquisa sem muito valor intrínseco. Os ingênuos ficam embasbacados quando vêem um resultado cheio de cosmético visual, mas pouco conteúdo. Não percebem que a geração de arte pelo computador se baseou em pensamentos abstratos, e não na intuição e criação artísticas. É o império da desumanização e da superficialidade.

Uma outra tendência que poderia explicar o uso do computador na criação artística é a entrega pessoal do consumidor à propaganda enganosa dos fabricantes de computadores e de programas. O uso dessas máquinas em empresas não se compara em extensão com o potencial do uso no lar. Como pouquíssimas donas de casa quererão organizar-se a ponto de fazer um banco de dados com suas receitas culinárias, o jeito dos fabricantes é apelar para aplicações como atividades de lazer (na caso, as artísticas) e para a educação.

Isso nos leva a abordar rapidamente um problema que nos é muito caro: o uso do computador em educação, aqui sob o ponto de vista de educação artística.

6. O computador e a educação artística

O maior defeito do ensino em todos os níveis consiste, em minha opinião, em ele ser excessivamente abstrato. Em lugar de se colocar o jovem em contato com a realidade e a imaginação, que poderiam atraí-lo, apresenta-se-lhe tudo sob a forma monótona de abstração intelectual, sem conexão com a realidade e sem fantasia. Por exemplo, como se ensina o que é uma ilha? "Um pedaço de terra cercado de água por todos os lados." Com que idade todos nós sofremos essa barbaridade de aprender algo da realidade sob a forma de uma definição totalmente morta? (Não só morta como errada, pois não há água nos lados de cima e de baixo, e, se a ilha for redonda, considerando-se a periferia, há topologicamente dois lados, o de dentro e o de fora.) Qual poderia ser uma maneira adequada, cheia de vida, que desperte fantasia, em crianças de cerca de 8 anos? Pode-se, por exemplo, contar uma história, como a de alguém que naufragou, nadou até uma praia, comeu bananas e coquinhos e depois foi andar para casa; mas por todos os lados havia outras praias ou pedras no mar, etc. Pode-se desenhar com giz colorido essa ilha mostrando artisticamente com cores vivas as ondas, a vegetação, os pássaros, etc. Pode-se fazer uma ilha numa bacia com água e areia ou barro, pedacinhos de plantas, etc., deixando as crianças lambuzarem-se bastante. Com tudo isso, por intermédio de um ensino impregnado de arte, pode-se criar na criança uma imagem interior de uma ilha viva. Toda definição é uma pura abstração e "mata" o objeto sendo definido. Parafraseando Steiner, eu diria que o ensino por meio de abstrações mostra uma "imagem morta da vida" (a sua referência dizia respeito à arquitetura, tendo nascido do costume de se erigirem mausoléus para os mortos, uma imagem viva da morte) [1964, p.21]. E, com isso, matam-se a imaginação e a criatividade das crianças, que nascem todas artistas, mas que são castradas em sua capacidade artística pela TV, por joguinhos eletrônicos e pela intelectualização precoce no lar e na escola (inclusive com o uso de computadores).

O computador veio introduzir ainda mais abstração no ensino, forçando a criança a adotar atitudes intelectuais de adulto. Como colocou Neil Postman como título de um de seus magníficos livros, no qual ele apenas analisou a influência dos meios de comunicação, tem-se aí o "desaparecimento da infância" [1999].

O ensino está claramente voltado para o conhecimento e habilidade intelectuais científicos. Isso é uma tragédia, pois, como foi dito no item 1, deixa-se de educar para a visão artística do mundo, que é complementar à científica e, penso, essencial para o desenvolvimento da sensibilidade, inclusive a social, e para uma evolução sadia da humanidade.

O computador só veio piorar essa situação. Pudera, não houve mudança na mentalidade dos educadores! Eles também querem ser moderninhos e devem ter uma mentalidade bastante cientificista, pois senão não ensinariam uma definição idiota e errada de ilha (ainda bem que nunca definiram o que é uma árvore: "um pedaço de pau fincado na terra a 90 graus blablablá...", o que não impede as crianças de desenvolver um conceito correto de árvore pela vivência direta), não dariam notas aos seus alunos, tratando-os como meras abstrações ou, no máximo, cabeças ambulantes. (Como era mesmo o moto de uma de nossas maiores indústrias educacionais? "As melhores cabeças" – como se as pobres crianças não tivessem sentimentos e volição, nem mesmo outras partes físicas... Além disso, a referência clara é ao pensamento científico, isto é, sem vida. Aliás, o logotipo dessa instituição era uma cabeça desenhada com *pixels* quadrados, isto é, mecânica, morta.)

A respeito de notas, alguém seria capaz de dizer o que pode significar a reprovação de uma criança de 8 anos? Ela não se esforçou como adulto? Não estudou como adulto? Não foi responsável como adulto? Não "sabe" igualmente todas as matérias como se fosse uma máquina de armazenar informações, sejam estas interessantes para ela ou não? Se tivesse havido uma mudança de mentalidade, e o ensino tivesse se tornado mais humano, os professores de primeiro grau deveriam ser os primeiros a rejeitar o uso do computador na educação. A mesma mentalidade que leva um mau educador a atribuir uma nota totalmente destituída de sentido real (por exemplo, o que significa nota 5, conhecimento de "metade" de toda a matéria pedida na prova ou conhecimento de "metade" de cada assunto?), que quantifica algo não quantificável como o são o conhecimento, o interesse e a habilidade, inclusive a mental, essa mentalidade que trata os alunos como abstrações e não como seres humanos e encara a educação como ciência, em vez de encará-la como arte, é que obviamente leva os que se denominam educadores a empregar o computador na educação. Do ponto de vista de educação artística, o resultado é evidente: será mais um ataque para a eliminação da criatividade e da sensibilidade artísticas das crianças e dos jovens. Em lugar de educar para as nuances de um pincel, com o qual se deve ensinar a acariciar o papel, educa-se para a grosseria da movimentação de um *mouse*, produzindo-se um embrutecimento da sensibilidade tátil (e visual) e da coordenação motora, canalizada para um movimento mecânico infinitamente mais pobre do que a carinhosa manipulação de um pincel. Em vez de se criarem cores, por exemplo misturando-se tintas nas cores básicas para pigmentos (vermelho, amarelo e azul), força-se a criança a fazer uma escolha lógica em uma paleta virtual, ou mesmo combinar três números. Seria interessante imaginar um Teste de Turing às avessas, que introduzi em [Setzer, 1976]: um computador distinguiria um ser humano de um outro computador? Parece-me que não, pois, ao usar o computador, o ser humano é obrigado a pensar como máquina, isto é, a pensar pensamentos que podem ser introduzidos dentro de uma máquina.

Essas minhas críticas à educação não se fundamentam em meras teorias: elas baseiam-se no conhecimento teórico e prático que tenho da Pedagogia Waldorf, em que não há notas, não há reprovações e o ensino primário e secundário, mesmo o científico, é impregnado de arte [Lanz, 1998]. Recomendo fortemente a visita a uma das 13 Escolas Waldorf (não contando jardins-de-infância isolados) no Brasil (mais de 800 no mundo todo, ver diretório dessas escolas em www.sab.org.br) para verificar o que estou afirmando aqui – a realidade diz infinitamente mais do que uma descrição intelectual! Estou seguro de que os leitores acharão que as escolas Waldorf formam artistas. A verdade é que elas formam jovens normais, o ensino tradicional é que castra a fantasia e a criatividade e não desenvolve a habilidade artística.

Já que me alonguei na crítica ao uso dos computadores no ensino elementar (sou a favor de seu uso no segundo grau, para ensinar o que é um computador e como ele pode ser usado com *software* de uso geral; para mais detalhes, ver o artigo sobre computadores na educação, neste volume), vou encerrar este item declarando, por escrito (na versão original deste artigo, foi a primeira vez), em bom tom, que considero o uso do computador no ensino elementar, ou na educação no lar um *crime* contra a infância e a juventude. É o crime de forçar uma atitude adulta precoce; é o crime de, em lugar de se desenvolver a sensibilidade e a criatividade artísticas, contrabalançando o excesso unilateral de intelectualismo a que nossas crianças estão infelizmente sujeitas, forçar-se ainda mais a intelectualização, fazendo com que tragédias como o stalinismo e o nazismo e outros fundamentalismos, racismos e sectarismos que estamos presenciando agora, não sejam nada comparados com o futuro produto da mentalidade que estamos criando em nossos jovens: a de que o ser humano é uma máquina imperfeita, e o computador tem características humanas e é muito mais perfeito. Justamente a atividade artística sadia é que é um excelente antídoto para o pensamento abstrato e a ausência de sentimentos imposta por ele. Mas em vez de se introduzir a atividade artística e trabalhos manuais como ensino essencial para uma formação humana equilibrada, introduz-se um arremedo disso: a abstração da arte feita com computador, causando exatamente o efeito contrário àquele de que nossos jovens estão urgentemente precisando.

7. Conclusões

Neste ensaio parti de observações fenomenológicas do computador e de seu uso como instrumento artístico. Penso que essa abordagem é absolutamente essencial hoje em dia. Por exemplo, se a TV fosse assim examinada, chegar-se-ia à conclusão de que os programas são do jeito que são por absoluta necessidade do aparelho e pela atitude passiva interior e exterior que ele impõe no telespectador, isto é, não se pode esperar por uma melhoria da qualidade deles (ver artigo a respeito neste volume). Com a abordagem citada, vimos que o computador impõe um pensamento abstrato típico da atividade científica, mas não da artística. Assim, quando usado na arte em qualquer aplicação que não seja o simples armazenamento de textos, figuras ou som (com eventuais pequenas mudanças de forma e não de conteúdo), o computador tende a descaracterizar a atividade artística, roubando-lhe alguns de seus aspectos fundamentais: na arte feita com computador ou há um empobrecimento decisivo da atividade e expressão artísticas, ou nem se pode mais chamar o resultado de arte, pois é decorrente de atividade conceitual científica. No entanto, mesmo usando-o como instrumento de simples armazenamento e comunicação, deve-se atentar para o grande perigo do computador criar uma ilusão de que a "realidade virtual" (pode haver expressão mais inconsistente?) que ele apresenta é "melhor" do que a observação da "realidade real" (com perdão do pleonasmo...) da obra de arte propriamente dita; isso significaria certamente um empobrecimento da sensibilidade artística.

Vimos que a educação para o pensamento e atividade científicos típica dos nossos dias deveria ser urgentemente compensada com intensa educação artística, como o tem feito a Pedagogia Waldorf desde 1919. Isso se deve ao fato de os enfoques artístico e científico serem complementares, revelando diferentes aspectos reais e essenciais do mundo.

No entanto, a esses dois aspectos educacionais, que considero como polares (correspondendo à ação e ao pensamento, respectivamente), deve-se somar um terceiro, intermediário, que desenvolvi recentemente e exporei aqui de maneira abreviada. Denomino-o de Educação Social. Ela tem três aspectos: educação da sensibilidade e interesse sociais; educação da capacidade de se ter compaixão e "com-alegria"; educação da responsabilidade e da ação sociais.

A sensibilidade social é a capacidade individual de se ter a percepção do interior dos outros seres humanos, mais especificamente de suas necessidades e habilidades. Ela está intimamente ligada ao interesse social, isto é, interessar-se pelo outro. A compaixão e a "com-alegria" (expressão inventada por minha esposa) é a capacidade de sentir-se o sofrimento e a alegria de outra pessoa. A responsabilidade e a ação sociais têm a ver com o impulso de agir-se socialmente em benefício dos outros, e as ações daí decorrentes.

Cada um desses três grupos de habilidades sociais é composto de um par de polaridades. É interessante observar que ao primeiro elemento de cada par corresponde um gesto para o interior, e ao outro um gesto para o exterior. Assim, sensibilidade social é uma espécie de percepção, isto é, absorve-se algo do exterior. Já o interesse social envolve uma abertura do interior da pessoa para o seu exterior. Do mesmo modo, sofrer é algo interior, que leva a pessoa a fechar-se, e alegrar-se envolve um gesto para o exterior, irradiando-se um sentimento (em geral, deseja-se mais compartilhar as alegrias do que os sofrimentos). Por fim, a responsabilidade é algo que se sente interiormente, e a ação é algo que se faz no exterior de si próprio.

Pois bem, a educação artística leva a um interesse estético por tudo que é exterior à pessoa e também à sensibilidade artística, o que me me parece fundamental para se desenvolver o interesse e a sensibilidade sociais. Penso até que a mentalidade científica e técnica de nosso século vem prejudicando e embotando sobremaneira essas duas habilidades. Por considerar estas um pré-requisito essencial dos outros dois grupos, pode-se imaginar qual importância dou a essa educação, que deveria ser feita não só na escola, mas também no lar.

No entanto, creio que somente sensibilidade artística não é suficiente para desenvolver-se a sensibilidade social. Um exemplo clássico é o de Hitler, que tinha uma certa sensibilidade artística, se bem que impregnada de sua visão unilateral do universo e de seu autoritarismo, exemplificada pelo seu combate ao expressionismo, que ele denominou de *Entartete Kunst* ("arte degenerada"). Ele tinha uma boa dose de sensibilidade social, pois sabia dirigir-se ao povo alemão e arrebatá-lo hipnoticamente [Haffner, 1990, p.19]. Mas o que ele certamente não tinha era compaixão, pois se a tivesse, não teria sacrificado inutilmente dezenas de milhões de pessoas [p.142]. Faltava-lhe também a responsabilidade social, como foi demonstrado por ações que tomou para destruir a Alemanha e seu povo, ao perceber que este não seria capaz de ganhar a guerra, e, portanto, não era a raça superior que havia imaginado [p.153-8].

Não discorrerei aqui sobre como desenvolver os dois últimos grupos de habilidades sociais, pois isso foge ao escopo deste ensaio. O que importa para nosso tema é que o computador usado na educação de jovens ou na auto-educação tem o efeito justamente contrário ao desejado pelas educações artística e social. As misérias coletiva e individual, num sentido amplo, vêm aumentando progressivamente no mundo. Parece-me que somente a Educação Social poderá formar futuros adultos que se interessarão pelo problema social, colocando-o acima de seu egoísmo, fonte fundamental de muitos de nossos males. Afinal, o problema social não é um problema simplesmente tecnológico ou econômico: no fundo, ele é um problema humano. Não serão as máquinas, e muito menos o computador, que irão resolvê-lo; pelo contrário, sem mudança de mentalidade, as máquinas e o computador só poderão piorar a presente situação mundial de calamidade social. Como mostrei, essa mudança de mentalidade passa necessariamente pela educação, auto-educação e pelas atividades artísticas, mas sem o computador!

Essa mudança de mentalidade envolve um ponto absolutamente fundamental. O racionalismo unilateral introduzido por Descartes deve ser frutificado com o exercício das emoções, principalmente do calor humano – para ser claro, do exercício do amor altruísta. Para isso, o pensamento deve ser enriquecido com o sentimento, a fim de que a visão que temos do mundo e da humanidade passe a ser mais humana e menos de máquina, e não se tomem mais decisões frias, desumanas. Justamente a arte pode ajudar a desenvolver esse novo pensamento, um "pensamento vivo".

O computador veio contribuir para o aumento do frio racionalismo, esse fruto de um "pensamento morto". A atividade artística feita com ele permanece no âmbito do racionalismo; mas sem ele ela é um caminho para o equilíbrio entre o cérebro das abstrações e o coração das emoções, a fim de se desenvolver e praticar um pensamento vivo. Quem sabe assim pararemos de enterrar viva a humanidade.

Apêndice

Gesetz und Freiheit
Goethe (Weimar/Jena, entre 1790/1805)

Natur und Kunst, sie scheinen sich zu fliehen
Und haben sich, eh' man es denkt, gefunden;
Der Widerwille ist auch mir verschwunden,
Und beide scheinen mich anzuziehen.

Es gibt wohl nur ein redliches Bemühen!
Und wenn wir erst, in abgemess'nen Stunden,
Mit Geist und Fleiss uns an die Kunst gebunden,
Mag frei Natur im herzen wieder glühen.

So ist's mit aller Bildung auch beschaffen:
Vergebens werden ungebundne Geister
Nach der Vollendung reiner Höhe streben

Wer Grosses will, muss sich zusammenraffen:
In der Beschränkung zeigt sich erst der Meister,
Und das Gesetz nur kann uns Freiheit schaffen.

[Goethe, 1840, v.2, p.229]

Lei e Liberdade
(Trad. V. W. Setzer; rev. R. Lanz)

Natureza e arte parecem distanciar-se
E antes que se pense, encontraram-se;
A repulsa também desapareceu-me,
E ambas parecem igualmente atrair-me.

Só é possível um honesto esforço!
E se, durante algumas horas comedidas,
Ligamo-nos à arte com espírito e aplicação,
Volte a Natureza livremente a arder no coração.

É assim que acontece com toda formação:
Inutilmente espíritos sem amarras
Almejarão da pura altura a perfeição.

Quem busca o grande, de concentração tem
                              [necessidade:
O mestre revela-se na sua limitação apenas,
E somente a lei pode nos gerar liberdade.

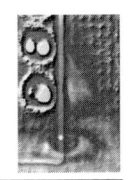

A censura e outras questões da Internet

Este ensaio foi enviado em 21/5/97 ao jornal *O Estado de S. Paulo*, mas não foi publicado.

Na edição de 19/5/97, a seção "Espaço Aberto" desse mesmo jornal publicou interessante artigo do Prof. Sílvio Meira, da Universidade Federal de Pernambuco. Nela, o Prof. Meira protesta contra possível decisão da Corte Suprema dos Estados Unidos, que planejava introduzir restrições à divulgação, pela Internet, de material pornográfico. Não pense o leitor que vou posicionar-me aqui contra meu colega. Quero somente chamar a atenção para o fato de que a questão não é tão trivial quanto ele coloca, merecendo mais reflexão e discussão. Aproveito para abordar outros problemas da Internet.

O Prof. Meira afirma, com razão, que existe uma liberdade total na Internet (se bem que, aparentemente, já existem leis restritivas na Alemanha e em outros países como, por exemplo, contra a pedofilia). Isso é uma absoluta novidade em termos de comunicação. Ele também afirma: "Hoje já existem várias formas de impedir o acesso a determinados *web sites* da Internet". Só que ele não diz que esses meios devem ser introduzidos pelo próprio provedor do *site* (como sistemas de senhas de acesso) ou então instalados no computador do usuário por este próprio (como os chamados "filtros"). No primeiro caso, é ingenuidade crer que um provedor vá restringir de livre e espontânea vontade o acesso às informações que ele coloca à disposição. Essa situação lembra bem o caso das TVs. Enquanto deixarmos por conta das emissoras, elas nunca vão censurar-se, pois, em geral, elas não vendem programas, mas sim número de telespectadores aos anunciantes, como muito bem chamou a atenção Brandon Centerwall [1992, p.3062]. Assim, quanto mais gente assistir aos seus programas violentos e com cenas de sexo melhor para elas. Só se os telespectadores se organizassem e boicotassem esses programas, eles deixariam de ser transmitidos, mas infelizmente há aí um círculo vicioso, pois esses mesmos programas imbecilizam os telespectadores. Do mesmo modo, não se pode esperar que todos os locais públicos da Internet com material impróprio a crianças e jovens sejam providos de senhas. Além disso, que impediria uma criança de criar sua própria senha? Quanto aos filtros, se os pais não põem quase restrições ao que seus filhos vêem na TV, como se pode esperar que eles introduzam filtros em seus micros para impedir seus filhos de fazer determinados acessos?

Liberdade é hoje em dia essencial ao ser humano. Só que ela só faz sentido se usada com critério e responsabilidade. Tenho uma grande dúvida se a humanidade chegou ao ponto de poder contar com algo que envolva uma liberdade irrestrita. Nesse sentido, a Internet pode ser uma manifestação de uma das possíveis atitudes negativas dos seres humanos: adiantar o futuro antes que estejamos maduros para isso. A atitude negativa oposta é muito mais freqüente: voltar ao passado, isto é, pensar, sentir e agir como se ainda estivéssemos em épocas anteriores. Manifestações disso abundam: racismo, nacionalismo, sexismo, fanatismo religioso, diminuição da consciência (como na propaganda), etc. Quero deixar bem claro que admiro profundamente a liberdade introduzida pela Internet. Ela parece maravilhosa e deveria levar a uma maior responsabilidade e consciência. Mas tenho dúvida se ela é adequada à constituição psíquica humana presente. Seria necessário mais experiência e reflexão para se chegar às conclusões do Prof. Meira, isto é, de que é benéfico manter sua total liberdade.

Abordemos ainda brevemente dois outros problemas ligados às crianças e aos jovens, já que a preocupação é com eles. A Internet, se usada educacionalmente, introduz uma espécie de Educação Libertária, isto é, o aluno ou a criança, em seu lar ou escola, tem total liberdade de, por intermédio da rede, fazer o acesso a informações. No entanto, estas podem não ser próprias para sua maturidade e ambiente. Toda educação, no lar e na escola, tem sido por tradição altamente contextual, isto é, teoricamente apropriada a quem a recebe. Os pais, em geral, escolhem os livros que seus filhos devem ler, escolhem os ambientes onde levá-los, etc. Os professores sempre dão aulas levando em conta a maturidade dos alunos, o que eles ensinaram ontem e na semana anterior, o que os outros professores estão ministrando, etc. Porém, se uma criança ou jovem usa a Internet educacionalmente, entra em um sistema sem nenhum contexto em relação a ele. Elimina-se assim um aspecto fundamental da educação: a orientação, isto é, o fato de os adultos saberem melhor do que as crianças o que é bom e adequado para elas. Minha recomendação é que, se um pai acha indispensável que seu filho aprenda a usar a Internet (o que para mim é uma grande falácia), que pelo menos ele esteja permanentemente ao lado da criança ou jovem, orientando-os no uso.

Finalmente, mais um problema: a Internet exige um enorme esforço de autocontrole. O lixo informativo nela armazenado está crescendo exponencialmente. É preciso muito critério para uma pessoa concentrar-se e buscar apenas o que lhe é útil, não ser atraído por baboseiras perniciosas e despender apenas o tempo necessário para obter as informações procuradas (quantos dos leitores cibernautas não vararam a noite ligados à Internet, sem um proveito mínimo?). Do ponto de vista de educação de nossos jovens, isso exigiria deles um autocontrole que deveria ser próprio de adultos, e nunca de crianças ou jovens com menos de 17 anos.

Esses dois casos, liberdade exagerada e necessidade de autocontrole, forçam crianças e jovens a se comportar como adultos. Usando o título de um magnífico livro de Neil Postman, do Departamento de Comunicações e Cultura da Universidade de New York, eu diria que o uso da Internet (e de computadores em geral, mas isso é um outro tema) por crianças contribui para o "desaparecimento da infância" [1999] – e da juventude também. Isso tende a levar a futuros adultos aleijados emocional e psiquicamente. Um futuro socialmente ainda mais trágico do que o presente nos aguarda.

8

A miséria da computação

1. Introdução

Este artigo foi publicado em *O Suplemento – Informativo da Associação dos Engenheiros do ITA*, nº 27, nov./dez., 1998, p.4. Eu já havia abordado anteriormente esse tema, em inúmeras palestras, principalmente para empresas, e em 10 artigos que escrevi, e que iriam ser publicados no *Jornal de Software*, que saía mensalmente. Infelizmente esse jornal foi uma das muitas vítimas do Plano Collor, de modo que foram publicados apenas 7 deles [Setzer, 1989]. Para *O Suplemento*, escrevi uma síntese dos 10.

Miséria da Computação (MiCo) é ficar horas tentando acertar um *software* que simplesmente se recusa a obedecer, esquecendo-se de ir ao banheiro, comer, namorar, dormir e fazer quaisquer outras coisas normais para quem não foi agarrado pelo computador; MiCo é gastar um tempão "surfando" através de lixões na Internet, sem conseguir chegar a algum *site* com a informação desejada; MiCo é receber dezenas de *e-mails* por dia; MiCo é perder tudo o que se está fazendo por falha da energia elétrica, travamento do micro ou por causa de um ralador misterioso que passou pelo disco rígido; MiCo é um *software* bonitinho, mas ordinário, que não tem funções que qualquer *software* decente deveria ter, ou faz coisas que não deveria fazer; MiCo foi o *bug* do ano 2000; MiCo é o prejuízo que as empresas têm com a informática; MiCo é a "síndrome do processamento de dados", que assola programadores e analistas de sistemas: insônia, falta de apetite, irritabilidade, anti-sociabilidade, desinteresse por tudo, e outros sintomas; MiCo é ainda uma porção de outras misérias causadas pelos computadores nas empresas, nos usuários e nos programadores. Uma das indicações de que ela está ocorrendo é ter-se vontade de xingar ou destruir o computador que se está usando direta ou remotamente.

2. Origem da MiCo

De onde vem essa miséria, que ocorre em grau muitíssimo maior do que com outras máquinas e assola todas as pessoas que usam um computador, incluindo os programadores? Ela vem da própria natureza do computador. De fato, ele é uma máquina como jamais houve na História. As outras máquinas têm uma funcionalidade que pode ser resumida numa breve frase: servem para transformar, transportar ou armazenar matéria ou energia. Por exemplo, um automóvel transporta matéria, um torno transforma matéria, uma usina hidrelétrica transforma a energia potencial da água em energia elétrica, uma bateria armazena energia elétrica, etc. E o computador? Também tem essas funcionalidades, mas com algo que não é matéria nem energia: dados. Defino *dados* como uma representação simbólica quantificada ou quantificável. Eles podem, eventualmente, representar informações muito particulares. Aqui é preciso distinguir o computador como máquina de armazenar textos, som ou vídeo, caso em que não difere fundamentalmente de um livro ou de um gravador (senão pela facilidade que pode proporcionar na busca). A grande distinção do computador acontece quando ele processa dados, pois isso é feito em uma matemática restrita, a algorítmica, que é um caso particular da lógica simbólica. Por exemplo, ao se ativar esse iconezinho que estou vendo na 4ª linha da tela, contendo pequenas linhas de mesmo tamanho, o parágrafo em que estou trabalhando será alinhado verticalmente à esquerda e à direita. Para fazer isso, o computador pode processar o parágrafo linha a linha, encostando as palavras da esquerda para a direita por meio de movimentos dos seus caracteres, deixando entre cada duas consecutivas o mínimo espaço em branco estabelecido para a tela ou impressora. A seguir, conta quantos espaços sobraram à direita e divide essa quantia pelo número de palavras da linha menos um, obtendo o número de espaços que deve ser inserido entre cada duas palavras. Finalmente, cada palavra é movida para sua posição definitiva, da direita para a esquerda, caractere a caractere, inserindo os espaços em branco antes da próxima palavra. Assim, o pobre usuário não está percebendo, mas ele está ativando uma função matemática. Qualquer comando que se dá para um computador, numa linguagem (eventualmente icônica) de controle de qualquer *software*, é na verdade parte de uma linguagem estritamente formal, que ativa funções matemáticas na lógica simbólica definida pelo computador. Assim, caracterizando-se as outras máquinas como *concretas*, pois atuam diretamente sobre algo da natureza ou alguma matéria artificial, deve-se caracterizar o computador como máquina *abstrata*. Ele trabalha com *pensamentos* que foram introduzidos dentro dele sob forma de instruções de um programa, de dados, ou de comandos de controle de um *software* (como o tal iconezinho ou, em antigos processadores de texto, acionando-se, por exemplo, as teclas Ctrl e J). Jamais se deveria dizer que um computador *pensa*: o que ele faz é simular pensamentos restritos colocados dentro dele. Como simulador, ele reage cegamente, e nunca com criatividade (senão, não faria o que se deseja que ele faça), que é uma das características do verdadeiro pensar. A propósito, é justamente por simular certos tipos de pensamentos que a CPU pode ser construída cada vez menor: experimente-se diminuir sucessivamente um automóvel ou um liquidificador para ver no que dá. Conceitos, observados pelo pensamento, não existem fisicamente como, por exemplo o de uma circunferência perfeita e, portanto, não ocupam espaço.

3. Exemplos

É daí que advém toda a MiCo. Por exemplo, tomemos o caso dos programadores. É possível desenvolver-se um programa sem nenhuma disciplina, planejamento ou documentação, simplesmente colocando-se nele instruções da linguagem de programação sem muito pensar. Obviamente, tal programa não vai funcionar. Não há problema, é só ir introduzindo nele remendos sem qualquer disciplina, testando-o consecutivamente até que passe a funcionar. Se forem dois ou mais programadores, é possível que se ouça um grito como: "não mexa mais!". Sim, pois a verdade é que ninguém sabe qual o funcionamento de praticamente qualquer programa de porte razoável ativo hoje em dia, pois quase todos eles foram elaborados, testados e remendados sem disciplina e basicamente sem documentação. Suponhamos que, por um milagre, os programadores de um sistema não caíram na MiCo, tendo documentado bem cada programa. Durante a alteração do sistema para correção de erros ou para mudanças nas regras do negócio (devidas, por exemplo, a mudanças de procedimento da empresa ou de leis), a MiCo vai se impor e não serão feitas documentações das alterações, anulando assim a bela documentação inicial, que não corresponderá aos novos estados do sistema. Assim, qualquer alteração em um programa pode causar ações imprevisíveis, fazendo com que ele deixe de funcionar.

É essa a miserável origem do *bug* do ano 2000, com o qual foram gastos centenas de bilhões de dólares: programas malfeitos e mal documentados. Perdão pelo exagero, em geral não há documentação nenhuma, pois o computador simplesmente não usa a documentação para "executar" (a palavra correta é "interpretar") um programa, isto é, ela não é necessária. Como comparação, alguém já viu um prédio ou uma máquina projetados sem documentação? Se os programas-fonte tivessem sido preservados e bem documentados, teria sido relativamente fácil e barato alterar todos os programas para corrigir o *bug* do ano 2000. Por exemplo, cada variável que contivesse uma data poderia ter seu identificador (nome) começando com a palavra Data, como Data_da_fatura. O problema é que, por causa da MiCo, os programadores elaboraram programas indisciplinadamente e chamaram uma variável contendo data de, por exemplo, XYZ. Aliás, uma das MiCos é que, em geral, as linguagens de programação, como (desculpem citar tanta miséria) C ou Pascal não têm o tipo primitivo "data" – Java tem pelo menos este, por meio de uma classe – nem o tipo "moeda". No entanto, esses dois tipos provavelmente aparecem em quase todos os programas do mundo! Com isso, foi necessário examinar cada programa e deduzir o que ele fazia (daí empresas terem cobrado a correção por número de linhas de cada programa), para se descobrir quais XYZ contêm uma data e mudar seu formato para conter quatro dígitos (por exemplo, 1985) em vez de dois (85). (Outras soluções foram também empregadas, pois esta última é desastrosa em termos de arquivos, já que a adição de 2 dígitos no campo do ano significaria o aumento do tamanho de cada registro.) Mas deduzir o que e como faz um programa malfeito sem documentação decente é uma tarefa insana – pergunte-se a qualquer pobre programador que já passou por essa infeliz experiência – e caríssima. Haja MiCo! E outra: o computador é a única máquina para a qual se pode projetar e com a qual se pode produzir coisas malfeitas (no caso, *software*) que funcionam.

Insistindo: compreendendo-se a essência de um computador, isto é, ser uma máquina abstrata, e o fato de ele *forçar* um pensamento lógico-simbólico alienado da realidade no usuário ou programador, pode-se entender a origem de todas as MiCos.

Mais um exemplo: se alguém faz musculação 8 horas por dia, todos os dias úteis da semana, fica com um corpo de gorila (e provavelmente mentalidade também...). E se for forçado a pensar algoritmicamente, lógico-simbolicamente durante 8 horas por dia, como é o caso de um programador ou infeliz usuário constante de um computador? Obviamente, ele não vai ficar com músculos no cérebro, mas certamente isso não passará em brancas nuvens. Afinal, o ser humano incorpora todas as suas vivências (daí a violência na TV e nos videogames induzirem atitudes agressivas, como já foi suficientemente provado – ver os artigos a respeito neste volume). O resultado são alguns dos sintomas da síndrome do processamento de dados descritos no primeiro parágrafo. Assim, por exemplo, anti-sociabilidade pode ser compreendida pelo fato de o computador ser uma máquina determinista, isto é, totalmente previsível (quando funciona direito), e as pessoas não. Além disso, o usuário ou programador não trabalham em contato com gente, mas com uma máquina. Conjeturo que uma outra conseqüência, que noto em mim mesmo, é rigidez de pensamento como, por exemplo compreendendo-se somente o que é formulado com coerência lógica.

Finalmente, vejamos o caso do prejuízo que as empresas têm com a Tecnologia de Informação. Vou citar literalmente, forçando quase uma transliteração, para ninguém botar defeito, o livro do matemático e atual "conhecimentólogo" Keith Devlin [1999, p.20]:

"De acordo com o censo dos Estados Unidos [EUA], em 1950 havia menos de 900 operadores de computadores nos EUA; em 1960 ainda havia somente 2.000. Em 1970 havia 125.000 e, em 1985, ao redor de 500.000.

Naquele ano, 1985, os gastos com equipamentos de processamento da informação foram responsáveis por 16% do total de capital investido no setor de serviços (num total de 424 bilhões de dólares), 6% a mais do que 15 anos antes. Em 1966, companhias americanas despenderam 43% de seu orçamento em *hardware* de computadores – colossais US$ 213 bilhões, mais do que elas investiram em fábricas, veículos, ou qualquer outro tipo de equipamento durável.

Sobre o custo de *hardware* de computadores, houve todos os custos com o pessoal associado, os custos de manutenção e operação, os de prédios e manutenção de salas especiais com ar condicionado e os de treinamento associados. Tomados em conjunto, todos esses custos adicionais responderam por muito mais do que o do equipamento. O custo total de computação para 1996 foi aproximadamente US$ 500 bilhões nos EUA e mais de US$ 1 trilhão [já se viu miséria desse tamanho???] no mundo todo.

E, obviamente, enquanto os custos estavam subindo vertiginosamente [*rocketing*], também estava subindo a potência computacional que cada dólar comprava, dobrando mais ou menos a cada 18 meses.

Como esse crescimento fenomenal em gastos com computação afetou a produtividade? Entre 1950 e 1965, nos primórdios da computação, a produtividade nos EUA subiu aproximadamente 2% ao ano. Desde meados da década de 60, à medida que o crescimento dos computadores estava se acelerando, os ganhos de produtividade permaneceram abaixo de 2%.

Em resumo, o enorme crescimento no uso de computadores não levou ao aumento de produtividade. Este é o 'paradoxo da produtividade'."

Em seguida, ele pergunta: "Então, o que deu errado?" e responde que, em sua opinião, "nós ainda não sabemos como administrar a informação". (Ver o capítulo 11, sobre dados, informação, conhecimento e competência.)

O diagnóstico está aí: uma miséria total. Estão se gastando fortunas em uma máquina que produz o quê? Roupa para nos vestir, moradia para nos abrigar, alimento para comermos, transporte para nos locomover? Não, essa máquina miserável não só está consumindo fábulas de recursos, mas, miséria das misérias, ela não produz absolutamente nada consumível, uma máquina que no fundo não faz nada!

4. O que fazer?

Não sou um ludita, isto é, alguém que quer destruir as máquinas. Se assim fosse, não seria, por exemplo, um rádio-amador (PY2EH). Creio que elas têm uma missão muito importante na história da humanidade: libertar o ser humano de forças naturais que ele tem dentro e fora de si. Por exemplo, um avião ou um navio me dão a liberdade de ir para a Europa visitar meus netinhos, o primeiro sem ter de gastar muito tempo. Mas o que está acontecendo é justamente o contrário: as máquinas estão servindo para restringir a liberdade do ser humano, pois estão sendo mal-usadas. Somente uma compreensão do seu funcionamento e de sua influência nos usuários e no meio ambiente permitirá que se as coloque em seu devido lugar, isto é, que sirvam para elevar o ser humano, e não degradá-lo (ver artigo sobre a missão da tecnologia neste volume).

No caso dos computadores, o importante é utilizá-los somente quando realmente necessário, não exagerando o seu uso, interrompendo-se o trabalho individual com eles de tempos em tempos e tomando atitudes como forçar-se a si próprio a escrever inicialmente à mão para só depois digitar o texto. Assim, força-se o treino da enorme disciplina interior necessária para escrever-se com fluência sem muitas correções, pensando sobre a ortografia, usando o movimento harmonioso da escrita cursiva, etc. Por outro lado, um editor de textos permite escrever-se de maneira totalmente indisciplinada, não havendo necessidade de se prestar atenção no fluxo das palavras e frases, nem na ortografia. Posteriormente tudo poderá ser alterado e movido de lugar. Como pouca gente gosta de se enquadrar em regras e disciplinas, o editor acaba por induzir à indisciplina mental. Se o uso de um computador for inevitável e não houver escapatória, é absolutamente necessário compensar os pensamentos secos, rígidos, mortos, impostos por ele, com uma verdadeira higiene mental. Creio que o antídoto correto para esses pensamentos é o exercício de atividades artísticas, nas quais se emprega um pensamento pleno de realidade e não-formal vinculado a sentimentos.

O mau uso com adultos tem conseqüências trágicas, mas, quando se trata de crianças, a coisa fica catastrófica, pois o pensamento formal forçado pelo computador significa forçar a criança ou o jovem a pensar e atuar como um adulto, acelerando indevida e unilateralmente seu desenvolvimento intelectual. Mas esse é um assunto para um outro artigo, não mais sobre a MiCo, porém sobre o CriCo, o Crime do Computador, que é cometido quando se permite a uma criança ou a um jovem adolescente usar essa máquina miserável em qualquer aplicação.

9

Homens, mulheres e computadores

1. Introdução

Escrevi este ensaio originalmente em inglês (ver em meu *site*), em maio de 1994, em resposta a uma pergunta de minha ex-aluna Dilma Menezes, que então fazia seu doutorado no Georgia Institute of Technology, sobre um artigo da revista *Newsweek*. Escrevi-o também para enviá-lo à excelente lista eletrônica Ethics-L, sobre ética na computação, da qual eu fazia parte naquela época. A tradução foi feita por Adolfo Neto, Professor de Técnicas de Programação do CEFET-AL, que queria discutir o assunto com seus alunos, e revista por mim. Ela foi digitada por Jacqueline Félix, então aluna do quarto ano do curso de informática da CEFET-AL.

Na sua edição de 16 de maio de 1994, a revista *Newsweek* trouxe um artigo de capa intitulado "Men, Women & Computers – the Gender Gap in High Tech", "Homens, mulheres e computadores – a distância entre os sexos no campo da alta tecnologia".

Para examinar a questão por que os homens se comportam de maneira diferente das mulheres com relação ao uso dos computadores e ao seu interesse neles, é necessário começar observando quais são as diferenças essenciais entre os sexos. Como não sou um psicólogo, não vou cobrir as várias teorias psicológicas tradicionais sobre o assunto, como, por exemplo, a teoria de Jung, que leva em consideração as diferenças entre "animus" e "anima". Em vez disso, vou basear-me em observações próprias, nas de minha esposa (que é médica) e no bom senso. As considerações escritas abaixo aplicam-se às diferenças em geral; elas não podem ser aplicadas a indivíduos em particular a não ser como base para mais observações.

2. Corpo físico

Existe uma belíssima gravura de Albrecht Dürer, de 1504, chamada *Adão e Eva* (no Museum of Fine Arts, em Boston [Orlandi, 1970, p.58]), que apresenta muito bem as conhecidas diferenças como altura, músculos (Eva é mostrada sem músculos aparentes nas coxas e nas pernas enquanto Adão tem uma figura atlética mostrando mais poder), etc. Lothar Vogel, em seu livro sobre a "trimembração" do organismo humano (introduzida por Rudolf Steiner em 1917 [1960, p.150]), trocou as figuras de Dürer por esqueletos, exatamente na mesma postura da gravura original [Vogel, 1967, pr.X]. Assim, pode-se ver as impressionantes diferenças na curvatura do crânio, na formação do peito e nas proporções da pélvis. As articulações na figura feminina são mais soltas. O esqueleto feminino dá a impressão de ser mais arredondado, e o masculino mais angular e retilíneo. A constituição física diferente manifesta-se na forma diferente de caminhar: homens caminham de uma forma mais ereta, as mulheres movimentam os quadris de forma mais arredondada, gingando. Tem-se a impressão de que a figura masculina é mais direcionada para o seu exterior, e a feminina mais para o interior. Se alguém faz um gesto de arredondar os braços à frente do corpo, tocando uma mão na outra, tem-se o gesto tipicamente feminino de unir, coletar, embalar (o que lembra a bela Madonna Sistina de Rafael [Civita, 1968b, pr.XIII], que tive a felicidade de apreciar na Gemäldegalerie em Dresden; os rostos dos ainda não-nascidos são impressionantes no original).

3. Vontade, ações

Os homens tendem a ser mais ativos e agressivos, vivendo mais na esfera motora, com um maior senso prático relacionado às coisas concretas. As mulheres tendem a ser mais passivas, com maior atividade interna. Elas são bastante práticas com relação a coisas subjetivas (por exemplo, comida, que envolve gosto).

4. Sentimentos

Os homens são tipicamente movidos por desafios aos seus limites individuais. As mulheres tendem a ser mais sociais e orientadas à família. É um fato típico que elas sabem como seus filhos dormem e o que eles gostam de comer, algo que, em geral, é estranho para os pais. Os homens tendem a dominar mais as ações que executam baseadas em sentimentos, mantendo mais distância deles.

5. Pensamento

Aqui se podem resumir as principais diferenças com duas palavras: os homens têm uma tendência a um pensamento mais analítico, e as mulheres a um pensamento mais sintético. (Enquanto eu estava escrevendo o original deste ensaio, conversando sobre essas idéias com minha esposa, ela disse: "Está vendo? Você já está classificando tudo!") Assim como com relação aos sentimentos, o pensamento dos homens tende a ser mais objetivo, abstrato, simbólico-formal, mantendo distância. As mulheres tendem mais ao subjetivo, integrador e a tomar parte da coisa sendo pensada. Os homens tendem a tirar conclusões muito rapidamente, as mulheres gostam de ficar mais tempo nas suas observações.

6. Sistemas

Rudolf Steiner expandiu a classificação sistêmica comum, que inclui os sistemas neuro-sensorial e circulatório-respiratório, adicionando o sistema metabólico-motor [Lanz, 1998, p.30]. Pode-se também caracterizar as diferenças de sexo dizendo que os homens tendem para as partes neurológica, respiratória e motora, e as mulheres para as outras três. De fato, as mulheres em geral têm mais consciência dos seus sentidos, como notar o que uma outra pessoa está vestindo, se há uma bela flor na sala, etc. O sistema circulatório é mais interno que o respiratório, que está permanentemente em troca com o exterior. O sistema metabólico, tão conectado ao circulatório, é tão potente nas mulheres que elas têm a força de gerar internamente, manter e alimentar outro ser. (Uma observação interessante é que os homens são mais sujeitos a doenças circulatórias – a partir disso, poder-se-ia formular a hipótese de que o seu sistema correspondente não é tão forte.)

Bernard Lievegoed resume todas essas diferenças dizendo que os homens têm as suas forças voltadas para o mundo exterior, enquanto as mulheres as têm voltadas para o interior [1991, p.21]. Talvez os homens não seriam capazes de agüentar as dores do parto... A sabedoria que existe na natureza é mesmo infinita.

7. Relações com máquinas

Usando os itens anteriores para formar uma imagem de cada sexo, pode-se entender por que os homens são muito mais ligados às máquinas do que as mulheres. Os homens estão interessados nos seus aspectos mentais, isto é, por que e como elas funcionam. As mulheres estão em geral mais interessadas em usá-las como ferramentas, e não se preocupam em entendê-las. (Proponho uma experiência: pergunte-se a qualquer grupo de pessoas quantos homens e quantas mulheres sabem como um motor de combustão interna funciona, quais são os propósitos dos cilindros, alternador, etc.) Os homens estão interessados em explorar agressivamente os limites das máquinas; as mulheres em geral ficam satisfeitas se as máquinas fazem as tarefas necessárias e não mostram curiosidade em explorar outras formas mais eficientes de fazer as mesmas coisas. (Uma vez, observando minha esposa fazendo geléia de morango, notei que ela deixava as frutas fervendo até que o líquido tivesse quase completamente evaporado. Imediatamente tive a idéia de extrair o líquido com uma concha e uma peneira para separar as frutas, e daí ferver a mistura mais rapidamente, preservando os nutrientes; o líquido extraído é usado como concentrado para sucos e iogurte.) (E nunca mais tivemos geléia de morango de verdade, apenas compota [esta frase foi digitada por minha esposa enquanto ela lia o original deste ensaio, já digitado no micro].)

8. Computadores

Computadores são máquinas abstratas que continuamente simulam um tipo bem restrito de pensamento lógico-simbólico e matemático, o chamado pensamento algorítmico. Desse modo, pode-se entender por que a *Newsweek* diz que, de acordo com a National Science Foundation, Fundação Nacional de Ciência dos Estados Unidos, "existem três vezes mais homens recebendo diplomas de graduação e pós-graduação em Ciências da Computação do que mulheres, e essa diferença está aumentando". Claro, isso significa que as diferenças gerais apontadas acima ainda não foram pervertidas. Sherry Turkle, do MIT, é citada na reportagem como tendo dito sobre os computadores que estes vieram para criar "um mundo sem emoções" – uma imagem que parece assustar mais à garotas do que aos garotos, adiciona a *Newsweek*. Obviamente, pensamento formal e simbólico não contém emoções, a não ser pela excitação de depurar um programa ou dominar a maldita máquina, que se recusa às vezes a fazer o que se tem certeza de que ela deveria fazer, etc. – características tipicamente masculinas. Por exemplo, quando digitei o original deste artigo, eu tinha um velho *laptop* e um *notebook* moderno para a época, 1994. O primeiro tinha *Word 4* (não tinha disco rígido), e o último *Word* para *Windows*. Cansei-me de dizer à minha esposa que ela iria ser capaz de fazer muito mais coisas, de forma mais fácil e mais rápida se ela usasse o *notebook*. Ela recusava-se, dizendo: "Mas eu estou tão satisfeita com meu velho computador... Ele faz tudo que eu preciso. Por que eu vou usar outro sistema? Eu não quero aprender tudo de novo!" Ela tentou usar o *mouse*, mas, como muitas pessoas, teve problemas de coordenação no começo. Isso foi o suficiente para ela não tentar outra vez até que o velho *laptop* quebrou definitivamente. A *Newsweek* cita R. Anderson, autor de *Computers in American Schools*, (*Computadores nas Escolas Americanas*), como tendo dito que "Garotos e garotas são igualmente interessados em computadores até mais ou menos a quinta série; nesse ponto o uso dos garotos aumenta significativamente e o das garotas diminui." Isso é uma verificação do óbvio: é nessa idade que a diferenças de gêneros apontadas acima começam a se desenvolver. As garotas, em geral, desenvolvem-se muito mais rápido do que os garotos. Acredito que essa diferença com relação ao interesse em computadores é saudável e corresponde às diferenças "naturais" entre um sexo e outro. Estar-se-ia quebrando a evolução individual "natural" se se forçasse as garotas a ter mais interesse nos computadores, e os garotos a ter menos. Bem, é preciso afirmar aqui que eu sou absolutamente contra o uso de computadores antes do ensino médio (colegial), sob qualquer forma, mas isso é um outro assunto (ver os artigos a respeito neste volume).

A *Newsweek* menciona que a primeira programadora foi Lady Ada Lovelace, assistente de Charles Babbage, e faz o seguinte comentário que, de acordo com as minhas observações acima, não poderia ser mais estúpido: "Se [Ada] tivesse se tornado um modelo, talvez centenas de milhares de garotas teriam passado suas adolescências trancadas em seus quartos olhando para a tela de um computador". Felizmente, elas foram mais espertas e não fizeram isso!!! Continuando, a *Newsweek* cita Marcelline Barron, administradora da Academia de Ciências e Matemática de Illinois, uma escola mista com internato somente para estudantes superdotados (???). Barron lamenta que as garotas estejam "fazendo suas unhas ou preocupando-se com seus cabelos" e diz que "nós temos esse tipo de expectativa para garotas; elas devem ser limpas, devem ser quietas". Talvez as garotas estejam preocupadas com suas unhas porque seus pais e a escola não lhes deram outros interesses mais substanciais, como formação artística e amor à leitura (ambos devem evidentemente também ser dados aos garotos). Mas o que preocupa mais nessa afirmação é acreditar-se que as garotas comportam-se dessa forma por causa de influências culturais. Na minha opinião, pode-se ver aqui um desenvolvimento "natural", e não cultural. Obviamente, o ambiente cultural tem um papel importante, mas eu tentei mostrar que as características humanas profundas no uso e no interesse pelos computadores estão relacionadas às diferenças gerais entre sexos. Maridos e mulheres não devem ficar impacientes com seus cônjuges: felizmente, todos estão se comportando como deveriam com relação à sua natureza.

Agora, o ser humano não é um ser puramente "natural" – é por isso que uso aspas nessa palavra. Isso significa que o indivíduo pode ter certas tendências "naturais", mas pode superá-las por meio da sua própria livre vontade. Nesse sentido, talvez uma mistura das características masculinas e femininas seja o ideal. Os homens não devem deixar que sua fascinação por máquinas e por um pensamento abstrato-analítico os domine, ficando imersos por horas no mundo artificial, virtual, irreal dos computadores, às vezes fazendo coisas absolutamente idiotas, ou pensando sempre logicamente – a vida não é puramente lógica! Uma crônica cheia de humor, escrita por George Hackett, acompanha o primeiro artigo na revista *Newsweek*. Uma amostra dessa crônica: "Meu processador de texto, por exemplo, consegue não apenas pegar a primeira letra de qualquer parágrafo, colocá-la de cabeça pra baixo e deixá-la vermelha. Ele faz isso de 42 formas diferentes! Eu já passei várias noites instalando macros que fazem coisas como imprimir meu horóscopo na parte de trás de envelopes. Isso é que é uma coisa bastante útil!" Por outro lado, as mulheres devem fazer um esforço para ser curiosas a fim de entender a tecnologia (apenas esse entendimento torna possível colocá-la no seu devido lugar) e aprender novidades que podem ser úteis.

O outro artigo que acompanha os dois anteriores na *Newsweek* é de Deborah Tannen. Ela chama a atenção para o fato de que as mulheres amam o correio eletrônico, apesar de serem submetidas a referências horríveis com relação a sexo pelos homens (claro, quem é o agressivo?). Isso é óbvio, essa é uma parte social muito interessante da computação! Uma lista de *e-mail* junta pessoas com interesses comuns de uma forma como não era possível antes (lembre-se do gesto feminino de abraçar). E eu acho que a lista Ethics-L mostrou por anos que é possível manter o nível, a educação, o respeito e a boa vontade em sistemas de *e-mail*. Mas deve-se evitar torná-lo "muito masculino", isto é, de uma pessoa deixar de lado a educação, a etiqueta, como não cumprimentar, não se despedir, não colocar uma "assinatura" com seu nome e localidade, enviando apenas textos telegráficos superobjetivos, etc. Aliás, vi inúmeras listas eletrônicas interessantes fracassarem justamente porque os participantes não se contiveram, enviando mensagens imensas, ou várias mensagens em um só dia, respondendo sem refletir, escrevendo apenas uma linha, etc.

Quando escrevi o original deste ensaio, propus que os leitores lessem aqueles interessantes artigos da *Newsweek* e comparassem seus conteúdos com as considerações aqui apresentadas. Como um representante masculino tipicamente ambicioso, espero que estas possam jogar um pouco de luz no assunto, tornando algumas pessoas mais conscientes das suas diferenças naturais de sexo e mais tolerantes ao sexo oposto, levando-as à auto-educação para atingir um equilíbrio.

10

A missão da tecnologia

Este artigo foi escrito originalmente em inglês (ver em meu *site*), em 1996. Esta versão não é uma simples tradução, diferindo bastante do original. Uso aqui a expressão "tecnologia" em seu uso comum derivado do inglês, referindo-se a máquinas e instrumentos.

Muitas pessoas podem achar estranho que haja alguma razão profunda para a existência da tecnologia. Isso talvez seja porque se tenha abandonado antigas visões de mundo, em que este e a vida tinham um sentido. Penso que foi o darwinismo que contribuiu decisivamente para introduzir nos meios científicos e em muitas pessoas leigas a noção corrente de que o mundo e a vida são frutos do acaso. Nos primórdios da ciência moderna, cientistas como Newton e Descartes ainda abraçavam uma visão de mundo religiosa e procuravam no conhecimento da natureza uma manifestação divina. Para eles, obviamente havia um sentido em tudo. Minha motivação para achar que deve haver uma razão para a existência da tecnologia não é religiosa. Simplesmente não tenho crenças (perdão, na verdade a única coisa em que acredito é que não acredito em nada...). E, por não ter crenças, não posso acreditar no acaso. Essa crença é um dos fulcros da ciência moderna. Parto da hipótese de trabalho de que existe uma causa para tudo no mundo, o que abre um enorme espaço de pesquisa, pois, ao "culpar-se" o acaso como causa de um fenômeno, encerra-se a pesquisa de causas mais profundas para ele.

As causas muitas vezes não são físicas. Por exemplo, uma das primeiras causas de uma casa pode ser o seu projeto, seu modelo, na mente do arquiteto. Qualquer modelo existe somente no mundo platônico das idéias. Isso é claro no caso dos conceitos matemáticos: ninguém jamais viu uma circunferência perfeita, pois ela não pode existir fisicamente. Mas isso se aplica a outros conceitos, como o de "lírio". Os lírios que vemos são manifestações físicas do conceito "lírio", não são o próprio conceito. Como veremos adiante, nosso pensamento pode ser considerado um órgão de percepção de conceitos.

Justamente nas máquinas, a sua manifestação física coincide com o modelo pensado pelo seu projetista [Steiner, 2000a, p.131]. No caso de um ser vivo, obviamente não existe um projetista humano. Mas qual a motivação que pode levar um projetista de uma máquina a idealizá-la? Naturalmente existem razões pessoais conscientes (busca de fama, dinheiro, introduzir comodidade, etc.), mas provavelmente há inúmeras razões, impulsos inconscientes. Um exemplo clássico foi o de Michael Faraday, que nasceu em uma família muito humilde mas que, semi-analfabeto, foi trabalhar aos 13 anos como aprendiz de um livreiro e encadernador, e lá teve o impulso de ler livros científicos. Em seguida, fez o impossível para penetrar nos meios científicos, o que conseguiu e tornou-se um dos maiores físicos experimentais, o descobridor de um dos fatos científicos que mais marcaram a humanidade, o eletromagnetismo [Zajonc, 1993, p.126]. Considero esses impulsos interiores inconscientes de Faraday parte de uma orientação que está sendo dada à humanidade principalmente desde o século XV. Essa orientação manifestou-se desde o século XIX, mas principalmente no século XX, por meio da introdução das máquinas, da tecnologia, em larga escala.

Procurando as razões para a tecnologia, deve-se considerar dois aspectos opostos em relação a ela: o bom e o mau. O seu lado bom tem como missão elevar a humanidade, e o mau o de degradá-la. Estou ciente de fazer aqui um julgamento de valor, algo que a ciência moderna evita fazer, tornando-se desumana.

Pode parecer estranho que algo tenha aspectos positivos e negativos, mas se se observar cuidadosamente, tudo no mundo é assim: nada é 100% bom ou 100% ruim. Por exemplo, tomando-se água em excesso, pode-se até morrer.

O aspecto fundamentalmente "bom" da tecnologia, e que eu classificaria como a sua missão elevada, é o de libertar o ser humano das forças da natureza, tanto interiores como exteriores. De fato, é graças às máquinas que tenho liberdade de visitar minhas filhas e meus netinhos na Europa. Se não fossem o avião e o navio, isso seria impossível. O primeiro ainda dá-me a liberdade de gastar muito menos tempo na viagem, podendo aproveitar muito mais a companhia de meus entes queridos. Quando dou uma palestra, faço-o dentro de um produto da tecnologia: uma sala em uma casa ou prédio. Isso me dá a liberdade de proferir a palestra independentemente das condições climáticas lá fora: pode chover, fazer muito calor ou muito frio, a construção protege-me e aos ouvintes. Um retroprojetor dá-me a liberdade de poder preparar de antemão um resumo com os tópicos da palestra, não precisando perder tempo escrevendo-o num quadro.

Não consigo voar. Mas o avião faz-me suplantar essa limitação natural, libertando-me dela. Não tenho o pêlo ou penas de animais, que me protegeriam do frio ou do calor. Mas as roupas, um produto da tecnologia, fazem esse papel. (Por sinal, o fato de o ser humano não ter pêlo é uma das grandes incógnitas das teorias "científicas" da evolução.)

Por que considero "libertar o ser humano das forças da natureza" uma boa coisa? Porque o ser humano transcende a natureza. Plantas, animais são totalmente naturais. O ser humano só o é parcialmente. Quando os homens das cavernas começaram a fazer suas pinturas rupestres, o ser humano já não era natural. A hipótese de ele nunca ter sido um ser somente natural é viável, desde que se adote, como hipótese de trabalho, uma visão de mundo não materialista, isto é, uma visão de que há processos no universo que não podem ser reduzidos a processos físicos e químicos.

Na verdade, quando digo "libertar o ser humano das forças da natureza", estou partindo da hipótese de que ele pode ser livre. Essa hipótese também só faz sentido em uma visão de mundo não materialista, pois da matéria só podem advir leis naturais inexoráveis. É preciso transcender a matéria para se poder ser livre. Mas a constatação de se ser livre não deveria ser uma mera elucubração mental, mera filosofia. Eu vivencio minha liberdade, por exemplo, ao escolher o meu próximo pensamento. Qualquer um pode ter também essa experiência interior. Vou dar, para isso, um exemplo de um exercício mental em três fases. Inicialmente, deve-se isolar-se de qualquer influência exterior, como excesso de ruído, fechando-se os olhos, e sentando-se numa posição confortável. Na primeira fase, escolha-se mentalmente dois números entre 0 e 9, sem que entre qualquer preferência ou gosto por um ou ambos. Em seguida, fazendo-se uma concentração mental, escolha-se um dos dois números. Finalmente, concentre-se o pensamento nele, por exemplo, imaginando vê-lo em um mostrador. Durante as três fases, deve-se evitar qualquer outro pensamento ou representação mental, concentrando-se o pensamento apenas na ação mental desejada. Um contra-exemplo seria escolher os dois primeiros dígitos do número da residência. O ideal é que essa escolha não tenha absolutamente nada a ver com a experiência ou o gosto por cada número. Qualquer um consegue fazer a concentração da terceira fase, pelo menos durante alguns instantes, e, com treino, esse tempo vai aumentando. Pois bem, qualquer pessoa vai ter a sensação de que nas duas primeiras fases escolheu os dois primeiros números e o número entre eles em completa liberdade, isto é, sente que nada força essa escolha. Vai ainda ter a sensação de, na terceira fase, ter a liberdade de poder concentrar seu pensamento no mostrador com o número escolhido, afastando todos os outros pensamentos, pelo menos por alguns instantes. Um outro excelente exercício é o de contar de trás para frente de 100 até 0, pois aí, mantendo-se o mesmo ritmo de contagem, pode-se ver que se está progredindo no exercício – basta observar até que número se chegou antes que outro pensamento ocupe a representação mental. Mas neste exercício é preciso fazer força para se contar conscientemente, por exemplo, imaginando-se cada número em um mostrador luminoso. O fato de se contar em reverso ajuda um pouco a conscientização, pois não estamos acostumados a isso.

Obviamente, filósofos ou cientistas materialistas poderiam dizer que as escolhas nas duas primeiras fases do primeiro exercício, ou a concentração mental da terceira ou do outro exercício são determinadas interiormente por alguma ação física, como alguma misteriosa atividade neuronal. Mas parece-me fundamental que se perceba que essa não é a vivência, não é a sensação que se tem. A sensação é de que nada impele nosso pensamento nessas atividades. Como aqueles filósofos ou cientistas não podem provar a sua conjetura, é mais do que razoável supor-se que podemos ter liberdade na autodeterminação de nossos pensamentos. E é realmente em nossos pensamentos que começa nossa liberdade, por exemplo, de se determinar o que se vai querer fazer ("querer o querer", que parece uma tautologia, mas não é [Steiner, 2000a, p.139]). Não temos liberdade de correr a 50km/h; aí estamos sujeitos à nossa constituição física. Ao vermos uma planta, não temos a liberdade de gostar ou não dela; aí estamos sujeitos à nossa "disposição caracterológica" [p.107]. Mas temos a liberdade de escolher o próximo pensamento e, se for uma representação mental de uma ação que podemos executar, executá-la em seguida. Assim, ser livre significa poder decidir o que se vai fazer em seguida, e não fazer o que se quer – muitas vezes, quer-se coisas impossíveis, ou o querer é instintivo, não provindo de uma representação mental consciente, isto é, tendo-se consciência das causas que nos levam a uma determinada ação [p.18]. Um bêbado não pode ser livre, pois não está autoconsciente [p.17].

Todas essas considerações dependem essencialmente de uma conceituação clara e de uma vivência pessoal das características fundamentais do pensamento, esse processo único no mundo. Por exemplo, pode-se pensar sobre o pensar, mas o que se digere não é a digestão, e sim o que foi ingerido como alimento. Recomendo fortemente o estudo do livro citado de Steiner para uma caracterização original e abrangente do pensamento consciente e de suas conseqüências, como ele ser um órgão de percepção de conceitos, chegando aos atos de liberdade e à moral. Aliás, Goethe já havia dito, "Minha percepção é em si própria um pensamento, e meu pensamento uma percepção" [Zajonc, 1993, p.207]. Em relação ao pensar como órgão de percepção, chega-se ao que considero o mais importante no estudo do pensar: conclui-se que o ser humano é o único ser que tem acesso tanto ao mundo físico, por meio de suas percepções sensoriais, como ao mundo não-físico, por intermédio do pensamento. É por isso que se pode pensar no conceito eterno, universal e não-físico de "circunferência", ou no conceito "lírio", reconhecendo-se uma planta dessa espécie. E é por isso que se pode entrar em contato com verdades, que deveriam ser o objetivo maior da pesquisa científica.

Não se pense que com a minha frase "libertar o ser humano da natureza" quero dizer que o ideal é separarmo-nos dela. Pelo contrário, adoro imergir-me em paisagens naturais e calmas. Desde 1965 procuro comer o mais naturalmente que posso, isto é, alimentos o menos industrializados possível e produzidos o mais naturalmente possível. A propósito, talvez seja interessante registrar que introduzi em português a expressão "Produtos Naturais", em 1976, quando criei em São Paulo a primeira loja de produtos naturais do Brasil, a Natura – Comércio de Produtos Naturais Ltda. Um ano depois apareceu a Alternativa, que tinha o resto do nome idêntico. Daí para frente, o nome pegou, da maneira como eu o imaginei, isto é, aplicado não só a alimentos, mas a brinquedos, vestuário, etc. Gosto tanto de animais que, desde 1971 não os consigo comer, tendo deixado de fazê-lo assim que percebi poder sobreviver vegetarianamente.

Temos em comum com a natureza nosso corpo físico e devemos respeitá-lo, venerá-lo e cultivá-lo. Mas para exercitar nossa capacidade mais elevada, a de pensar, devemos nos isolar das forças da natureza. É interessante notar que, examinando-se qualquer animal, se deduz pelo seu corpo suas funções principais. Por exemplo, o corpo e cada pena das aves tem formato aerodinâmico; até seus ossos são ocos. Assim, pode-se inferir que elas podem voar. Pelo exame do corpo de uma cobra, pode-se dizer que ela deve rastejar; pelo de um peixe, que ele deve nadar. Mas qual a funcionalidade que se pode deduzir do exame cuidadoso do corpo humano? Não se consegue deduzir nem ao menos que ele pode ficar em pé, pois para isso é necessário estar acordado! Examinando-se o nosso corpo, não se pode deduzir as nossas funções fundamentais, pois elas não são físicas. De fato, nosso corpo tem uma conformação tal que permite o exercício do pensamento. Por exemplo, nossa cabeça está em repouso e relativamente livre das forças da natureza (o cérebro flutua no líquido cefaloraquidiano, e está protegido pela caixa craniana). Até nossa postura ereta, que nenhum animal tem, é uma mostra de nossa tendência a nos independentizarmos das forças da natureza, no caso, da gravidade.

Devo deixar claro que não considero um pensamento realmente humano aquele que é frio, puramente racional. Para que ele seja realmente humano deve ser impregnado de sentimentos. Um exemplo de pensamento puramente racional, que poderia até ser fruto de uma dedução feita por um computador, seria o seguinte: já que existe superpopulação no mundo, vamos mudar as leis e deixar as pessoas matarem-se umas às outras. Por detrás de toda lei social existe um sentimento, que não é um pensamento puramente racional. Não é um pensamento desses que tem levado a certas manifestações da consciência ecológica, como o de se prevenir o desaparecimento de espécies animais e vegetais.

O lado bom da tecnologia dá ao ser humano dois tipos de liberdade. Por um lado, permite-lhe isolar-se da natureza para poder exercer calmamente seu pensamento e impregná-lo de seu sentimento, tomando decisões conscientes de suas ações futuras. Em segundo lugar, permite que decida executar ações difíceis ou impossíveis de serem feitas sem o auxílio das máquinas (como no exemplo de eu tomar um avião para visitar meus netinhos).

Parece-me que a missão fundamental da tecnologia é, portanto, o seu lado bom: libertar o ser humano das forças da natureza, interiores ou exteriores a ele. Somos tanto mais humanos quanto menos nossas ações forem impelidas por essas forças naturais, pelos nossos instintos ou por puros sentimentos (alegria, raiva, simpatia, antipatia, etc.). Somos tanto mais humanos quanto mais agirmos a partir de uma representação mental consciente, fruto de nossa percepção, por meio do pensar, de verdades universais, algo impossível para os animais. Assim, seremos tanto mais humanos quanto menos formos animais. Vê-se que nessas concepções, as máquinas podem ajudar-nos a ser mais humanos, na medida em que nos possibilitam suplantar as forças naturais que nos impediriam de executar certas ações planejadas em liberdade.

Vejamos agora o lado mau da tecnologia.

Toda máquina também tem efeitos negativos. Um deles pode justamente ser uma restrição à liberdade. Um caso extremo é a TV, por induzir o telespectador a um estado semi-hipnótico, de sonolência, como já foi provado por pesquisas neurofisiológicas (ver o artigo sobre TV e violência, neste volume). Assim, ela tem um efeito de condicionar o telespectador a agir inconscientemente – por exemplo, comprando o que é transmitido na propaganda. Por isso é que o maior gasto com propaganda se dá com a TV (em 2000, 63,5% dos 12,9 bilhões de reais gastos com essa finalidade no Brasil): o ideal da propaganda é que seja absorvida pelo receptor sem crítica, influenciando assim suas atitudes. O automóvel dá a liberdade de locomoção rápida, mas em compensação isola os passageiros do ambiente, produz uma avalanche de imagens nos passageiros, que devem sofrer problemas psicológicos com o constante perigo de acidente grave (em 10/1/2001 os jornais noticiaram que houve 36.000 mortes em 1999 por acidentes de trânsito no Brasil), uniformiza as cidades, acabando com suas características próprias, polui o ar contribuindo para causar doenças respiratórias e outras, etc. Parece-me que a degradação das cidades é devida em sua maior parte aos automóveis. A degradação da vida social, a eles e à TV. Um computador pode libertar o ser humano de certas tarefas que obrigam o exercício de um pensamento matemático repetitivo como, por exemplo, na contabilidade. Com a Internet, ele dá a liberdade de se comunicar por correio eletrônico muito rapidamente, e ter acesso a dados armazenados em qualquer lugar do mundo. No entanto, ele força o emprego de pensamentos lógico-simbólicos que podem ser introduzidos dentro da máquina, tanto no caso de um programador desenvolvendo um programa quanto, em menor grau, em um usuário empregando um *software* qualquer (quando ele dá comandos desse *software*).

Temos aqui um paradoxo: segundo minha concepção, a missão da tecnologia é dar-nos liberdade em relação às forças da natureza, mas muitas máquinas restringem a liberdade. A solução para esse paradoxo é usar as máquinas com muita consciência. Devemos constantemente nos perguntar: "Estou usando esta máquina para ganhar alguma liberdade? Que restrições à minha liberdade esta máquina me impõe?"

Tenho duas regras extremamente simples para determinar se o uso de uma máquina é positivo ou negativo; no entanto, elas são muito difíceis de ser aplicadas. A primeira regra é a seguinte: Uma máquina deve ser usada se ela serve para elevar o ser humano, e não deve ser usada se ela serve para degradá-lo. A outra regra diz: Uma máquina não deve substituir o trabalho humano que eleva o trabalhador, e deve substituí-lo em um trabalho que o degrada. A dificuldade na aplicação dessas regras está na caracterizção do que vem a ser "elevar" e "degradar". Para isso, é necessário ter uma visão de mundo abrangente, pois, como vimos, uma observação imediatista e estreita pode dar uma impressão oposta. Por exemplo, a invenção do automóvel entusiasmou muita gente, que achava que ele iria acabar com ruídos indesejáveis na cidade, com o mau cheiro (dos excrementos dos cavalos), etc. Desde 1980 venho combatendo o uso de computadores na educação. Fora os prejuízos que eles causam nas crianças e jovens, educá-los é um dos trabalhos mais dignificantes, que mais eleva o ser humano; pela minha regra acima, computadores não deveriam substituir os professores, nem por curtos períodos. Finalmente parece que muitas vozes se estão juntando à minha: veja-se a repercussão mundial que causou o relatório da Alliance for Childhood [Cordes, 2000], em que se encontram muitos dos argumentos que venho utilizando há tanto tempo, felizmente mais bem documentados do que nos meus escritos. Tudo isso leva à questão do uso da tecnologia com consciência, o que infelizmente não está acontecendo. Em geral, as máquinas não estão sendo introduzidas para satisfazer reais necessidades, ou com a finalidade de elevar o ser humano. Elas estão sendo introduzidas na "selva capitalista" principalmente por motivos exclusivamente egoístas: para ganhar dinheiro. Muitas vezes não há necessidade delas; não importa, cria-se essa necessidade por meio da propaganda, da obsolescência, etc.

Quantas pessoas acham que as máquinas são inevitáveis? Já é tempo de se acabar com esse fatalismo. Por exemplo, certamente quase todas as pessoas devem pensar que as bombas atômicas não vieram para ficar – e esforços estão sendo feitos para acabar com elas. Então por que não colocar essa questão em relação a todas as máquinas? Os automóveis poluidores vieram para ficar? Note-se o crime que foi feito no Brasil: o único país que tinha desenvolvido uma alternativa para a gasolina, o álcool combustível, dobrou-se a visões econômicas estreitas e praticamente eliminou a produção de motores a álcool. Mas, muito mais importante do que o fator econômico, é o fator de saúde, pois o motor a álcool polui muito menos o ar. Qual o preço da saúde individual e social? Certamente não é o que pode ser mecanicamente computado pelos gastos com hospitais e com enterros: o sofrimento não entra em tais cálculos.

É preciso que a sociedade (e não os governos!) comece a tomar as decisões quanto a novas tecnologias e a mudança de velhas. A tecnologia é coisa muito séria para que fique na mão das indústrias ou do governo. Em particular, a destruição ambiental é devida essencialmente à tecnologia. Como disse em sua obra póstuma Fritz Schumacher, o famoso autor de *Small is Beautiful* (publicado no Brasil como *O Negócio é Ser Pequeno*), o que mais se lê nos jornais são questões de sobrevivência. Parece que para cada problema que a tecnologia resolve muitos (*a host of*) outros são criados – é como um poço sem fundo. Ele diz também: "Que diabo está acontecendo aqui? No pico do sucesso, com competência tecnológica sem igual em toda a história humana, nós só lemos sobre questões de sobrevivência. O que fizeram nossos antepassados? Eles sobreviveram, obviamente, sem todos esses cientistas. E sem todos esses problemas. Devemos, então, perguntar-nos se algo andou errado no desenvolvimento tecnológico, a coisa mais refinada [*finest thing*] que temos para nossa vida material" [1979, p.98].

Já é mais do que tempo de se passar a usar a tecnologia de uma maneira consciente – empregando-a para nos dar liberdade, e não para nos aprisionar como está acontecendo. Talvez seja interessante considerar que pode haver toda uma trama por detrás do uso cada vez mais intenso e mais acelerado de novas tecnologias. Essa trama pode ser uma tentativa de destruir a humanidade, reduzindo-a a um estado de máquina. No monumental *Fausto*, de Goethe, parte I, cena do escritório ("Studienzimmer"), em ritmo Iâmbico (coloco o original para que se possa sentir a sua sonoridade; seria interessante pedir a alguém que saiba um pouco de alemão para ler em voz alta), Fausto pergunta a Mefistófeles quem este é, e recebe uma resposta aparentemente enigmática:

> F: Nun gut, wer bist du denn?
> M: Ein Teil von jener Kraft
> Die stets das Böse will und stets das Gute schafft.
>
> F: Pois bem, quem és então?
> M: Sou parte da Energia
> Que sempre o Mal pretende e que o Bem sempre cria [1987, p.71].

(Literalmente, "jener Kraft" é "aquela força", e não "energia".) Sem "mal" não haveria "bem", não haveria possibilidade de escolha e o ser humano não poderia ser livre, daí a criação do bem por parte de Mefisto. Só que, hoje em dia, o bem que é criado a partir do mal depende exclusivamente de nossas atitudes. Mefisto está acorrentado a seu programa – prender cada vez mais o ser humano à matéria. Por isso, ele tem uma característica fundamental: apesar de sua infinita inteligência, falta-lhe bom senso e acaba, portanto, sempre exagerando; após um certo grau de exagero, qualquer um pode perceber que sua influência é maléfica. Isso está ocorrendo, por exemplo, com a poluição e a destruição da natureza e também com os exageros de violência e sexo na TV comercial no Brasil.

A esse lado mau da tecnologia também corresponde um outro aspecto de sua missão: obrigar o ser humano a ser consciente, usando-a apenas naquilo que ela pode trazer de bom – o que obviamente exige liberdade. Metaforicamente, pode-se considerar Mefisto como um tentador. De fato, as máquinas são incrivelmente tentadoras: veja-se como o computador o é (nesse sentido, considero a TV ainda pior, talvez o pior de todos os aparelhos já inventados). Mas o lado mau das coisas e das máquinas, e a tentação de se prender a ele, é justamente o que nos permite ser livres. De certa maneira, o mal é uma necessidade. Sem ele, não haveria o bem, sem ambos não poderíamos escolher livremente, e não nos poderíamos tornar cada vez mais humanos.

O problema é que o ser humano está caindo cada vez mais na tentação de Mefisto. Em lugar de colocar as máquinas em seu devido lugar, o ser humano está sucumbindo a elas. Quantos bilhões de pessoas não assistem a horas e horas de TV cada dia? Vou me permitir uma observação pessoal, um estudo de caso. Estou traduzindo e escrevendo este artigo para este volume em um "retiro" que estou fazendo para concentração, numa casa emprestada, em uma estância nas montanhas do interior de São Paulo. Essa casa fica a vários quilômetros da cidade. Um casal jovem, os caseiros, toma conta da propriedade. Eles têm 3 meninos, o menor com um ano e meio de idade, os outros dois já maiorzinhos. Pois raramente vejo essas crianças brincar fora de sua casa, apesar de a pequena rua, um beco, ser de terra, a casa ser a única da rua e haver bosques e campos ao lado. Já houve dias inteiros que não as vi. Durante esta época de férias escolares, elas ficam o dia todo dentro de casa – vendo TV! Os próprios pais assistem a ela quando estão em casa; a família, incluindo as crianças, vai dormir todos os dias depois da meia-noite, pois fica grudada no aparelho, que é ligado de manhã, ao levantarem, e só desligado na hora de dormir. Nesta região, as pessoas são coradas, devido ao ar puro e às montanhas. Pois essas crianças são pálidas. Nas raras ocasiões em que as vi brincando, estavam imitando personagens da TV em luta, fazendo gestos e ruídos de máquina.

Nesse caso, vê-se muito bem como as máquinas podem agarrar os seres humanos. Para os adultos, a situação é triste, mas com as crianças, chega a ser trágica. O normal seria elas correrem o dia inteiro, brincarem de bola e esconde-esconde, empinarem pipa, extasiarem-se com as plantas e com os animais da redondeza, inventarem brincadeiras, imaginarem o faz-de-conta. Em lugar disso, ficam sentadas, imóveis, com o olhar morto, absorvendo e gravando no inconsciente milhões, bilhões de imagens, de lixo de ações, sentimentos e pensamentos, o que certamente já deve ter prejudicado, senão eliminado, sua capacidade infantil de fantasiar e de criar.

A TV é, em minha opinião, a máquina que mais prejuízo causou e vem causando aos seres humanos, degradando-os a um comportamento de animal semiconsciente, sendo condicionado por estímulos agradáveis. Sei como usá-la positivamente na educação escolar: a partir talvez da 7ª série, usá-la apenas como um reprodutor de vídeo, fazendo-se curtas ilustrações (alguns minutos) do que se está ensinando, como na geografia, na zoologia, etc. Mas não vejo nenhuma utilidade essencial para ela no lar. Já outras máquinas podem ser positivas nesse âmbito, como é o caso dos computadores, desde que usados somente pelos adultos. Assim é com todas as máquinas: como disse acima, devem-se usá-las somente nas atividades que podem elevar o ser humano. Para isso, é absolutamente necessário que se conheça o funcionamento básico de cada uma. As escolas, à medida que ensinam tecnologia, deveriam apresentar tanto seus fundamentos de funcionamento como uma visão crítica dela – o que só tem sentido no ensino médio. Infelizmente, as escolas também estão sendo agarradas pela tecnologia, apresentando-a entusiasticamente, e quase nunca apresentando e discutindo seus aspectos negativos. O relatório da Alliance for Childhood recomenda "introduzir o estudo da ética e responsabilidade em cada programa de ensino tecnológico oferecido pela escola" [Cordes, 2000, p.70].

Outros exemplos da atuação de Mefisto são a mentira e o cinismo. Três das mentiras mais crassas ligadas com a tecnologia são: a de que é neutra, vai resolver todos os problemas da humanidade e trazer a felicidade geral. Já abordei o fato de ela não ser neutra: sempre tem efeitos negativos e, além disso, influencia a mentalidade de seus usuários (veja-se aqui no Brasil como é raríssimo um motociclista não se comportar como "motoqueiro", arriscando-se e desrespeitando leis de tráfego). Schumacher, na citação acima, chamou a atenção para o fato de os problemas estarem se acumulando. A miséria social e individual está aumentando vertiginosamente, se medida por fatores como consumo de drogas, desajustes psíquicos e de aprendizado, números de suicídios, etc. Mas há outras mentiras mais localizadas, como a que ouvi de um proeminente cientista que pesquisa o DNA, dizendo em palestra pública que este "determina o comportamento do organismo". Não vou abordar essa questão aqui; os interessados podem ler o artigo "Desmistificação da onda do DNA" em meu *site*. O mais importante é que a onda que se está fazendo em torno do DNA visa, em boa parte, contribuir para passar a mentira de que o ser humano é uma máquina, o que traz terríveis conseqüências, pois uma máquina não pode ser livre, ter moral, etc.

A colocação das máquinas em seu devido lugar (o que significa, para algumas, a lata de lixo, como os joguinhos eletrônicos que classifiquei como do tipo "combate" – ver artigo a respeito neste volume) pode significar a redenção de Mefisto. Talvez ele esteja esperando por nós, pois é incapaz de sair de seu programa. Talvez todo o universo esteja à espera de ações redentoras do ser humano. Depois que adquirimos a capacidade de sermos livres, a evolução se consumou ou parou. Agora, tudo depende de nós, tanto a nossa elevação quanto a da natureza que está à nossa espera. Essa elevação só se concretizará se nossas ações se centrarem naquilo que não existe na natureza: o amor altruísta, consciente e executado em liberdade. Na natureza viva, tudo é luta pela sobrevivência do indivíduo e da espécie, não importando o que se passa com outros indivíduos e outras espécies. (Alguns animais se sacrificam, mas isso ocorre por instinto, sem consciência e nem liberdade.) As máquinas podem ajudar-nos nessa tarefa. Talvez elas até sejam imprescindíveis na nossa constituição interior e na configuração cultural atuais.

Vou concluir com um exemplo. Como é possível usar a Internet nesse contexto? Suponhamos que ela permita a alguém fazer um contato com uma pessoa que não mora na sua região. Se ela morar na mesma região, deve-se, após um eventual conhecimento por meio da rede, interagir com ela pessoalmente, e não virtualmente. Por intermédio da Internet, é possivel corresponder-se com outra pessoa, que está longe, de maneira muito mais dinâmica do que pelo correio físico, pois não é preciso ficar esperando muito tempo para receber uma mensagem. Em primeiro lugar, deve-se ter interesse pela outra pessoa, por sua vida. Em seguida, deve-se tentar descobrir quais são as necessidades do outro, e quais habilidades se pode exercer pela rede a fim de suprir essas necessidades. Para isso, é necessário exercer compaixão e "com-alegria", isto é, sentir os sentimentos (sofrimentos e alegrias) do outro. Finalmente, passa-se à ação, enviando palavras de compreensão, de conforto, de incentivo ou até um conselho (ver a conclusão do artigo sobre computadores e arte, neste volume).

Com isso, pode-se empregar a Internet para dar a liberdade de se interagir, mesmo que de uma maneira muito parcial, com uma outra pessoa longínqua. Para isso não se deve ficar apenas na interação, como numa troca de mensagens banais: deve-se tentar formar uma imagem da outra pessoa e, a partir da responsabilidade social própria, aplicar um impulso altruísta de ajudá-la, executando ações que possam ser feitas nesse âmbito.

Se a Internet for usada dessa ou de outras maneiras sociais, ela estará cumprindo uma de suas missões básicas: unir socialmente, e não desagregar. No entanto, como em praticamente todas as tecnologias, estamos deixando Mefisto dominá-la, daí o mercenarismo, o mercantilismo, o lixo cultural que nela predominam, bem como a destruição da coesão familiar pelo excesso de uso (notícias dão conta de que 6% dos usuários da rede são viciados nela) e desenvolvimento de dificuldades de interagir pessoalmente com os outros (enfrentar uma pessoa virtual é muito menos problemático...). Mas depende de nós colocá-la em seu devido lugar, fazendo-a cumprir sua real missão: dar-nos a liberdade de usar uma comunicação com possibilidades inexistentes em outros meios e, com isso, podermos fazer um bem que de outra maneira seria muito difícil ou impossível.

11

Dado, informação, conhecimento e competência

1. Introdução

O que é "ser competente em inglês"? O leitor deveria tentar responder a essa pergunta antes de prosseguir na leitura deste artigo. Seria interessante tomar nota de sua resposta, para compará-la com o que virá adiante.

Fiz essa pergunta a vários profissionais de Tecnologia de Informação (T.I.), durante entrevistas para levantamento de suas competências. As respostas variavam desde "ter fluência nessa língua" até "saber pensar em inglês". Razoavelmente vagas, não é verdade? Pois o problema de caracterizar claramente o que se deve compreender como "competência" foi o primeiro que enfrentei ao receber a encomenda de organizar um Centro de Competências em Tecnologia da Informação para a grande empresa de engenharia Promon. A literatura não ajudou: logo vi que há uma confusão muito grande entre "conhecimento" e "competência". Pior, tendo chegado ao problema de distinguir entre esses dois conceitos, a literatura ajudou a confundir ainda mais as coisas, pois havia uma grande confusão entre "informação" e "conhecimento". Ao chegar ao conceito de

239

"informação", foi necessário distingui-lo do conceito de "dado", mas aí defrontei-me com um conceito que já havia elaborado. Seguirei aqui, então, o caminho inverso, desde dado até competência.

Seria também interessante que o leitor procurasse neste ponto dar sua caracterização do que entende por "informação" e "conhecimento". Mas não pense que sua provável dificuldade não é comum: por "coincidência", durante os estudos para conceituar esses termos, saiu o número 81 de 10/8/98 da excelente revista eletrônica *Netfuture*, sobre tecnologia e responsabilidade humana; nele, seu editor, Stephen Talbott, descreve que, em duas conferências dadas para bibliotecários, com grandes audiências, ao perguntar o que entendiam por "informação", ninguém arriscou qualquer resposta [Talbott].

Este artigo inicia-se com a definição do que vem a ser "dado", para daí partir para a caracterização (e não definição, como se verá) de "informação", seguindo-se "conhecimento" e "competência". Ver-se-á que minha conceituação de "competência" depende de dois fatores, levando a uma representação matricial, a "matriz de competências". Depois de considerações gerais sobre esses conceitos e uma discussão da literatura, é descrito como eles foram usados na implantação de dois sistemas de gerenciamento de competências, na Promon Engenharia e na Prodesp (Companhia de Processamento de Dados do Estado de São Paulo), com levantamento das competências de cerca de 100 profissionais, até o momento da revisão deste artigo. Finalmente, são feitas considerações sobre a implantação de Centros de Competência.

Uma versão anterior deste artigo foi publicada na revista eletrônica *Datagrama Zero*, número zero, artigo 1, dez. 1999 (ver vínculo em meu *site*, no qual se encontra uma versão local formatada).

2. Dado

Defino dado como uma seqüência de símbolos quantificados ou quantificáveis. Portanto, um texto é um dado. De fato, as letras são símbolos quantificados, já que o alfabeto, sendo um conjunto finito, pode por si só constituir uma base numérica (a base hexadecimal emprega tradicionalmente, além dos 10 dígitos decimais, as letras de A a F). Também são dados, fotos, figuras, sons gravados e animação, pois todos podem ser quantificados a ponto de se ter eventualmente dificuldade de distinguir a sua reprodução, a partir da representação quantificada, com o original. É muito importante notar-se que, mesmo que incompreensível para o leitor, qualquer texto constitui um dado ou uma seqüência de dados. Isso ficará mais claro no próximo item.

Com essa definição, um dado é necessariamente uma entidade matemática e, desta forma, é puramente sintático. Isso significa que os dados podem ser totalmente descritos por meio de representações formais, estruturais. Sendo ainda quantificados ou quantificáveis, eles podem obviamente ser armazenados em um computador e processados por ele. Dentro de um computador, trechos de um texto podem ser ligados virtualmente a outros trechos, por meio de contigüidade física ou por "ponteiros", isto é, endereços da unidade de armazenamento sendo utilizada, formando assim estruturas de dados. Ponteiros podem fazer a ligação de um ponto de um texto a uma representação quantificada de uma figura, de um som, etc.

O processamento de dados em um computador limita-se exclusivamente a manipulações estruturais deles, e é feito por meio de programas. Estes são sempre funções matemáticas e, portanto, também são dados. Exemplos dessas manipulações, nos casos de textos, são a formatação, a ordenação, a comparação com outros textos, estatísticas de palavras empregadas e seu entorno, etc.

3. Informação

"Informação" é uma abstração informal (isto é, não pode ser formalizada por meio de uma teoria lógica ou matemática), que está na mente de alguém, representando algo significativo para essa pessoa. Note-se que isso não é uma definição, é uma caracterização, porque "algo", "significativo" e "alguém" não estão bem definidos; assumo aqui um entendimento intuitivo (ingênuo) desses termos. Por exemplo, a frase "Paris é uma cidade fascinante" é um exemplo de informação – desde que seja lida ou ouvida por alguém, desde que "Paris" signifique para essa pessoa a capital da França (supondo-se que o autor da frase queria referir-se a essa cidade) e "fascinante" tenha a qualidade usual e intuitiva associada com essa palavra.

Se a representação da informação for feita por meio de dados, como na frase sobre Paris, pode ser armazenada em um computador. Mas, atenção, o que é armazenado na máquina não é a informação, mas a sua representação em forma de dados. Essa representação pode ser transformada pela máquina, como na formatação de um texto, o que seria uma transformação sintática. A máquina não pode mudar o significado a partir deste, já que ele depende de uma pessoa que possui a informação. Obviamente, a máquina pode embaralhar os dados de modo que eles passem a ser ininteligíveis pela pessoa que os recebe, deixando de ser informação para essa pessoa. Além disso, é possível transformar a representação de uma informação de modo que mude de significado para quem a recebe (por exemplo, o computador pode mudar o nome da cidade de Paris para Londres). Houve mudança no significado para o receptor, mas no computador a alteração foi puramente sintática, uma manipulação matemática de dados.

Assim, não é possível processar informação diretamente em um computador. Para isso é necessário reduzi-la a dados. No exemplo, "fascinante" teria de ser quantificado, usando-se, por exemplo, uma escala de zero a quatro. Mas então isso não seria mais informação.

Por outro lado, dados, desde que inteligíveis, são sempre incorporados por alguém como informação, porque os seres humanos (adultos) buscam constantemente por significação e entendimento. Quando se lê a frase "a temperatura média de Paris em dezembro é de 5°C" (por hipótese), é feita uma associação imediata com o frio, com o período do ano, com a cidade particular, etc. Note que "significação" não pode ser definida formalmente. Aqui ela será considerada como uma associação mental com um conceito, tal como temperatura, Paris, etc. O mesmo acontece quando se vê um objeto com um certo formato e se diz que ele é "circular", associando – pelo pensar – a representação mental do objeto percebido com o conceito "círculo". Para um estudo profundo do pensamento, mostrando que quanto à nossa atividade ele é um órgão de percepção de conceitos, veja-se uma das obras fundamentais de Rudolf Steiner, *A Filosofia da Liberdade*, especialmente o cap. IV, "O mundo como percepção" [2000a, p.45].

A informação pode ser propriedade interior de uma pessoa ou ser recebida por ela. No primeiro caso, está em sua esfera mental, podendo originar-se eventualmente de uma percepção interior, como sentir dor. No segundo, pode ou não ser recebida por meio de sua representação simbólica como dados, isto é, sob forma de texto, figuras, som gravado, animação, etc. Como foi dito, a representação em si, por exemplo um texto, consiste exclusivamente em dados. Ao ler um texto, uma pessoa pode absorvê-lo como informação, desde que o compreenda. Pode-se associar a recepção de informação por intermédio de dados à recepção de uma mensagem. Porém, informação pode também ser recebida sem que seja representada por meio de mensagens. Por exemplo, em um dia frio, estando-se em um ambiente aquecido, pondo-se o braço para fora da janela obtém-se uma informação – se está fazendo muito ou pouco frio lá fora. Observe-se que essa informação não é representada exteriormente por símbolos, nem pode ser denominada de mensagem. Por outro lado, pode-se ter uma mensagem que não é expressa por dados como, por exemplo, um bom berro por meio de um ruído vocal: ele pode conter muita informação, para quem o recebe, mas não contém nenhum dado.

Note-se que, ao exemplificar dados, foi usado "som gravado". Isso porque os sons da natureza contêm muito mais do que se pode gravar: ao ouvi-los, existe todo um contexto que desaparece na gravação. O ruído das ondas do mar, por exemplo, vem acompanhado da visão do mar, de seu cheiro, da umidade do ar, da luminosidade, do vento, etc.

Uma distinção fundamental entre dado e informação é que o primeiro é puramente sintático e a segunda contém necessariamente semântica (implícita na palavra "significado" usada em sua caracterização). É interessante notar que é impossível introduzir e processar semântica em um computador, porque a máquina mesma é puramente sintática (assim como a totalidade da Matemática). Por exemplo, o campo da assim chamada "semântica formal" das "linguagens" de programação é, de fato, apenas um tratamento sintático expresso por meio de uma teoria axiomática ou de associações matemáticas de seus elementos com operações realizadas por um computador (eventualmente abstrato). Realmente, "linguagem de programação" é um abuso de linguagem, porque o que normalmente se chama de linguagem contém semântica. (Há alguns anos, em uma conferência pública, ouvi Noam Chomsky – o famoso pesquisador que estabeleceu em 1959 o campo das "linguagens formais" e que buscou intensivamente por "estruturas profundas" sintáticas na linguagem e no cérebro – dizer que uma linguagem de programação não é de forma alguma

uma linguagem.) Outros abusos usados no campo da computação, ligados à semântica, são "memória" e "inteligência artificial". Não concordo com o seu uso porque nos dão, por exemplo, a falsa impressão de que a memória humana é equivalente em suas funções aos dispositivos de armazenamento dos computadores, ou vice-versa. Theodore Roszack faz interessantes considerações mostrando que nossa memória é infinitamente mais ampla [1994, p.97]. John Searle, o autor da famosa alegoria do *Quarto Chinês* (em que uma pessoa, seguindo regras em inglês, combinava ideogramas chineses sem entender nada e, assim, respondia perguntas – é assim que o computador processa dados), demonstrando que eles não possuem qualquer entendimento, argumentou que os computadores não podem pensar porque lhes falta a nossa semântica [1991, p.39].

A alegoria de Searle sugere um exemplo que pode esclarecer um pouco mais esses conceitos. Suponha-se uma tabela de três colunas, contendo nomes de cidades, meses (representados de 1 a 12) e temperaturas médias, de tal forma que os títulos das colunas e os nomes das cidades estão em chinês. Para alguém que não sabe nada de chinês nem de seus ideogramas, a tabela constitui-se de puros dados. Se a mesma tabela estivesse em português, para quem está lendo este artigo, ela conteria informação. Note-se que a tabela em chinês poderia ser formatada, as linhas ordenadas segundo as cidades (dada uma ordem alfabética dos ideogramas) ou meses, etc. – exemplos de processamento puramente sintático.

4. Conhecimento

Caracterizo "conhecimento" como uma abstração interior, pessoal, de algo que foi experimentado, vivenciado, por alguém. Continuando o exemplo, alguém tem algum conhecimento de Paris somente se a visitou. Mais adiante essa exigência será um pouco afrouxada (ver item 6).

Nesse sentido, o conhecimento não pode ser descrito; o que se descreve é a informação. Também não depende apenas de uma interpretação pessoal, como a informação, pois requer uma vivência do objeto do conhecimento. Assim, o conhecimento está no âmbito puramente subjetivo do homem ou do animal. Parte da diferença entre estes reside no fato de um ser humano poder estar consciente de seu próprio conhecimento, sendo capaz de descrevê-lo parcial e conceitualmente em termos de informação, por exemplo, por meio da frase "eu visitei Paris, logo eu a conheço" (supondo que o leitor ou o ouvinte compreendam essa frase).

A informação pode ser inserida em um computador por meio de uma representação em forma de dados (se bem que, estando na máquina, deixa de ser informação). Como o conhecimento não é sujeito a representações, não pode ser inserido em um computador. Assim, nesse sentido, é absolutamente equivocado falar-se de uma "base de conhecimento" em um computador. O que se tem, de fato, é uma tradicional "base (ou banco) de dados".

Um nenê de alguns meses tem muito conhecimento (por exemplo, reconhece a mãe, sabe que, chorando, ganha comida, etc.). Mas não se pode dizer que ele tem informações, pois não associa conceitos. Do mesmo modo, nessa conceituação não se pode dizer que um animal tem informação, mas certamente tem muito conhecimento.

Assim, há informação que se relaciona a um conhecimento, como no caso da segunda frase sobre Paris, pronunciada por alguém que conhece essa cidade; mas pode haver informação sem essa relação, por exemplo, se a pessoa lê um manual de viagem antes de visitar Paris pela primeira vez. Portanto, a informação pode ser prática ou teórica, respectivamente; o conhecimento é sempre prático.

A informação foi associada à semântica. Conhecimento está associado com pragmática, isto é, relaciona-se com alguma coisa existente no "mundo real", do qual se tem uma experiência direta. (De novo, é assumido aqui um entendimento intuitivo do termo "mundo real".)

5. Competência

Caracterizo "competência" como uma capacidade de executar uma tarefa no "mundo real". Estendendo o exemplo usado acima, isso poderia corresponder à capacidade de se atuar como guia em Paris. Note-se que, nesse sentido, um manual de viagem, se escrito em uma língua inteligível, é lido como informação. Uma pessoa só pode ser considerada competente em alguma área se demonstrou, por meio de realizações passadas, a capacidade de executar uma determinada tarefa nessa área.

Pragmática foi associada a conhecimento. Competência está associada com atividade física. Uma pessoa pode ter um bom nível de competência, por exemplo, para fazer discursos. Para isso, deve mover sua boca e produzir sons físicos. Um matemático competente não é apenas alguém capaz de resolver problemas matemáticos e eventualmente criar novos conceitos matemáticos – que podem ser atividades puramente mentais, interiores (e, assim, por uma de minhas hipóteses de trabalho, não-físicas). Ele deve também poder transmitir seus conceitos matemáticos a outros escrevendo artigos ou livros, dando aulas, etc., isto é, por meio de ações físicas (exteriores).

A criatividade, que pode ser associada com a competência, revela uma outra característica. Pode ser vinculada com a liberdade, que não apareceu nos outros três conceitos porque não havia qualquer atividade envolvida neles, exceto sua aquisição ou transmissão. No exemplo dado, um guia competente de Paris poderia conduzir dois turistas diferentes de forma diversa, reconhecendo que eles têm interesses distintos. Mais ainda, o guia pode improvisar diferentes passeios para dois turistas com os mesmos interesses, mas com reações pessoais diferentes durante o trajeto, ou ainda ao intuir que os turistas deveriam ser tratados distintamente. Cusumano e Selby descrevem como a Microsoft Corporation organizou suas equipes de desenvolvimento de *software* de uma forma tal que permitissem a criatividade típica de *hackers* embora fossem, ao mesmo tempo, direcionadas para objetivos estabelecidos, mantendo a compatibilidade de módulos por meio de sincronizações periódicas [1997]. Aqui está uma outra característica distinta entre homens e animais em termos de competência: os seres humanos não se orientam necessariamente por seus "programas" como os animais e podem ser livres e criativos, improvisando diferentes atividades no mesmo ambiente. Em outras palavras, a competência animal é sempre automática, derivada de uma necessidade física. Os seres humanos podem estabelecer objetivos mentais para as suas vidas, tais como os culturais ou religiosos, que não têm nada a ver com as suas necessidades físicas. Esses objetivos podem envolver a aquisição de algum conhecimento e de certas competências, conduzindo ao autodesenvolvimento.

Competência exige conhecimento e habilidade pessoais. Por isso, é impossível introduzir competência em um computador. Não se deveria dizer que um torno automático tem qualquer habilidade. O que se deveria dizer é que ele contém dados (programas e parâmetros de entrada) que são usados para controlar seu funcionamento.

Assim como no caso do conhecimento, uma competência não pode ser descrita plenamente. Ao comparar competências, deve-se saber que uma tal comparação dá apenas uma idéia superficial do nível de competência que uma pessoa tem. Assim, ao classificar uma competência em vários graus, por exemplo, "nenhuma", "em desenvolvimento", "proficiente", "forte" e "excelente", como proposto no modelo de competência do MIT [*MIT I/T*], ou "principiante" (*novice*), "principiante avançado" (*advanced beginner*), "competente", "proficiente" e "especialista", devidas a Hubert e Stuart Dreyfus [Devlin, 1999, p.187], deve-se estar consciente de que algo está sendo reduzido a informação (desde que se entenda o que se quer exprimir com esses graus). Existe uma clara ordenação intuitiva nesses graus, que vão de pouca a muita competência. Associando-se um "peso" a cada uma, como 0 a 4 no caso do MIT e 0 a 5 no caso dos Dreyfus (nesse caso, entenda-se 0 como "nenhuma"), ter-se-á quantificado (isto é, transformado em dados) o que não é quantificável em sua essência. Desse modo, deve-se estar consciente também de que, ao calcular a "competência total" de alguém em áreas diversas – eventualmente requeridas por algum projeto –, usando pesos para os vários graus de competência, é introduzida uma métrica que reduz certa característica subjetiva humana a uma sombra objetiva daquilo que ela realmente é, e isso pode conduzir a muitos erros. A situação agrava-se nas habilidades comportamentais, tais como "liderança", "capacidade de trabalho em equipe", etc.

Não estou dizendo que tais avaliações quantificadas não deveriam ser usadas; quero apenas apontar que o sejam com extrema reserva, devendo-se estar consciente de que elas não representam qual competência tem realmente a pessoa avaliada. Elas deveriam ser usadas apenas como indicações superficiais e ser acompanhadas por análises subseqüentes pessoais – e, portanto, subjetivas. No caso de seleção de profissionais, um sistema de competências deveria ser encarado como aquele que simplesmente fornece uma lista restrita inicial de candidatos, de modo que se possa passar a uma fase de exame subjetivo de cada um. Se o computador é usado para processar dados, permanece-se no âmbito do objetivo. Seres humanos não são entidades puramente objetivas, quantitativas e, desse modo, deveriam sempre ser tratados com algum grau de subjetividade, sob pena de serem encarados e tratados como quantidades (dados!) ou máquinas (isto é, obviamente, ainda pior do que tratá-los como animais).

6. Campos intelectuais

Essas caracterizações aplicam-se muito bem a campos práticos, como a informática ou a engenharia, mas necessitam elaboração subseqüente para campos puramente intelectuais. Examinemos o caso de um historiador competente. Não há qualquer problema com a sua "competência": ela se manifesta por meio de livros e artigos escritos, eventualmente de conferências e cursos dados, etc. Por outro lado, é necessário estender a caracterização de "conhecimento", de modo a abranger um campo intelectual como o da História: geralmente os historiadores não têm experiências pessoais dos tempos, pessoas e lugares do passado. Ainda assim, um bom historiador é certamente uma pessoa com muito conhecimento no seu campo.

Infelizmente, a saída que proponho para essa aparente incongruência de minha caracterização não será aceita por todos: admito como hipótese de trabalho que um bom historiador tem, de fato, uma experiência pessoal – não das situações físicas, mas do "mundo" platônico das idéias, onde fica uma espécie de memória universal. Fatos antigos estão gravados naquele mundo como "memória real" e são captados através do pensamento, por alguém imerso no estudo dos relatos antigos. As palavras "intuição" e *insight* (literalmente, "visão interior") tratam de atividades mentais que têm por vezes a ver com uma "percepção" daquele mundo. De fato, *insight* significa, de acordo com o American Heritage Dictionary (edição de 1970), "a capacidade de discernir a verdadeira natureza de uma situação", "um vislumbre elucidativo". "Verdadeiras naturezas" são conceitos, logo não existem fisicamente; seguindo Steiner, coloco a hipótese de que, por meio do *insight*, isto é, uma percepção interna, o ser humano "vislumbra" o mundo das idéias [2000a p.71].

Caso se aceite, como hipótese de trabalho, que o conceito de circunferência é uma "realidade" no mundo não-físico das idéias, com existência independente de qualquer pessoa, então não será difícil admitir que o pensar é um órgão de percepção, com o qual se pode "vivenciar" a idéia universal, eterna, de "circunferência". Nesse sentido, e usando minha caracterização para "conhecimento", pode-se dizer que uma pessoa pode ter um conhecimento do conceito "circunferência". Note-se que uma circunferência perfeita não existe na realidade física, assim como não existem "reta", "ponto", "plano", "infinito", etc. Assim, jamais alguém viu uma circunferência perfeita, bem como nenhuma pessoa atualmente viva experimentou, com os seus sentidos atuais, a Revolução Francesa ou encontrou Goethe, embora sejam, ambos, realidades no "mundo arquetípico" deste último.

Assim, evitei que bons historiadores sejam rotulados de possuidores apenas de informação e nenhum conhecimento...

7. Comentários gerais

É necessário reconhecer que as caracterizações apresentadas para dado, informação, conhecimento e competência não são usuais. Por exemplo, é comum considerar-se "dado" um subconjunto próprio de "informação", isto é, o dado é um tipo particular de informação. Penso ser útil separar completamente esses dois conceitos, isto é, de acordo com as considerações feitas, os dados não são parte da informação. Esta, como foi visto, pode em alguns casos ser transmitida por meio de dados, isto é, estes podem ser uma representação da informação. Em outros, qualquer representação por meio de dados retira da informação sua essência. O mesmo se aplica a informação e conhecimento, e a conhecimento e competência.

É interessante observar que, nessas caracterizações, não existe "Teoria (formal) da Informação". O que Claude Shannon desenvolveu foi, de fato, uma "Teoria dos Dados". Theodore Roszack discorre sobre as polêmicas que o nome "Teoria da Informação" suscitou [1993, p.12], já que a teoria de Shannon lida, por exemplo, com a capacidade de canais de comunicação, sem se importar com o conteúdo (significado). A capacidade desses canais é a de transmitir dados, e não informação. Assim, no sentido aqui exposto, não se deve falar de "quantidade de informação", e sim "quantidade de dados" transmitida por um canal. *Bit* não é uma unidade de informação, e sim de dados, aliás, como o próprio nome o mostra (*BInary digiT*), pois um número por si não contém informação, é um dado puro.

Um dado é puramente objetivo – não depende do seu usuário. A informação é objetiva-subjetiva no sentido de ser descrita de uma forma objetiva (textos, figuras, etc.) ou captada a partir de algo objetivo, como no exemplo de se estender o braço para fora da janela para ver se está frio, mas seu significado é subjetivo, dependente do usuário. O conhecimento é puramente subjetivo – cada um tem a vivência de algo de uma forma diferente. A competência é subjetiva-objetiva, no sentido de ser uma característica puramente pessoal, mas cujos resultados podem ser verificados por qualquer um.

A caracterização feita aqui pode ser de valia para empresas. Elas devem conscientizar-se de que não colocam informações no computador, e sim dados. Aqui há dois aspectos a considerar. Os dados devem representar o melhor possível as informações que devem ser obtidas a partir deles. Além disso, eles sempre serão interpretados pelos profissionais da empresa. O mesmo dado pode ser tomado como duas informações diferentes. Para evitar isso, não basta que represente claramente a informação desejada, mas que os profissionais sejam preparados para interpretá-lo da maneira esperada. Keith Devlin cita alguns casos trágicos, com desastres de aviação, devidos a interpretação errada de dados ou à representação ambígua das informações [1999, p.9 (o caso das Canárias, em 1977, com 583 mortos) e p.76 (o caso de Cali, em 1995, com 159 mortos), respectivamente].

Por outro lado, é importante saber que é impossível transmitir conhecimento: o que se transmite são dados, eventualmente representando informações. Para que haja transmissão de conhecimento de uma pessoa para outra, é necessário haver interação pessoal entre os envolvidos, com a primeira mostrando ou descrevendo vividamente a sua experiência. Devlin cita dois casos de grandes empresas em que se tentou transmitir conhecimento por meio de dados, mas a transmissão só se concretizou com o contato pessoal [p.176-7].

Já a competência só pode ser adquirida fazendo-se algo, isto é, as empresas que querem desenvolver competência em seus profissionais, em certa área, devem fazê-los trabalhar nessas áreas ou participar de projetos, de preferência juntamente com pessoas com grande competência.

8. A literatura

Na literatura, encontra-se apoio para algumas das idéias aqui expostas, desenvolvidas independentemente. Por exemplo, Y. Malhorta diz: "O paradigma tradicional dos sistemas de informação está baseado na procura de uma interpretação consensual da informação fundamentada em normas ditadas socialmente ou nas diretrizes dos dirigentes das empresas. Isso resultou na confusão entre conhecimento e informação, que contudo, são entidades distintas. Enquanto a informação gerada por computadores não é um veículo muito rico da interpretação humana para a ação em potencial, o conhecimento encontra-se no contexto subjetivo de ação do usuário, baseado naquela informação. Assim, não seria incorreto sugerir que o conhecimento está no usuário e não no conjunto de informações, algo levantado há duas décadas por West Churchman, o filósofo pioneiro em sistemas de informação." [Malhorta, 1978].

Note-se que, no sentido acima, informação não pode ser gerada por um computador. Este pode apenas reproduzir sua representação em forma de dados, eventualmente com alguma modificação de formato ou algum tratamento puramente sintático. O computador pode gerar dados, por exemplo calculando a temperatura média de várias cidades. Mais ainda, "ação" foi associada a competência e não a conhecimento.

Malhorta também diz: "Karl Erik Sveiby, autor de *The New Organization Wealth: Managing and Measuring Knowledge-Based Assets*, Berret Koehler, 1997 (*A Nova Riqueza Organizacional: Gerenciando e Medindo Ativos Baseados em Conhecimento*), argumenta que a confusão entre conhecimento e informação levou a direção de empresas a investir bilhões de dólares em empreendimentos de tecnologia da informação com resultados apenas marginais. Sveiby afirma que os gerentes de negócio necessitam compreender que, diferentemente da informação, o conhecimento está incorporado nas pessoas, e a criação de conhecimento ocorre no processo de interação social. Em uma nota similar, Ikujiro Nonaka, o primeiro Professor Titular da Cadeira Xerox de Conhecimento da Universidade da Califórnia, em Berkeley, enfatizou que somente os seres humanos podem ter o papel central na criação do conhecimento. Nonaka argumenta que os computadores são meras ferramentas, não importando a grande capacidade de processamento de informação que possam ter."

Considero a confusão entre informação e competência ainda pior do que a existente entre informação e conhecimento, pois competência deveria ser encarada com muito mais subjetividade e estar ligada a alguma realização física.

De acordo com a caracterização aqui exposta, um indivíduo pode adquirir conhecimento sem interação social. Por exemplo, alguém pode fazer uma visita extensa a Paris sozinho, sem falar com ninguém do local. Bem, Paris é, em grande parte, um resultado de interações sociais, mas a visita poderia ser feita a um lago ou montanha.

Nonaka parece acreditar que o conhecimento pode ser descrito, com o que não concordo. Finalmente, no sentido exposto, não existe nos computadores "processamento da informação", mas apenas "processamento de dados". Por exemplo, uma formatação de informação por um computador consiste, na realidade, na formatação dos dados que a representam. Com muito mais ênfase ainda sou contra a expressão "processamento de conhecimento" ou "banco de dados de conhecimento".

Em seu livro sobre gerenciamento de conhecimento, Davenport e Prusack dizem: "Conhecimento não é nem dado nem informação, embora esteja relacionado a ambos, e as diferenças entre esses termos sejam freqüentemente uma questão de grau" [1998, p.1]. Concordo com a primeira afirmação. Mas, nas caracterizações apresentadas, os três conceitos são absolutamente diferentes, e não uma questão de grau.

Eles também estão de acordo com Malhorta: "A confusão sobre o que são dados, informação e conhecimento – como diferem e o que tais palavras significam – resultou em enormes gastos em iniciativas tecnológicas, raramente produzindo aquilo que as empresas que nisso despenderam o seu dinheiro necessitavam ou pensavam estar obtendo. ... O êxito e o fracasso organizacional podem depender freqüentemente de se saber quais daqueles se necessita, quais se tem e o que se pode fazer ou não com cada um deles" [p.1]. Este trabalho tenta estabelecer diferenças essenciais entre eles; quem sabe elas ajudem a dar um fim à presente confusão.

Eles caracterizam dado como "um conjunto de fatos discretos, objetivos, sobre eventos" [p.2]. Estou de acordo quanto a dados serem discretos e objetivos. Mas discordo quanto aos eventos, pois dados podem ser gerados por computadores. Por exemplo, podem ser o resultado de alguns cálculos sem qualquer vinculação com fatos do mundo real (os eventos). Sentir o frio é um evento, mas não é um dado. Eles estabelecem que "os dados por si mesmos têm pouca intenção ou relevância". Como foi visto, considero os dados por si sós simples representações simbólicas, não tendo absolutamente qualquer relevância ou propósito; somente ao serem usados por alguém já não como dados, mas como informação, são acrescentadas relevância e intenção.

Eles também estabelecem que "... não existe qualquer significado inerente aos dados. Os dados descrevem somente uma parte do que aconteceu" [p.3]. Sim, não existe qualquer significado nos dados, eles são apenas representações simbólicas e, por si sós, não possuem qualquer conexão com o que descrevem. Um ser humano deve estabelecer tal conexão. Além disso, eu não diria que os "dados descrevem" algo. Eles simplesmente podem ser a representação de informações, mas também podem ser puro lixo, sem que se possa extrair deles nenhuma informação. Por exemplo, a tabela de cidades e temperaturas em chinês (ver item 2) é puro lixo para quem não lê ou não compreende essa língua.

Duas afirmações interessantes: "Dados são importantes para as organizações – em grande parte, naturalmente, porque constituem matéria prima essencial para a criação de informação"[idem]. "As empresas algumas vezes acumulam dados porque são factuais e, assim, criam uma ilusão de precisão científica" [idem]. Como foi exposto aqui, dados são objetivos; além disso, eles podem sempre ser expressos matematicamente, daí a ilusão mencionada.

Na seção sobre informação, eles a descrevem como "uma mensagem, usualmente na forma de um documento ou de uma comunicação audível ou visível. Como com qualquer mensagem, ela tem um emissor e um receptor. A informação visa mudar a forma com que o receptor percebe algo... A palavra 'informar' significava originalmente 'dar forma a', e a informação visa moldar a pessoa que a obtém, produzir alguma diferença em seu ponto de vista ou discernimento [*insight*]" [p.3]. A caracterização aqui apresentada é mais geral: ela não implica que aquele que origina a informação visa transmiti-la a mais alguém. Além disso, como no exemplo de se avaliar o frio pondo o braço para fora da janela, a informação nem foi captada por meio de uma mensagem. Mas a concepção de informação como mensagem é muito interessante (desde que tenha algum significado para o receptor), porque cobre a maior parte dos propósitos de se criar alguma informação. Um ponto importante aqui é "portanto, falando estritamente, segue-se que o receptor, não o emissor, decide se a mensagem que ele obtém é realmente informação – isto é, se ela verdadeiramente o informa" [p.3]. (Ver o exemplo da tabela de cidades e temperaturas, mas em chinês.) Mais adiante, lê-se: "Diferentemente dos dados, a informação tem significado – 'relevância e propósito'... Não só ela potencialmente forma o receptor, mas ela tem forma: está organizada com algum propósito. Dados tornam-se informação quando o seu criador acrescenta significado" [p.4]. Apesar do problema do criador, pois quem acrescenta significado é principalmente o receptor, e o "criador" de dados poderia ser um computador – é agradável ver que as minhas idéias concordam inteiramente com algumas das deles. Vale a pena mencionar sua última frase naquela seção. "O corolário para os gerentes de hoje é que ter mais tecnologia da informação não necessariamente aumenta o estado da informação" [p.5]. É óbvio, a tecnologia é de dados, e não de informação ou, na melhor das hipóteses, do armazenamento ou transmissão da representação da informação.

Como aquele livro trata sobre gestão do conhecimento, na seção sobre o conhecimento é fornecida uma ampla caracterização desse conceito: "Conhecimento é uma mistura fluida de experiência estruturada, valores, informação contextual e discernimento especializado que fornece um parâmetro para avaliar e incorporar novas experiências em informação. Origina-se e é aplicado nas mentes dos conhecedores. Nas organizações, torna-se freqüentemente incorporado não somente em documentos ou repositórios, mas também em rotinas organizacionais, processos, práticas e normas" [p.5].

A caracterização dada aqui restringe o conhecimento a uma experiência pessoal; ela não está de acordo com o resto. Em particular, rotinas e processos podem não estar nas mentes dos conhecedores, e as normas escritas são, nesse sentido, apenas dados. Elas podem ser lidas como informação, mas provavelmente algumas dessas normas são incompreensíveis e, portanto, são apenas dados mesmo. "Enquanto de um lado encontramos dados em registros ou transações e, por outro, informação em mensagens, obtemos conhecimento dos indivíduos ou grupos de conhecedores ou, às vezes, em rotinas organizacionais" [p.6]. Sim, o conhecimento encontra-se nos indivíduos, mas o que eles transmitem e o que deles se obtém é informação (se o receptor a compreender), isto é, mensagens, de acordo com os autores, em geral sob forma de dados. Mas o exemplo do berro (ver item 3) também mostra que informações podem ser transmitidas sem que sejam representadas por dados.

É interessante observar que o seu valioso livro não menciona a competência. Algumas vezes eles tocam marginalmente em "habilidades" (*skills*) [p.11, 77, 97], mas seu foco principal está no armazenamento e na transmissão de conhecimento (ou melhor, do que eles entendem por isso), práticas e tecnologias para a gestão do conhecimento, etc.

Um interessante livro é o de Keith Devlin [1999]. Ele propõe-se a desenvolver uma "compreensão científica de informação e do conhecimento" [p.3]. "É por ser construído sobre uma investigação robusta (*sound*) e teórica da informação, que este livro difere da maioria dos outros sobre negócios com as palavras 'informação' e 'conhecimento' em seus títulos ..." [p.5]. Só que, no fim do livro, ele diz que sua "teoria", que ele denomina de "teoria da situação" (*situation theory*) é simplesmente um "começo de ciência" [p.207]. E nem poderia ser mais do que isso, pois aquelas duas palavras dependem do fator humano, o que ele claramente reconhece no caso da segunda [idem]. No fundo, parece-me que sua "teoria" é da especificação de contextos ("situações"). De fato, para haver informação no sentido aqui exposto, é preciso haver "compreensão" da mensagem ou do fenômeno percebido (como os exemplos do frio que está fazendo ou do berro, cf. item 3), o que envolve contexto, dado pela pessoa que recebe ou tem a percepção.

Ele também dá importância a uma conceituação precisa de dados, informação e conhecimento: "É essencial compreender as distinções sutis entre conceitos de dados, informação e conhecimento ..." [p.14]. Só que, na minha conceituação, as distinções não são sutis, são enormes; quem sabe com isso ela seja mais clara. "... como pudemos observar (por meio de exemplos de como informação – dado, na minha conceituação – se transforma em conhecimento) a distinção entre informação e conhecimento não é muito limpa [*clean*], e é em grande parte uma questão de ênfase" [p.151]. Parece-me que a conceituação aqui exposta seja bem "limpa".

"Falando aproximadamente [*roughly*], dados são o que jornais, relatórios e 'sistemas de processamento de dados' nos fornecem" [p.14]. Minha definição (cf. item 2) é bem mais precisa e genérica. Logo em seguida vem: "Quando pessoas adquirem dados e os encaixam no contexto [*framework*] de informação previamente adquirida, esses dados tornam-se informação" [idem]. Ora, pois, que circularidade... Mais adiante, como bom matemático de formação, ele dá uma "equação": "Informação = Dados + Significado" [idem] e com isso chega a apenas uma das formas de informação como foi caracterizada aqui. Na conceituação deste artigo, dado é uma representação. Informação pode ser adquirida de um dado se se associar significado a ele, mas ela também pode ser adquirida sem dados. A propósito, não me agradam essas representações em "equações", como se se tratasse de Matemática, o que não o é de maneira nenhuma. Como se pode somar grandezas diferentes? (É análogo a se somar a altura de alguém ao seu peso.) Pior, nem se trata de grandezas, apesar do primeiro termo poder ser expresso em *bits* na conceituação aqui exposta, mas não na dele. Além disso, ele não define dados e, como foi visto, "significado" é algo informal. Assim, essa soma não tem nada a ver com a soma da Matemática, e o todo não é uma equação.

Nesse ponto, ele chega a conhecimento: "Quando uma pessoa internaliza a informação a ponto de poder fazer uso dela, chamamos de conhecimento. ... Como uma equação: "Conhecimento = Informação internalizada + Habilidade de usar a informação" [p.15]. Aí há uma divergência: no sentido aqui exposto, pode-se ter conhecimento sem que se faça uso dele. Pior, pode-se usar uma informação teórica (internalizada) para derivar outra informação teórica. Além disso, o conhecimento, nesse sentido, exige uma vivência, ao passo que, a internalização que ele menciona poderia dar-se a partir de dados teóricos (como no caso do manual de viagem do item 3). Mas a discordância não é total: "Conhecimento existe nas mentes dos indivíduos" [idém], se bem que talvez as concepções de "mente" sejam diferentes (para mim, ela não é física). Mas, em outro trecho, ele diz "Conhecimento é informação possuída de tal forma que a torna disponível para uso imediato". Se ela está na mente das pessoas, como dizer que ela tem uma "forma"?

Não vou entrar nos detalhes de outras formulações que ele dá para esses conceitos, pois acabaria fazendo uma resenha deles. Resta tratar brevemente o que ele entende por competência. Ele trata muito pouco dela, que denomina "especialização" (*expertise*) [p.185]. A minha denominação (correspondente ao inglês *competency*) parece melhor, pois nos níveis mais baixos de competência não se pode dizer que um profissional já é especialista. Ele dá os graus de competência já mencionados no item 5, caracterizando cada grau. O "principiante" caracteriza-se por seguir regras consciente e cegamente, sem levar em conta o contexto da situação; o "principiante avançado" também segue regras conscientemente, mas modifica algumas de acordo com o contexto; o "competente" ainda segue regras mas o faz de maneira fluida, sem precisar pensar em cada regra que deve seguir, escolhendo livremente a regra seguinte e provavelmente não reage bem em casos de emergência; o "proficiente", em geral, não seleciona e segue regras, reconhecendo situações muito similares a outras que já enfrentou antes, reagindo por um reflexo treinado; finalmente, o "especialista" não segue regras conscientemente, nem está ciente de que segue regras que regulam a atividade, agindo "suavemente, sem esforço e subsconscientemente" [p.186]. Como se vê, essas caracterizações não são muito claras, e o pior é que, com elas, provavelmente outra pessoa deve atribuir o grau de competência a cada profissional. E o que dizer de áreas intelectuais, como as de projeto, de programação de computadores, etc.? Nessas áreas, a atividade é sempre consciente. Ele faz a seguinte associação. "O primeiro estágio de competência [*expertise*] corresponde, mais ou menos, a uma informação que é relacionada de maneira tão simples e direta à sua representação, que pode ser praticamente classificada como dados. Os estágios 2 e 3 correspondem mais ou menos à posse de informação. Os estágios 4 e 5 correspondem a conhecimento" [p.188]. Uma analogia que parece bem forçada, e do ponto de vista aqui exposto, mistura alhos com bugalhos: só com dados não se faz absolutamente nada, pois eles não têm significado; só com informação faz-se algo somente se ela está relacionada com um conhecimento, pois senão não tem nada a ver com o mundo real. Nas caracterizações aqui apresentadas, a competência, mesmo no seu grau mais elementar, sempre envolve conhecimento, pois ela diz respeito a uma ação no mundo real.

Devlin não chega a reconhecer que uma competência diz respeito a uma habilidade sobre uma área de conhecimento, como será visto no próximo item.

9. Matrizes de competência

O exemplo de um guia competente de Paris indica que a competência é uma habilidade de produzir algo (servir de guia) em uma certa área de conhecimento (Paris). Alguém é competente em uma língua estrangeira (a área de conhecimento) se tiver a habilidade de compreender a língua escrita, ou de compreender a língua falada, de falar, de proferir nela conferências ou de fazer, a partir dela, traduções escritas ou simultâneas, etc. Note-se que uma pessoa pode ter diferentes graus de competência para cada uma dessas habilidades em cada uma de diferentes línguas estrangeiras. Mas para todas as línguas estrangeiras podem ser consideradas as mesmas habilidades. Isso responde à pergunta formulada no início deste artigo.

Assim, pode-se construir para cada profissional uma matriz de competência, indicando, em suas linhas, as áreas de conhecimento e, em suas colunas, as várias habilidades aplicáveis àquelas áreas. Cada célula contém um grau de competência, como um dos cinco ou seis mencionados na seção 5 ou os que serão descritos adiante; a falta de competência pode ser indicada por uma célula em branco.

Um profissional pode não ser competente em uma certa habilidade para uma certa área de conhecimento, mas pode ter conhecimentos (experiência pessoal) dela. Este fato é indicado pela atribuição de um grau de conhecimento à célula correspondente na matriz daquela pessoa. O mesmo para a informação nas acepções expostas anteriormente. Assim, as matrizes de competência podem ser usadas para representar não só competências, mas também conhecimentos (o que exige alguma vivência prática, como ter feito exercícios, acompanhado um projeto, etc.) ou informação (que representa um saber meramente teórico, fruto de leituras, cursos sem parte prática, etc.).

Para simplificar a matriz, a representação de algum grau de competência em uma célula elimina a representação de certo grau de conhecimento que, por sua vez, substitui a representação de informação. Isso tem funcionado bem nas várias áreas do processamento de dados; profissionais entrevistados para o levantamento de suas competências estavam bem satisfeitos com essa simplificação. Uma simplificação adicional foi introduzida no sistema implementado na Promon, que contava exclusivamente com uma matriz de T.I., pela diminuição dos graus de conhecimento e informação de cinco para três valores (nenhum, fraco/razoável, bom/excelente). Já no sistema da Prodesp, a simplificação foi ainda maior: foram empregados apenas dois valores para os graus de competência ("básica" e "avançada") e apenas um para conhecimento e um para informação (correspondentes a ter ou não ter).

Por exemplo, se alguém seguiu um curso teórico ou leu alguns manuais referentes a uma certa área, é inserido um grau de informação na célula correspondente. Se a mesma pessoa fez alguns exercícios práticos ou examinou cuidadosamente alguns produtos desenvolvidos com o uso daquela informação, isso é classificado como conhecimento. Um grau de competência somente é lançado no caso de o profissional ter produzido algum produto naquela área ou ter trabalhado nela há algum tempo.

Nas áreas de engenharia e processamento de dados, muitos produtos e sistemas são produzidos por meio de projetos. Nesses casos, foram representadas as seguintes habilidades típicas, correspondentes a fases de projeto, para cada área de conhecimento: 1. Análise (de requisitos e de objetivos); 2. Projeto (planejamento e modelagem do produto); 3. Construção (montagem do produto ou sistema); 4. Implementação (teste, treinamento do usuário); 5. Suporte (manutenção, apoio). Na Promon, os dois primeiros itens foram combinados em um só, pois foi notado que os profissionais que tinham um tinham também o outro.

O sistema implementado na Prodesp tem um número qualquer de matrizes. Foram representadas as seguintes matrizes: de T.I., de Sistemas (onde cada área de conhecimento é um sistema desenvolvido pela empresa), de áreas administrativas (representando os conhecimentos fora de T.I., por exemplo na elaboração de licitações, no gerenciamento de recursos humanos, etc.), de línguas estrangeiras e de formação acadêmica. As habilidades e os graus de competência mudam por matriz. Por exemplo, na de formação há duas colunas de habilidades: maior grau (completo ou incompleto) atingido e número de anos de experiência na área de formação. Nesse sistema foi ainda incluído o último ano em que o profissional atuou na área de conhecimento.

O sistema da Promon foi implementado como protótipo, empregando-se planilhas eletrônicas. Assim a matriz de competências de um profissional é simplesmente uma planilha. Alguma estrutura de bancos de dados foi empregada, como na codificação das áreas de conhecimento.

Já no sistema da Prodesp foi empregado um gerenciador de bases de dados, o que permitiu a generalização de todas as estruturas. Cada matriz é representada por uma coluna em que as áreas de conhecimento são estruturadas em forma de árvore de dois níveis no padrão *Windows*, isto é, com possibilidade de se expandir ou contrair o primeiro nível. As habilidades aparecem numa segunda coluna, também em dois níveis; o grau de competência é colocado ao lado da habilidade. Exibindo-se uma matriz de um profissional, selecionando-se uma área com o *mouse* os graus de competência lançados aparecem automaticamente ao lado das habilidades válidas para a matriz.

10. Seleção de profissionais

Para selecionar profissionais que satisfazem uma dada combinação de competências, tanto o sistema da Promon quanto o da Prodesp empregam a mesma representação das matrizes que são preenchidas pelos profissionais. No primeiro caso, preenchem-se as células com as competências mínimas desejadas. Quando se desejam várias habilidades para uma mesma área ou várias áreas, o conectivo lógico E é automaticamente assumido. Já no sistema da Prodesp há uma tela especial de seleção, em que se pode especificar se nas comparações com os graus dos profissionais será usado o operador de comparação <=, = ou >=, indicando competência "inferior ou igual" (para se poder ver quais profissionais não detêm uma competência mínima, por exemplo, para se selecionar candidatos a treinamento), "igual" ou "superior ou igual" às especificadas na tela de seleção.

Cada linha dessa condição pode conter: 1. apenas uma área de conhecimento (são selecionados os profissionais que detêm algum grau lançado em qualquer habilidade); 2. uma área e uma habilidade (os profissionais, que têm algum grau lançado nessa habilidade para essa área); 3. uma área, uma habilidade e um grau de competência (valendo o operador de comparação escolhido). Uma linha de uma condição de seleção pode ser combinada com a seguinte por meio de um conectivo lógico E ou OU. Neste caso, pode-se especificar alternativas, como "competência em UNIX ou LINUX".

Além da condição de seleção, pode-se especificar um fator de obsolescência, por meio do ano em que o profissional trabalhou na área de conhecimento pela última vez como, por exemplo, "selecione os profissionais que trabalharam com Delphi pelo menos até o ano 1998".

Ao usar matrizes de competência e condições de seleção para a alocação de profissionais a projetos e cargos, deve-se sempre ter em conta a observação feita sobre as avaliações objetivas e subjetivas (ver final da seção 5).

Durante a especificação de uma condição de seleção, o sistema vai montando uma consulta ao banco de dados na linguagem SQL, usando um algoritmo desenvolvido por mim.

O *software* de recursos humanos PeopleSoft (HRMS), que não tem a conceituação de matrizes (a não ser, curiosamente, do caso de línguas estrangeiras, em que estão especificadas várias habilidades), permite que se façam seleções dando-se um "grau de importância" para cada termo da condição de seleção. Como existe uma quantificação interna associada com cada grau de competência, uma combinação linear dos graus de competência e das importâncias produz uma "competência global" numérica para cada funcionário selecionado. O sistema pode, então, apresentar os funcionários selecionados em uma ordem de satisfação da condição de seleção. A atribuição desses pesos é uma questão delicada. O sistema deveria permitir a variação dos pesos, para se poder testar várias combinações deles, o que não é o caso do sistema da Peoplesoft.

11. Aplicações

A aplicação que originou o estudo aqui descrito e a primeira implementação (a da Promon) visava selecionar profissionais para a formação de centros de competência (ver item 12) e para a seleção de equipes de projeto. À primeira vista, pode-se pensar em elaborar uma única condição de seleção para toda a equipe de um projeto, especificando-se as competências necessárias para a execução dele, selecionando-se assim a equipe completa. A experiência demonstrou que esse não é o caso: líderes de projeto pensam em termos de perfis de profissionais necessários para sub-equipes de um projeto, e não na faixa completa de competências requeridas por um projeto como um todo. Por exemplo, eles especificam: "Este projeto necessita, entre outras, de duas pessoas com a habilidade de tanto analisar como projetar *sites* da Internet". Assim, uma equipe é na realidade formada por profissionais que satisfazem, cada um, a uma condição de seleção específica.

Se não existirem profissionais com uma certa competência requerida, o fato de alguém ter sido capaz, em um projeto anterior, em uma outra área de conhecimento e suas habilidades, de transformar suas informações ou conhecimentos em competência, é um forte indicador de preferência em seu favor. Para isso, seria necessário armazenar o histórico de mudanças de competências de cada profissional.

Além da seleção de profissionais, as matrizes de competência servem para se contar quantos profissionais detêm no mínimo uma certa competência dada, em cada célula da matriz, o que foi denominado de "contagem geral de competências." Com isso, tem-se o perfil da empresa em termos de competências, podendo-se detectar células (indicando o cruzamento de uma área de conhecimento com uma habilidade) em que há muito poucos profissionais com a competência desejada. Para aproveitar os profissionais da empresa a fim de preencher futuramente as células desejadas, pode-se usar as caracterizações aqui expostas. Assim, um profissional que detém bom conhecimento não necessita de mais treinamento, e sim de participação em equipes de projeto ou de atuação em uma habilidade de uma área desejada, a fim de adquirir competência. Já a falta de informação em uma habilidade de uma área indica a necessidade de se prover treinamento. No caso de um profissional deter somente informação, pode-se decidir colocá-lo em um curso com parte prática, ou mesmo integrar uma equipe para adquirir o conhecimento e talvez a competência desejada.

O sistema pode ser expandido para se poder representar as matrizes das competências essenciais (*core competencies*) de uma empresa. Essas matrizes indicariam quais competências mínimas devem existir dentro da própria empresa. Poderia haver então uma contagem geral apenas nas células das competências essenciais, indicando as falhas que devem ser preenchidas.

Sistemas gerenciadores como os descritos podem servir para uma Central de Atendimento localizar profissionais para atender consultas de clientes da empresa; para selecionar candidatos dentro da empresa para participar de processos seletivos; para localizar profissionais que devem acompanhar visitantes, conforme o perfil destes, ou profissionais para serem entrevistados por veículos de comunicação sobre certas atividades específicas da empresa, etc.

Um sistema desses pode servir para grandes indústrias, a fim de alocar especialistas na operação de certas máquinas, etc. Nesse sentido, o levantamento das matrizes, das áreas de conhecimento e das habilidades relevantes formaria um modelo de referência de competência para cada segmento industrial.

Uma outra aplicação poderia ser a de alocação de professores em redes municipais ou estaduais de ensino. Por exemplo, a Secretaria da Educação do Estado de São Paulo conta com aproximadamente 300 mil professores. O sistema permitiria a criação de uma matriz de localidades e bairros, de modo que se pudesse selecionar professores não só pelas competências didáticas, mas também pela preferência de região de atuação.

Finalmente, um sistema semelhante poderia servir para coletar dados sobre candidatos a vagas em uma empresa, pois ele pode ser encarado como uma sistematização de currículos. Um sistema específico para vagas é o excelente Selector, desenvolvido pela PCA Engenharia de Software, de São Paulo (ver em www.selector.com.br). Ele é baseado numa concepção de "fichas curriculares", havendo uma ficha com informações básicas, permitindo-se que cada empresa adicione suas próprias fichas. Qualquer pessoa pode introduzir seus dados profissionais por meio da Internet, empregando a ficha básica, e acrescentar informações nas fichas específicas correspondentes a vagas de empresas, criadas por estas. De certa maneira, a PCA criou uma linguagem para definição de fichas curriculares. O sistema tem um interessante método de pesos associados a cada competência requerida, permitindo assim a ordenação dos candidatos selecionados. Esse método permite saber-se ainda quais candidatos preenchem todos os requisitos mínimos, pois esses recebem a soma máxima dos pesos. Várias grandes empresas já estão utilizando o sistema, podendo-se assim ter uma boa idéia de seus princípios, implementação e utilidade por meio de acesso pela Internet. Até o momento da revisão deste artigo, senti a falta, nesse sistema, das conceituações aqui apresentadas para informação, conhecimento e competência, principalmente a caracterização desta como a confluência de uma habilidade em uma área de conhecimento, com a respectiva representação matricial.

12. Implementações

Na Promon foi feita uma implementação de um protótipo juntamente com José Márcio Illoz, usando planilha eletrônica. Foi implementada uma matriz "padrão", com os nomes das áreas de conhecimento nas linhas e as habilidades nas colunas. As áreas são codificadas; os códigos servem para fazer a ligação lógica com uma planilha contendo a consolidação das competências de todos os profissionais. Essa matriz consolidada é usada na seleção e contagem de profissionais.

Um trabalho muito importante ligado ao levantamento de competências é o estabelecimento das áreas de conhecimento. No caso da Promon foram levantadas cerca de 160 áreas para T.I., divididas em 3 níveis hierárquicos, que denominei de "grandes áreas", "áreas" e "subáreas". Infelizmente, em T.I. é necessário entrar-se em muitos detalhes. Por exemplo, um profissional que tem competência na instalação de LINUX pode não tê-la em NT.

O sistema da Prodesp foi programado por Mateus Saldanha, usando Delphi e Oracle. O uso de um gerenciador de banco de dados em rede permitiu que se generalizasse o sistema para um número qualquer de matrizes e um número qualquer de habilidades por matriz (no caso da Promon, havia uma só matriz com um número predeterminado de habilidades, devido ao formato fixo imposto pela planilha eletrônica). Com isso, a representação das habilidades foi reduzida a dois níveis. Foi ainda introduzido o fator de obsolescência (ver item 10) e um sistema de segurança. O número variável de habilidades por matriz permitiu que se ampliasse o número de habilidades em relação ao sistema da Promon para o caso da matriz de T.I., que ficou com 3 partes: habilidades de infra-estrutura (*hardware* e *software*), desenvolvimento de sistemas e dar treinamento na área de conhecimento, num total de 8 habilidades de segundo nível. Aliás, a habilidade "dar treinamento" existe em todas as matrizes, a não ser na de formação. Com isso, foram eliminadas duplicações de áreas (na Promon, havia uma área UNIX na seção Infra-estrutura, isto é, instalação desse sistema operacional, e a mesma área em Desenvolvimento, isto é, uso do UNIX para desenvolvimento de sistemas). Uma das conseqüências foi a redução dos níveis hierárquicos das áreas de conhecimentos para apenas 2, simplificando o sistema.

A segurança do sistema da Prodesp é feita em 4 níveis de acesso. O primeiro, que foi denominade de "usuário genérico", é aberto a qualquer pessoa da rede, que pode somente fazer uso da tela de seleção de profissionais, obtendo apenas o nome e dados básicos cadastrais dos profissionais que satisfazem a alguma condição de seleção. O "usuário pessoal" é o que está cadastrado no sistema com uma senha própria. Além de seleções, ele tem acesso apenas aos seus dados cadastrais e suas matrizes de competência, podendo alterá-las. O "usuário supervisor" pode ter todo o acesso do usuário pessoal, e ainda ler as matrizes de competências de seus subordinados. Finalmente, o "administrador do sistema" tem acesso irrestrito, podendo alterar as matrizes do sistema e os dados de qualquer profissional.

Na revisão deste artigo para este volume, o sistema da Prodesp já tinha sido testado com algumas dezenas de profissionais, e estava em fase de desenvolvimento de uma versão para a Intranet, usando JBuilder. Estava também em fase de implementação um banco de dados de treinamento integrado com o sistema de competências. Essa integração é feita principalmente pelo uso das mesmas áreas de conhecimento e habilidades nos dois sistemas, especificando-se quais áreas e habilidades são abrangidas por cada treinamento. Assim que um profissional concluir satisfatoriamente um curso, será feito o lançamento automático de uma competência (mais precisamente, informação ou conhecimento) na sua matriz, nas áreas e habilidades abrangidas por esse curso.

No caso da Promon, fiz pessoalmente o preenchimento das matrizes apenas para os profissionais de T.I., com cada funcionário. Com isso, foi mantida uma certa uniformidade dos dados. No caso da Prodesp isso é inviável, pela quantidade muito grande de profissionais. A solução foi dar uma palestra sobre os conceitos do sistema, deixando cada profissional preencher sua matriz. Posteriormente, os supervisores ou líderes de projeto devem rever os preenchimentos e tentar uma uniformização.

13. Centros de competência

Uma empresa pode ser organizada com "centros de competência" (CCs). Isto significa que profissionais não são agrupados em departamentos ou divisões, mas em grupos de áreas de conhecimento afins. Nessa organização, reduzem-se os departamentos de negócio, que passam a ser dedicados a desenvolver novos projetos para a empresa ou para seus clientes. Os projetos são da responsabilidade dos departamentos de negócio, que requisitam do Centro de Gerenciamento de Projetos um ou mais gerentes para o projeto e dos CCs técnicos os profissionais necessários para desenvolvê-los.

Obviamente, caracterizações claras de informação, conhecimento e competência detidas pelos profissionais e seu levantamento são necessárias para a caracterização, estabelecimento e o funcionamento de um CC.

A razão para se organizar um CC é clara: as empresas desejam otimizar a alocação dos recursos humanos, diminuindo o tempo ocioso e escolhendo as pessoas certas, com a necessária competência, para cada projeto ou função. Mais que isso, uma tal organização favorece uma flexibilidade e uma dinâmica operacionais muito maiores, tornando-a seguramente mais adequada à nossa época agitada, de rápidas mudanças.

As vantagens são evidentes. Mas, o que dizer das desvantagens? Os CCs podem romper a integração social e o sentido de identidade da companhia. Os profissionais podem identificar-se com o projeto no qual estão envolvidos, mas projetos não são tão estáveis ou duráveis como os departamentos e as divisões. Quando um projeto é da iniciativa e realização de um departamento, terminá-lo significa permanecer no mesmo departamento e assumir um novo projeto com alguns dos mesmos colegas no mesmo ambiente administrativo. Estando lotado em um CC, após o término de um projeto para o qual foi alocado, o profissional retorna àquele centro, encontrando-se com os participantes de outros projetos. Argumenta-se que os profissionais desenvolverão uma identificação para com os seus CCs. Serão ainda capazes de interagir muito mais com os seus pares, dispersos entre vários departamentos nos modelos organizacionais clássicos e sem praticamente qualquer contato uns com os outros. Isso também estimularia o intercâmbio de informação e de conhecimento, ajudando o desenvolvimento de competências por intermédio do trabalho conjunto, facilitando também a organização e o planejamento de treinamentos. Seria ótimo se um tal ponto de vista for correto.

14. Conclusões

Neste trabalho foram expostas caracterizações originais para informação, conhecimento e competência. Nas dezenas de entrevistas que fiz ao levantar competências de profissionais na área de T.I., essa distinção mostrou-se extremamente útil. Os entrevistados rapidamente acostumam-se a elas ao classificarem seus graus de informação, conhecimento ou competência. Uma outra contribuição foi a caracterização de competência como a uma determinada habilidade sobre uma certa área de conhecimento. Com isso foi possível introduzir maior clareza nesses conceitos e representar as competências em forma de matrizes bidimensionais, agrupando as áreas de conhecimento em distintas matrizes de acordo com o conjunto de habilidades que se aplicam às distintas áreas.

Essas matrizes representam, em síntese, uma sistematização dos currículos dos profissionais, em termos de competências, conhecimentos e informações por eles detidos. Currículos, empregados na seleção de profissionais para o preenchimento de cargos ou na formação de equipes de projetos, consistem tradicionalmente em textos não sistematizados. Mesmo que divididos em tópicos, esses textos não se prestam a um processamento de dados, contrariamente ao método aqui exposto. Ele se distingue de outros sistemas de competências por usar matrizes e de levar em conta graus de informação, conhecimento e competência.

É importante enfatizar que o computador apenas indica quais profissionais se qualificam nas competências desejadas. Após essa indicação, deve-se proceder a um exame dos currículos, a entrevistas, etc., a fim de complementar os dados com uma fase de análise subjetiva, necessária sempre que se lida com questões humanas (ver item 5) – caso contrário as pessoas são tratadas como máquinas, advindo, em geral, problemas psicológicos, fora falhas na seleção.

O resultado prático do levantamento de competências na Promon e na Prodesp foi muito bom. Os profissionais entrevistados ficam agradecidos com a chance de verem seu currículo representado sistematicamente, e a possibilidade de atualizá-lo constantemente.

Há 3 grandes problemas no levantamento de competências, segundo o método aqui exposto. Em primeiro lugar há a necessidade de uniformizar os critérios de atribuição dos vários graus de competência, caso contrário não se pode comparar um profissional com outro. Esse problema foi resolvido na Promon com a concentração das entrevistas em um só entrevistador. Mas isso é inviável quando se tem muitas centenas de profissionais, pois cada entrevista leva em geral pelo menos 1 hora. Em segundo lugar, este método não leva em conta a qualidade dos projetos e do trabalho já executados pelos profissionais. Para isso seria necessário introduzir mais um fator, que teria de ser levantado com os líderes de projeto e gerentes. Mas aí introduzir-se-ia um aspecto de julgamento por superiores, que foi evitado ao desconsiderá-lo. Um terceiro problema, que não foi enfrentado, foi o de introduzir uma matriz comportamental, com competências em liderança, em trabalho em equipe, qualidade de comunicação escrita e oral, etc. Muitos autores dão mais importância às competências comportamentais do que às técnicas, como Daniel Goleman [1995]. Mas o levantamento dessas competências introduz um fator delicado e que talvez devesse ser evitado numa fase inicial: elas não devem ser lançadas pelo próprio profissional, mas por seu chefe imediato. A tarefa que me foi passada na Promon dizia respeito exclusivamente às competências técnicas, de modo que o problema foi evitado pela raiz. Na Prodesp foi proposto evitar as competências comportamentais para não cair em possíveis conflitos sociais decorrentes da avaliação de um profissional por um terceiro, o que poderia colocar os profissionais contra o levantamento de suas competências. Talvez por se terem evitado os problemas decorrentes dos dois últimos pontos, a receptividade do sistema foi excelente entre os profissionais dessas duas empresas.

Referências bibliográficas

Anderson, C. A. & K. E. Dill, Video Games and Aggressive Thoughts, Feelings and Behavior in the Laboratory and in Life. *Journal of Personality and Social Psychology*, v. 78, n. 4, Apr. 2000, p. 772-90. Disponível em www.apa.org/journals/psp/psp784772.html.

Bettleheim, B. Parents vs. Television. *Redbook*, Nov. 1963.

Bowers, C. A. *The Cultural Dimensions of Educational Computing: Understanding the Non-neutrality of Technology.* New York: Teachers College Press, 1988.

Campos, D. R. de. *Raphael in the Stanze.* Trad. J. Guthrie. Milano: Aldo Martello, 1973.

Centerwall, B. S. Television and violence: the scale of the problem and where to go from here. *Journal of the American Medical Association,* 10 jun.1992, 267:22, p. 3059-63.

Civita, V. (Ed.) *Gênios da Pintura 57: Grünewald.* São Paulo: Abril Cultural, 1968a.

_____. *Gênios da Pintura 61: Raffaelo.* São Paulo: Abril Cultural, 1968b.

Cordes, C. & E. Miller (Eds.). *Fool's Gold: A Critical Look at Computers in Childhood.* Alliance for Childhood, 2000. Disponível em www.allianceforchildhood.org (as páginas citadas neste volume são da versão em Adobe Acrobat).

Cusumano, M. & R. W. Selby, How Microsoft Builds Software. *Communications of the ACM,* v. 20, n. 6, June 1997, p. 53-61.

Davenport, T. H. & L. Prusak. *Working Knowledge: how Organizations Manage what they Know.* Boston: Harvard Business Scholl Press, 1998.

Devlin, K. *Infoscience: Turning Information into Knowledge.* New York: W.H. Freeman, 1999.

Duarte, Betinho. Carta e anexo de 14 out. 1999 ao Procurador da República em Minas Gerais, cópia recebida por e-mail de betinho@ongnet.psi.br em 25 out. 1999.

Elmer-Dewitt, P. The amazing video game boom. *Time*, 27 set. 1993, p. 54-9.

Emery, F. & M. Emery, *A Choice of Futures: To Enlighten or to Inform?* Leiden: H.E.Stenfert Kroese, 1976.

Erausquin, M. A., L. Matilla, M. Vázquez, *Os Teledependentes*. Trad. L. R. S. S. Malta. São Paulo: Summus, 1980.

Finser, T. M. *School as a Journey: The Eight-year Odyssey of a Waldorf Teacher and His Class*. Hudson, Anthroposophic Press, 1994.

Freud, S. *The Major Works of Sigmund Freud*; inclui *A General Introduction to Psycho-Analysis* (1915-17) (Trad. J. Riviere). *Great Books of the Western World, Vol. 54*. Chicago: Encyclopaedia Britannica, 1952.

Gardner, H. *Inteligências Múltiplas: A Teoria na Prática*. Porto Alegre: Artes Médicas Sul, 1995.

Gardiner, M. F., et al. Learning improved by arts. *Nature*, v. 381, n. 6, 1996, p. 280-4.

Goethe, J. W. von. *Sämtliche Werke* in vierzig Bänden (obra completa em 40 volumes). Stuttgart: J.G. Cotta'scher Verlag, 1840.

_____. *Fausto*. Trad. Jenny Klabin Segall. Belo Horizonte: Itatiaia, 1987.

Goleman, D. *Inteligência Emocional: A Teoria Revolucionária que Redefine o que é Ser Inteligente*. Trad. M. Santarrita. Rio de Janeiro: Objetiva, 1995.

Haffner, S. *Anmerkungen zu Hitler*. Frankfurt: Fischer, 1990.

Healy, J. M. *Endangered Minds: Why Children Don't Think*. New York: Simon & Schuster, 1990.

Homero. *The Iliad of Homer. The Odyssey. Great Books of the Western World, Vol. 4*. Trad. S. Butler. Chicago: Encyclopaedia Britannica, 1952.

Janson, H. W. *History of Art: A Survey of the Major Visual Arts from the Dawn of History to the Present day*. Englewood Cliffs: Prentice-Hall, 1969.

Kandinsky, V. *Do Espiritual na Arte*. Trad. A.Cabral. São Paulo: Livraria Martins, 1990.

Kant, I. *The Critique of Pure Reason* (Trad. T.K. Abbott); *The Critique of Practical Reason and Other Ethical Treatises* (Trad. W.Hastie); *The Critique of Judgement* (Trad. J.C.Meredith); *Great Books of the Western World, Vol. 42*. Chicago: Encyclopaedia Britannica, 1952.

Kline, M. *O Fracasso da Matemática Moderna*. Trad. L. G. de Carvalho. São Paulo: IBRASA, 1976.

Krugman, H. E. Brain wave measures of media involvement. *Journal of Advertising Research*, Feb. 1971, v. 11, n. 1, p. 3-9.

Lanz, R. *A Pedagogia Waldorf: Caminho para um Ensino mais Humano*. 6. ed. São Paulo: Antroposófica, 1998.

Liebert, R. M., Sprafkin, J. N., Davidson, E. S. *The Early Window – Effects of Television on Children and Youth*. New York: Pergamon, 1982.

Lievegoed, B. *Alte Mysterien und soziale Evolution: Gesellschaftliche Krisen und Entwicklungsmöglichkeiten* (Übers. F.Berger). Stuttgart: Freies Geistesleben, 1991.

Malhorta, Y. Tools@Work: Deciphering the Knowledge Management Hype. *Journal of Quality and Participation*, special issue on Learning and Information Management, v. 21, n. 4, July/Aug. 1998, p. 58-60.

Mander, J. *Four Arguments for the Elimination of Television*. New York: Wm. Morrow, 1978.

MIT I/T Competence Model. Disponível no *site* http://web.mit.edu/is/competency.

Mulholland, T. B. Training visual attention. *Academic Therapy*, Fall, 1974, p. 5-17.

Naisbitt, J. *High Tech, High Touch: Technology and Our Search for Meaning*. London: Nicholas Breadley, 2000.

Neil, A. S. *Summerhill: Liberdade sem Medo* Trad. N. Lacerda. São Paulo: IBRASA, 1963.

Nintendo Magazine System. Censorship: victory is ours!, v. 8, n. 3, Nov. 1993.

Orlandi, E. (Ed.) *Dürer und Seine Zeit*. Wiesbaden: Emil Vollmer, 1970.

Oppenheimer, T. The computer delusion. *The Atlantic Monthly*, v. 280, n. 1, July 1997, p. 45-62.

Papert, S. *Mindstorms: Children, Computers and Powerful Ideas*. New York: Basic Books, 1980; *LOGO: Computadores e Educação*. Trad. J. A. Valente et al. São Paulo: Brasiliense, 1985.

_____. *The Children's Machine: Rethinking School in the Age of the Computer*. New York: Basic Books, 1993.

Papert, S. *Mindstorms: The Connected Family: Bridging the Digital Generation Gap*. Atlanta: Longstreet Press, 1996.

Patzlaff, R. *Der Gefrorene Blick: Die Physiologische Wirkung des Fernsehens und die Entwicklung des Kindes*. Stuttgart: Freies Geistesleben, 2000.

Piaget, J. *A Tomada de Consciência*. Trad. E.B. de Souza. São Paulo: Melhoramentos/Ed. da Universidade de São Paulo, 1977.

Platão. *The Dialogues of Plato. Great Books of the Western World, Vol. 7*. Trad. B. Jowett. Chicago: Encyclopaedia Britannica, 1952.

Postman, N. *Amusing Ourselves to Death: Public Discourse in the Age of Show Business*. New York: Penguin Books, 1986.

_____. The Disappearance of Childhood. In: *Conscientious Objections*. New York: A. A. Knopf, 1988, p. 147-161.

_____. *Technopoly: The Surrender of Culture to Technology*. New York: Vintage Books, 1993.

_____. *O Desaparecimento da Infância*. Trad. S. M. A.Carvalho e J. L. Melo. Rio de janeiro: Graphia, 1999.

Rauscher, F. H. et al. Music training causes long-term enhancement of preschool children's spatial-temporal reasoning. *Neurological Research* 19, 1997, p. 2-8.

Roszak, T. *The Cult of Information: A Neo-Luddite Treatise on High-Tech, Artificial Intelligence, and the True Art of Thinking*. Berkeley: University of California Press, 1994.

Schumacher, E. F. *Good Work*. New York: Harper, 1979.

Searle, J. *Minds, Brains & Science: the 1984 Reith Lectures*. New York: Penguin Books, 1991.

Setzer, S. A. L. *Os Doze Sentidos*. São Paulo: Sociedade Brasileira de Médicos Antroposóficos, 2000.

Setzer, V. W. O computador como instrumento do cientificismo. *Anais do Simpósio Anual da Academia de Ciências do Estado de S.Paulo*. São Paulo: ACIESP, 1976, p. 69-88.

_____. Desmistificação da televisão. *Herança Judaica*, n. 49, jun. 1982, p. 21-29.

_____. *Manifesto contra o uso de computadores no ensino de 1º grau*. São Paulo: Antroposófica, 1984.

Setzer, V. W. O computador no ensino: nova vida ou destruição? In: Chaves, E. O. C., Setzer, V. W. *O Uso de Computadores em Escolas: Fundamentos e Críticas*. São Paulo: Scipione, 1988, p. 70-123.

_____. A Miséria da Computação I a VII. *Jornal de Software* 4 a 8, 10, 11. jun. a out. dez. 1989/jan./fev. 1990, p. 12, 18, 13, 15, 13, 10 e 12 resp.

_____. *Computers in Education*. Edinburgh: Floris Books, 1989; idem, *Computer in der Schule?* Thesen und Arguménte (trad. L. Goecke). Stuttgart: Freies Geistesleben, 1992; idem, *Tietokoneet ja Kouluikäiset? Väitteitä ja Perusteluja* (trad. H. Harjunen). Tampere: H. Harjunen, 1993.

_____. Computadores na educação: porque, quando e como. *Anais do V Simpósio Brasileiro de Informática na Educação (SBIE)*. Rio de Janeiro: Sociedade Brasileira de Computação, 1994, p. 211-23.

_____. O computador como instrumento de anti-arte. *Anais do VIII Simpósio Brasileiro de Informática na Educação*, São José dos Campos. Sociedade Brasileira de Computação, 1997, p. 509-30.

Setzer, V. W. e F. Cavalheiro. Algoritmos e sua análise — uma introdução didática. *Caderno da Revista do Professor de Matemática*, v. 4, n. 1, 1993b, p. 1-26. Disponível em inglês em meu *site*.

Setzer, V. W. & L. W. Monke. An Alternative View on Why, When and How Computers Should Be Used in Education. A ser publicado em livro editado por R. Muffoletto, pela Humpton Press em 2001 Disponível em meu *site*.

Setzer, V. W. e R. Hirata Jr. HIPO-PC: um software educacional para introdução ao computador. *Relatório Técnico RT-MAC-8809*. São Paulo: IME-USP, Depto. Ciência da Computação, 1988. Disponível em inglês em meu *site*, incluindo versões em português e inglês do simulador do HIPO para o micro PC.

_____. O Dia da Computação: uma introdução rápida ao computador e à computação. *Ciência e Cultura*, v. 42, maio/jun. 1990, p. 333-40, *Caderno da Revista do Professor de Matemática*, v. 4, n. 1 1993a, p. 27-38.

Setzer, V. W e S. A. L. Setzer, Considerations about students'evaluation. Ensaio em meu *site*.

Silvern, S.B. & P.A. Williamson, The effects of Video Game Play on Young Children's Aggression, Fantasy, and Prosocial Behavior, *Journal of Developmental Psychology*, n. 8, 1987, p. 453-62.

Stebbing, L. *Understanding your Child*. Sussex: New Knowledge Books, 1962.

Steiner, R. *Anthroposophische Pädagogilk und ihre Voraussetzungen*, GA ("Gesamtausgabe", catálogo geral) 309. Basel: R.G. Zbinden, 1946.

_____. *Von Seelenrätseln*, GA 21. Dornach: Verlag der Rudolf Steiner Nachlassverwaltung, 1960.

_____. *The arts and their mission*, GA 276, 8 Palestras proferidas em Dornach e Oslo, 27/5 a 9/6, 18 e 20/5/1923 (Trad. L.D.Monges e V.Moore). New York: Athroposophic Press, 1964.

_____. *A Arte da Educação Baseada na Compreensão do ser Humano*, GA 311, 7 palestras proferidas em Torquay de 12 a 20/8/1924 (trad. R. Nobiling). São Paulo: Associação Pedagógica Rudolf Steiner, 1978.

_____. *O Conhecimento do Homem como Fundamento para o Ensino*, GA 302, 8 palestras proferidas em Stuttgart de 12 a 19/6/1921 (trad. R. Nobiling). São Paulo: Associação Pedagógica Rudolf Steiner, 1980.

_____. *A Obra Científica de Goethe*, GA 1 (trad. R. Lanz). São Paulo: Antroposófica, 1984.

_____. *Antropologia Meditativa*, GA 302a, 4 palestras proferidas em Stuttgart, 15 a 22/9/1920 (trad. R.Lanz). São Paulo: Antroposófica, 1997.

_____. *A Filosofia da Liberdade: Fundamentos para uma Filosofia Moderna – Resultados com Base na Observação Pensante, Segundo o Método das Ciências Naturais*, GA 4. São Paulo: Antroposófica, 2000a.

_____. *A Prática Pedagógica*, GA 306, 8 palestras proferidas em Dornach, 15 a 22/4/1923 (trad. C. Glass). São Paulo: Antroposófica, 2000b.

Talbott, S. L. (Ed.). *Netfuture: Technology and Human Responsibility.* Revista eletrônica, todos os números disponíveis em www.netfuture.org

Talbott, S. L. *The Future Does Not Compute – Transcending the Machines in Our Midst.* Sabestopol, CA: O'Reilly & Associates, 1995.

Thornburg, D. Keynote Address: ICUE Conference, Des Moines, Iowa, Oct. 1994.

Vaisse, P. e P. Bianconi. *Tout l'Oevre Peint de Grünewald.* Paris: Flammarion, 1974.

Vogel, L. *Der Dreigliedrige Mensch.* Dornach: Philosophisch-Anthroposophischer Verlag am Goetheanum, 1967.

Walker, J. Changes in EEG rythms during television viewing: preliminary comparisons with reading and other tasks. *Perceptual and Motor Skills*, 51, 1980, p. 255-61.

Wegner, P. Aus dem Unterrichtsfach Computertechnik. *Erziehungskunst* 55 (1), jan. 1991, p. 41-50.

Weinstein, S., V. Appel, C. Weinstein. Brain activity responses to magazine and television advertising. *Journal of Advertising Research*, v. 20, n. 3, Jun. 1980, p. 57-63.

Weizenbaum, J. *Computer Power and Human Reason: From Judgement to Calculation.* San Francisco: W. H. Freeman, 1976.

Wilmar, F. H. J. A. *Wie Wirken Rundfunk und Fernsehen auf Kinder?* Zeist: Vrij Geestesleven, 1966.

Winn, M. *The Plug-in Drug: Television, Children and the Family.* New York: Viking Penguin. 1985. *Die Droge im Wohnzimmer.* Trad. B. Stein. Reinbeck: Rohwolt, 1979 (as páginas anotadas nos textos são dessa edição alemã).

Zajonc, A. *Catching the Light: The Entwined History of Light and Mind.* New York: Bantam, 1993.

Dados do autor

Valdemar W. Setzer formou-se em Engenharia Eletrônica no ITA em 1963, fez doutorado na Escola Politécnica da Universidade de São Paulo (USP) em 1967 e livre-docência no Instituto de Matemática e Estatística da USP (IME) em 1976. Foi Professor Assistente na Universidade do Texas em Austin e Professor Visitante na Universidade de Stuttgart. Foi Professor titular do Depto. de Ciência da Computação do IME, onde se aposentou, continuando, no entanto, a dar aulas e a orientar teses. Nos últimos anos tem atuado como consultor nas áreas de engenharia de *software*, bancos de dados (especialmente em modelagem conceitual e relacional) e sistemas de gerenciamento de competências em empresas como a PCA Engenharia de Software, Promon, Prodesp e no Instituto de Pesquisas Tecnológicas (IPT). Também dá palestras e participa de debates públicos sobre assuntos técnicos, científicos, educacionais e filosóficos (ver lista em seu *site* da Internet). Constantemente adiciona a seu *site* seus novos ensaios, artigos e entrevistas.

Este é o seu 11º livro; os anteriores foram sobre linguagens de programação, teoria e construção de compiladores, banco de dados, computadores na educação (este, com versões na Inglaterra, Alemanha e Finlândia) e o uso da Internet.

Site: **www.ime.usp.br/~vwsetzer**
E-mail: **vwsetzer@ime.usp.br**
Tel.: **(11) 5687-4723**

COLEÇÃO Ensaios Transversais

1 Cidadania e Educação
Nílson José Machado

2 Cérebros e Computadores
A complementaridade analógico-digital na Informática e na Educação
Robinson Moreira Tenório

3 Matemática e Música
O pensamento analógico na construção de significados
Oscar João Abdounur

4 Jung e a Educação
Uma análise da relação professor/aluno
Cláudio Saiani

5 Educação: Projetos e Valores
Nílson José Machado

6 Caderno de Fogo
Ensaios sobre Poesia e Ficção
Carlos Nejar

7 Feminino + Masculino
Uma nova coreografia para a eterna dança das polaridades
Monika von Koss

8 Borges
O mesmo e o outro
Álvaro Alves de Faria

9 Família e Doença Mental
Repensando a relação entre profissionais de saúde e familiares
Jonas Melman

10 Meios Eletrônicos e Educação
Uma visão alternativa
Valdemar W. Setzer

11 Martí e a Psicologia
O poeta e a unidade cognição/afeto
Diego Jorge González Serra

12 Servidão Ambígua
Valores e condição do magistério
Gilson R. de M. Pereira

13 O Começo da Busca
O Surrealismo na poesia da América Latina
Floriano Martins

14 A Sociedade dos Chavões
Presença e função do lugar-comum na comunicação
Claudio Tognolli

15 O Desconcerto do Mundo
Do Renascimento ao Surrealismo
Carlos Felipe Moisés

16 Ética e Jornalismo
Uma cartografia dos valores
Mayra Rodrigues Gomes

17 Da Religiosidade
A literatura e o senso de realidade

Vilém Flusser

18 Jornalismo e Literatura
A sedução da palavra

Gustavo de Castro e Alex Galeno (organizadores)

19 Patativa do Assaré
A trajetória de um canto

Luiz Tadeu Feitosa

20 Angústia da Concisão
Ensaios de filosofia e crítica literária

Abrahão Costa Andrade

21 A Falácia Genética
A ideologia do DNA na imprensa

Claudio Tognolli

22 A Fé como Fenômeno Psicológico

Josias Pereira

23 Linguagem, Conhecimento, Ação

Nílson J. Machado e Marisa O. Cunha (organizadores)

24 Psicologia Social
Desdobramentos e aplicações

Maria de Fátima de Sena e Silva e Cássio Adriano Braz de Aquino (organizadores)

25 As Revoluções Culturais

Péricles Prade

26 Jornalismo e Filosofia da Comunicação

Mayra Rodrigues Gomes

27 Rubra Força
Fluxos do poder feminino

Monika von Koss

28 O Valor do Conhecimento Tácito
A epistemologia de Michael Polanyi na escola

Cláudio Saiani

29 A Escola como Sistema Complexo
A ação, o poder e o sagrado

Ricardo Tescarolo

30 Sortilégios do Avesso
Razão e loucura na literatura brasileira

Luzia de Maria

31 Epistemologia e Didática da Matemática

Bruno D'Amore

32 Cotidiano e Invenção
Os espaços de Michel de Certeau

Fabio B. Josgrilberg

33 Fernando Pessoa: almoxarifado de mitos

Carlos Felipe Moisés

Impresso em setembro de 2005 em papel Offset 75 g/m²,
nas oficinas da Bartira Gráfica.
Composto em AGaramond, corpo 11pt.

Não encontrando este título nas livrarias,
solicite-o diretamente à editora.

Escrituras Editora e Distribuidora de Livros Ltda.
Rua Maestro Callia, 123 - Vila Mariana - 04012-100 São Paulo, SP
Telefax: (11) 5082-4190 - www.escrituras.com.br
e-mail: escrituras@escrituras.com.br (Administrativo)
e-mail: vendas@escrituras.com.br (Vendas)
e-mail: arte@escrituras.com.br (Arte)